イタリア・ルネサンス建築史ノート〈1〉

ブルネッレスキ
Filippo Brunelleschi
1377-1446

福田 晴虔 著

中央公論美術出版

a Y. F.

Filippo Brunelleschi

Commentari alla Storia dell'Architettura
Rinascimentale in Italia（I）

Seiken Fukuda

Published 2011 in Japan by Chuokoron Bijutsu Shuppan Co., Ltd.
ISBN 978-4-8055-0667-7

はしがき

　イタリア・ルネサンスは「建築家」という新たな社会的職能を産み出した時代である。そのことは、「建築」の営為が彫刻や絵画、工芸などとは異なる独自の目標を掲げるものとして意識されはじめたことを意味する。従ってこの時代の建築を見て行くことの意義の一つには、「建築家」を志した人々による、「建築」ないし「建築的なるもの」の発見の努力を見出すということがあると思われる。しかし建築はそれぞれの社会の欲求（あるいは「欲望」というべきか）の結実でもあって、そうした社会からの仮借のない欲求は、必ずしも「建築家」たちの目指すものと方向が一致する保証はない。「建築家」という立場を自覚することは、そうした社会的欲求に立ち向かい、それと格闘して行く宿命を負うことを意味する。それは芸術家たちにおけるいわゆる「表現の自由」の確立ということとはかなり質を異にする問題であって、建築家の場合には、多かれ少なかれ社会に対する一種の「工作者」として、作家個人の表現欲求を超えた、社会的使命感を帯びざるを得ない。

　もとより当時の「建築家」たちのすべてがこうした使命感を意識していたわけではなかったであろうし、そのような「ドン・キホーテ」的身振りはいずれ挫折するか、ないしは一時のトリック・スター的な役割に終わらざるを得なかったかもしれない。しかしルネサンスの中で一旦表明されたこうした目標とそれを支える矜恃とは、幾たびも挫折・妥協を余儀なくされながらも、その後の西欧建築の中でしぶとく生き延びてきたものなのである。建築界の片隅に身を置いてきた私としては、この時代の建築家たちの努力にかぎりない共感を寄せ、またその作品の偉大さに敬意を払いつつも、建築の歴史をそうした「建築概念の流転」のプロセスとして眺め直してみたい気持ちを捨てきれずにいる。ヴィーコの言を借りるなら、歴史には常に「本流」corrente と「逆流」controcorrente とが同時併存しているの

であり、「建築」概念はその間でもてあそばれ、往きつ戻りつしてきた。こうした成り行きを見きわめるのは、在来の「美術様式史」の方法やイデオロギッシュな「歴史法則」理論などではカヴァーしきれない問題であって、場合によっては「客観的歴史叙述」の枠を越えた、「批評」の領域での判断を要求される場面が少なからずあると思われるが、その危険領域に踏み込まないかぎり途は拓かれないのではないかと思われる。とはいえ、実作品を離れたところでの「建築とは何か」というような形而上学的論議は私の最も不得意とするところでもあり、ひたすら史料と個々の建築自体の読み込みを通じて、ささやかな理解を積み重ねて行くしかない。

　この小論はそのような想いを抱きつつ、イタリア・ルネサンス建築全般についての私なりの見通しをできるだけ手短にまとめられはしないかと着手したものであったが、いざブルネッレスキに取りかかってみると、知識のあやふやさとこれまで書かれてきていることに対する疑問などが次々に現れてきて、それらを確かめるべく史料や研究史の確認を一からやり直さなければならなくなり、備忘のために大量の補注や参考文献リストを作成することとなってしまった。そのためルネサンス建築概論はひとまず断念して、とりあえずブルネッレスキに的を絞ってまとめることにしたものである。しかしこれが私の当初の目標に沿う形となっているかは心許なく、むしろ今後の考察のための私的メモに終わっているようである。

　その意味ではこれは私の学習レポートのようなもので、先学の研究成果を私なりにまとめてみただけであって、副題を「建築史ノート」としたのはそのような意味からであった。こうしたものをあえて上梓することにしたのは、私と同様、半ば白紙状態からイタリア・ルネサンス建築の勉強に取りかかってみたいと考えておられる大学院生レヴェルの諸氏には、あるいは幾ばくかの足がかりとして役立てて頂けるのではないかと考えた次第である。ただし、あまり言い訳にはならないことだが、研究の第一線から退いてしまった今の私には最新の学界の状況を把握することが困難であるうえ、生来の怠惰な性向などのため、重大な欠落や偏りの危険性は大いにあり、諸賢のご叱正を待ちたい。

本書で使用した写真の相当数は、幾度かの訪伊の折に慌ただしく撮り貯めていたもので、中には40年以上昔のものも含まれている。その後修復などのためにかなり様子が異なってしまっているものもあるかもしれないので、念のため撮影年次を付しておいた。当然のことながらこれらは本稿の執筆を予定して撮っていたわけではなく、必ずしも本文の趣旨に沿うものとなっていないし、また不鮮明なものも多いが、私の建築遍歴の一端ということでお許しを乞う。それらでカヴァーしきれなかった分については（かなりの数に上るが）、他の研究書やWeb上に公開されているものを使用させて頂いた。図面などもほとんどは他書から転用させて頂いたものだが、幾つかは私の手で修正ないし補筆してある。
　一方、ブルネッレスキについてこのような形でとりまとめてしまうと、これに続くべきルネサンス建築家たち、とりわけアルベルティやブラマンテについても、同様なやり方で知識を整理してみたい気持ちに駆られている。老書生の半睡状態での仕事でもあり、時期については確約は出来かねるが、現在のところ意欲だけは辛うじて持続しているので、それに望みを託しながら想を練っているところである。

2011. 3. 2. F市にて

目　次

はしがき

I.「建築」に向かって　　3
アルベルティによる賛辞／*La Novella del Grasso* とブルネッレスキの容姿／彫刻家ブルネッレスキ／洗礼堂扉競技設計／ローマ遺跡調査／未知なる「建築」

II. フィレンツェ大聖堂クーポラ　　19
アルノルフォ・ディ・カムビオからフランチェスコ・タレンティまで／クーポラの競技設計／仮枠なしによるクーポラ建造／ブルネッレスキとギベルティ／ブルネッレスキの器械／ゴシックか古典か──空間尺度としての建築／ランターン（頂塔）／ドラム側面の「エディコラ」（屋形）

III. 透視図法　　59
マネッティによる説明／ギベルティの透視図法／透視図法とルネサンス絵画／正統作図法／透視図法研究とブルネッレスキ評価

IV. オスペダーレ・デリ・インノチェンティ　　77
最初のルネサンス建築／工事経過とフランチェスコ・デッラ・ルーナ／空間の幾何学と古典モティーフ／都市空間と建築／市民社会の矛盾と建築

V. サン・ロレンツォ聖堂　　95
再建計画とメディチ家／聖堂広場計画とブルネッレスキ／ミケロッツィ、

チァッケリ、ドメニコ・ダ・ガイオーレ／グリッド・プランと単位空間／ウィトルウィウスとブルネッレスキ

VI. サン・ロレンツォ聖堂旧聖器室 ……………………… 117

祭壇上部の天空図と図像学／祭室の増築時期／比例体系／アムブレラ・ドーム／建築の基本単位としての「集中式聖堂」／ドナテッロと建築

VII. パラッツォ・ディ・パルテ・グエルファ ……………………… 141

フィレンツェ共和国とグエルフィズム／初期人文主義と都市／敷地買収経過と工事時期／ブルネッレスキと都市建築

VIII. 住宅建築と軍事建築 ……………………… 155

ヴィッラ・ラ・ペトライア／アポローニオ・ラピの家／バルバドーリの家／パラッツォ・カッポーニ／パラッツォ・パッツィ−クァラテジ／パラッツォ・ジュンティーニ／パラッツォ・ブジーニ−バルディ／パラッツォ・ピッティ／城壁と城砦——軍事建築とルネサンス都市

IX. パッツィ家礼拝堂 ……………………… 179

工事時期と設計者の問題／パッツィ家とサンタ・クローチェ修道院／既存の駆体と寸法体系／空間軸の直交

X. サント・スピリト聖堂 ……………………… 191

聖堂再建と広場計画／ジュリアーノ・ダ・サンガッロの図面／半円形アプスの屋根と高さ変更／交差部の処理とクーポラ／ブルネッレスキの計画手法／ファサードの問題

XI. サンタ・マリーア・デリ・アンジェリ修道院「ロトンダ」……… 209

スコラリ兄弟の寄進／アムブロジョ・トラヴェルサリと集中式聖堂／

「空間の造形」／復原の試み／サンティッシマ・アンヌンツィアータ聖堂の「ロトンダ」とブルネッレスキによる批判／終焉

XII. ブルネッレスキの周辺──ギベルティとミケロッツォ ……… 233

ギベルティと建築──サンタ・トリニタ聖堂聖器室／「天国の門」に見る建築表現／初期ルネサンスと「古典主義」

ミケロッツォ──コージモ・イル・ヴェッキオの初期の作事／ドナテロとの共同作品、墓とプラト大聖堂説教壇／サン・ミニアート聖堂の「十字架のチャペル」／サン・マルコ修道院／パラッツォ・メディチと「ブニャート」／初期のメディチのヴィラ群と「中世趣味」；トレッピオ、カファッジォーロ、モンテプルチアーノの市庁舎、カレッジ、フィエゾレ／晩年／「初期ルネサンスの危機」

資 料

ブルネッレスキ年譜 ……… 263
ブルネッレスキ参考文献目録 ……… 279
索 引 ……… 303

あとがき ……… 325

図版一覧

fig. 1　フィレンツェ大聖堂クーポラの巨大な影（S. Fukuda 1968）
fig. 2　マザッチョ、ブランカッチ礼拝堂のフレスコ（「聖ペテロの奇跡」、1426/7）に描かれたブルネッレスキ肖像（Web Gallery of Art）
fig. 3　サンタ・マリーア・ノヴェッラ聖堂内ブルネッレスキ作木製キリスト像（Web Gallery of Art）
fig. 4　フィレンツェ洗礼堂アンドレア・ピサーノ作南側入口扉（S. Fukuda 1974）
fig. 5　1402年洗礼堂扉意匠の競技設計のためのギベルティのパネル（Web Gallery of Art）
fig. 6　1402年洗礼堂扉意匠の競技設計のためのブルネッレスキのパネル（Web Gallery of Art）
fig. 7　ベルヴェデーレの丘からのフィレンツェ大聖堂遠望（S. Fukuda 1974）
fig. 8　ジョットーの鐘楼（S. Fukuda 1968）
fig. 9　アルノルフォとタレンティの大聖堂平面計画推定図（from W. & E. Paatz）
fig. 10　サンタ・マリーア・ノヴェッラ修道院「スペイン礼拝堂」のフレスコ「戦う教会」（SCALA）
fig. 11　大聖堂ドラム部分までの工事状況推定図（from H. Saalman）
fig. 12　ブルネッレスキのクーポラ構造模式図（from H. Saalman）
fig. 13　ネッリが推定したクーポラ建造の内部足場の図（ローマのサン・ピエトロ聖堂クーポラ内装工事の足場の図に基づく。from Stegmann-Geymüller）
fig. 14　クーポラ工事内部足場推定図（from Battisti）
fig. 15　クーポラの内側のシェルに用いられた煉瓦矢筈積み（from H. Saalman）
fig. 16　クーポラ建造足場の組み上げ手順推定図（from Battisti）
fig. 17　クーポラ2重シェルの間の通路（from Battisti）
fig. 18　タッコラ　ブルネッレスキの大ウィンチ（*De ingeneis*, Pt. III, p. 13, *Cod. Palatino* 766, p. 13, Biblioteca Nazionale Centrale di Firenze）
fig. 19　ジゥリアーノ・ダ・サンガッロ　ブルネッレスキの大ウィンチ（*Taccuino senese*, Siena, Bibl. Comunale）
fig. 20　レオナルド　ブルネッレスキの大ウィンチ（*Cod. Atlantico*, f. 391 v. Bibl. Ambrosiana, Milano）
fig. 21　ブルネッレスキの大ウィンチ復原模型（フィレンツェ大学蔵）
fig. 22　ブォナッコルソ・ギベルティ　ブルネッレスキの大クレーン（*Zibaldone*, Ms. Br. 228, f. 106 r., Bibl. Naz. Centrale, Firenze）
fig. 23　ブルネッレスキの大クレーン復原模型（フィレンツェ大学蔵）
fig. 24　フィレンツェ大聖堂クーポラ立面・断面実測図（from Stegmann-Geymüller）

fig. 25	クーポラ頂塔建設足場の図（作者不詳 Uffizi, GDS., 248 A）
fig. 26	クーポラ頂塔木製模型（Museo dell'Opera del Duomo）
fig. 27	クーポラ頂塔基部（S. Fukuda 1974）
fig. 28	クーポラ頂塔実測図（from Stegmann-Geymüller）
fig. 29	ドラム側面の「エディコラ」（S. Fukuda 1989）
fig. 30	ドラム側面の「エディコラ」細部（S. Fukuda 1968）
fig. 31	フィレンツェ大聖堂前のサン・ジョヴァンニ洗礼堂（S. Fukuda 1968）
fig. 32	ブルネッレスキの実験方法推定図（from Parronchi）
fig. 33	ピアッツァ・デッラ・シニョリアの透視図作成の場合の視点位置推定図（from C. Ragghianti）
fig. 34	ギベルティの洗礼堂東側扉（「天国の門」—《創世記》から「エサウとヤコブ」 扉左手の上から3段目　S. Fukuda 1974）
fig. 35	サンタ・マリーア・ノヴェッラ聖堂内　マザッチォの「三位一体」（Web Gallery of Art）
fig. 36	マザッチォ「三位一体」の空間推定図（after Sanpaolesi）
fig. 37	バルバドーリ家礼拝堂復原模式図（from A. Bruschi）
fig. 38	ドナテッロ、オルサンミケーレの「聖ゲオルギウス像」台座浮彫（Sailko 2009）
fig. 39	ピエロ・デッラ・フランチェスカ、「正統作図法」（from *De Prospectiva pingendi*）
fig. 40	作者不詳「都市広場の図」（Walters Art Gallery, Baltimore）
fig. 41	オスペダーレ・デリ・インノチェンティ（S. Fukuda 1974）
fig. 42	ラストラ・ア・シーニャの施療院（Vignaccia76 2008）
fig. 43	フィレンツェの旧サン・マッテオ施療院（Sailko 2006）
fig. 44	オスペダーレ・デリ・インノチェンティ　増築部南端部の収まり（S. Fukuda 1974）
fig. 45	オスペダーレ・デリ・インノチェンティ　ポルティコ南端（S. Fukuda 1974）
fig. 46	オスペダーレ・デリ・インノチェンティ　当初立面推定図（from Bruschi）
fig. 47	オスペダーレ・デリ・インノチェンティ　平面図（from Battisti）
fig. 48	オスペダーレ・デリ・インノチェンティ　中庭（S. Fukuda 1989）
fig. 49	オスペダーレ・デリ・インノチェンティ　ポルティコ柱頭（Sailko 2008）
fig. 50	オスペダーレ・デリ・インノチェンティ　ポルティコ内部（S. Fukuda 1989）
fig. 51	ポルティコの内側壁面に取り付けられたアーチを受ける柱頭（S. Fukuda 1989）
fig. 52	オスペダーレ・デリ・インノチェンティとピアッツァ・サンティッシマ・アンヌンツィアータ（S. Fukuda 1974）
fig. 53	ピアッツァ・サンティッシマ・アンヌンツィアータ配置図（from G. Fanelli）
fig. 54	サン・ロレンツォ聖堂俯瞰——大聖堂鐘楼からの遠望（S. Fukuda 1989）
fig. 55	1450年以前のサン・ロレンツォ聖堂（*Codice Rustici*）
fig. 56	パラッツォ・メディチ俯瞰（S. Fukuda 1989）
fig. 57	パラッツォ・メディチ中庭（Gryffondor 2008）
fig. 58	サン・ロレンツォ聖堂の工事経過（after Saalman）
fig. 59	サン・ロレンツォ聖堂平面図（after Zevi）
fig. 60	サン・ロレンツォ聖堂身廊（S. Fukuda 1989）

図版一覧

fig. 61　サン・ロレンツォ聖堂側廊（S. Fukuda 1974）
fig. 62　サン・ロレンツォ聖堂断面図（from Battisti）
fig. 63　作者不詳の16世紀の図（ブルネッレスキによるサン・ロレンツォ聖堂内陣の計画を描いたとみられる　Uffizi, GDS., n. 212 A）
fig. 64　サン・ロレンツォ聖堂身廊・翼廊の交差部（from Battisti）
fig. 65　サン・ロレンツォ聖堂身廊アーケード詳細（S. Fukuda 1974）
fig. 66　サン・ロレンツォ聖堂側廊に取り付くサイド・チャペル（S. Fukuda 1974）
fig. 67　サン・ロレンツォ聖堂の空間システム（from Bruschi）
fig. 68　サン・ロレンツォ聖堂外観（Sailko 2009）
fig. 69　サン・ロレンツォ聖堂旧聖器室、祭室側の見上げ（S. Fukuda 1989）
fig. 70　サン・ロレンツォ聖堂旧聖器室、祭室天井の「天空図」（S. Fukuda 1989）
fig. 71　サン・ロレンツォ聖堂旧聖器室断面・平面実測図（after Sanpaolesi）
fig. 72　パドヴァの洗礼堂空間模式図（from Battisti）
fig. 73　サン・ロレンツォ聖堂旧聖器室アクソメ（from Bruschi）
fig. 74　旧聖器室と祭室（from Bruschi）
fig. 75　旧聖器室アムブレラ・ドーム（S. Fukuda 1989）
fig. 76　アムブレラ・ドーム構造模式図（from Battisiti）
fig. 77　ハドリアヌスのヴィッラ、「セラピスの神殿」（S. Fukuda 1989）
fig. 78　サンタ・クローチェ聖堂内陣天井（SCALA）
fig. 79　旧聖器室クーポラ頂塔のオリジナルの笠行（S. Fukuda 1989）
fig. 80　旧聖器室クーポラ頂塔実測図（from Sanpaolesi）
fig. 81　旧聖器室ペンデンティヴのドナテッロによる装飾（S. Fukuda 1989）
fig. 82　旧聖器室祭室（S. Fukuda 1989）
fig. 83　旧聖器室祭室周壁のニッチ（from Battisti）
fig. 84　旧聖器室祭室脇入口周りのドナテッロによる装飾（Sailko 2009）
fig. 85　グエルフ党会館　テルメ通りからの外観（S. Fukuda 1989）
fig. 86　グエルフ党会館　ピアッツァ・ディ・パルテ・グエルファに面する北側壁面（Sailko 2009）
fig. 87　グエルフ党会館のブロック（16世紀ヴァザーリによる増築後）（after Benzi）
fig. 88　グエルフ党会館　カパッチォ通り側ファサード（S. Fukuda 1989）
fig. 89　グエルフ党会館　テルメ通り側既存部分との取り合い（from Benzi）
fig. 90　グエルフ党会館　カパッチォ通り側立面実測図（from Battisti）
fig. 91　グエルフ党会館　角部詳細（from Battisti）
fig. 92　グエルフ党会館　「ブルネッレスキの広間」内部（Sailko 2009）
fig. 93　1471〜82年ころのフィレンツェ市街図（通称「カテーナの絵図」Pianta detta "della Catena", Berlin, Kupfelstichkabinett）
fig. 94　現在のヴィッラ・ラ・ペトライア（S. Fukuda 1989）
fig. 95　ラ・ペトライアのヴィッラ平面図（from Battisti）
fig. 96　パラッツォ・カッポーニ（Sailko 2008）
fig. 97　パラッツォ・カッポーニ平面図（after Assoc. Limen）

iii

fig. 98	パラッツォ・パッツィ–クァラテージ（Sailko 2006）
fig. 99	パラッツォ・パッツィ–クァラテージ中庭（Sailko 2010）
fig. 100	パラッツォ・ブジーニ–バルディ（Sailko 2008）
fig. 101	パラッツォ・ブジーニ–バルディ平面図（after Assoc. Limen）
fig. 102	パラッツォ・ピッティ（S. Fukuda 1974）
fig. 103	パラッツォ・ピッティ立面比例（from G. Fanelli）
fig. 104	作者不明の17世紀のパラッツォ・ピッティ平面図（Uffizi, GDS. n. 2133 A）
fig. 105	16世紀末のパラッツォ・ピッティと「ボボリの庭園」 Giusto Utens（?-1609）によるメディチ家のヴィッラ群を描いたもののうちの一つ（フィレンツェ都市史博物館 Firenze come era）
fig. 106	ラストラ・ア・シーニャの城壁（Vignaccia76 2008）
fig. 107	マルマンティーレの城壁（Vignaccia76 2007）
fig. 108	カステッリーナ・イン・キャンティの城壁（Vignaccia76 2009）
fig. 109	ヴィコピサーノの要塞（Marco83 2006）
fig. 110	フランチェスコ・ディ・ジョルジョによる城塞都市案（Codice Torinese Saluzziano, f. 108, tav. 11）
fig. 111	リミニ、カステル・シジスモンド立面図（from Battisti）
fig. 112	パッツィ家礼拝堂（S. Fukuda 1974）
fig. 113	パッツィ家礼拝堂前面ポルティコ（S. Fukuda 1974）
fig. 114	パッツィ家礼拝堂前面ポルティコ内部（S. Fukuda 1974）
fig. 115	パッツィ家礼拝堂祭室天井見上げ（S. Fukuda 1989）
fig. 116	パッツィ家礼拝堂ポルティコ中央ドーム（S. Fukuda 1974）
fig. 117	パッツィ家礼拝堂内部（Gryffindor 2008）
fig. 118	パッツィ家礼拝堂　翼部隅の収まり（S. Fukuda 1974）
fig. 119	パッツィ家礼拝堂　平面図と断面図（from Fanelli, after Stegmann-Geymüller）
fig. 120	パッツィ家礼拝堂模式図（ポルティコ側から見た図　from Battisti）
fig. 121	パッツィ家礼拝堂模式図（祭室側から見た図　from Battisti）
fig. 122	サント・スピリト聖堂　交差部クーポラ見上げ（S. Fukuda 1974）
fig. 123	アルノ河対岸からのサント・スピリト聖堂遠望（Sailko 2008）
fig. 124	ベルヴェデーレの丘からのサント・スピリト聖堂遠望（S. Fukuda 1974）
fig. 125	ジュリアーノ・ダ・サンガッロによるサント・スピリト聖堂平面（Cod. Barberiniano, Lat. 4424, f. 14.r.）
fig. 126	サント・スピリト聖堂現状平面実測図（after Benevolo）
fig. 127	サント・スピリト聖堂身廊（S. Fukuda 1989）
fig. 128	サント・スピリト聖堂身廊交差部付近（S. Fukuda 1989）
fig. 129	サント・スピリト聖堂断面図（from Bruschi）
fig. 130	オルヴィエト大聖堂側面（S. Fukuda 1989）
fig. 131	サント・スピリト聖堂の側廊とチャペル群の構造模式図（from Battisti）
fig. 132	サント・スピリト聖堂アクソメ図（from Battisti）
fig. 133	サント・スピリト聖堂側廊断面実測図（from Benevolo）

図版一覧

fig. 134　サント・スピリト聖堂外観（Lucarelli 2008）
fig. 135　サント・スピリト聖堂側廊とチャペル屋根　クインテリオによる復原案（from Battisti）
fig. 136　サンタ・マリーア・デリ・アンジェリ修道院「ロトンダ」（ピアッツァ・ブルネッレスキ側＝南側外観　S. Fukuda 1989）
fig. 137　サンタ・マリーア・デリ・アンジェリの「ロトンダ」平面図（from Battisti）
fig. 138　レオナルドのノート（Cod. Ashburnham, 2037, 5 v., Bibliothèque Institute de France）
fig. 139　アントーニオ・ダ・サンガッロ・イル・ジョヴァネによるサン・ジョヴァンニ・デイ・フィオレンティーニ聖堂計画案（Uffizi, GDS., 200 A）
fig. 140　ディジョンのサン・ベニーニュ聖堂地下祭室平面図（from http://architecture. relig.free.fr/）
fig. 141　ネロの「ドムス・アウレア」8角形ホール（from Ward-Perkins）
fig. 142　ジュリアーノ・ダ・サンガッロによる「ロトンダ」図面（Cod. Barberiniano, 4424, f. 15 v.）
fig. 143　ウッフィツィ蔵「ロトンダ」平面図（Uffizi, GDS., n. 7982 A）
fig. 144　ルーヴル蔵の「ロトンダ」平面図（Louvre, Cabinet des Dessins, n. 681）
fig. 145　Cod. Rustici に描かれた「ロトンダ」
fig. 146　アルノルフォ・ディ・カンビオ、ローマのサン・パオロ・フォリ・レ・ムーラ聖堂内の Ciborio（Web Gallery of Art）
fig. 147　「ロトンダ」推定復原図（after Bruschi-Battisti）
fig. 148　「ロトンダ」推定復原図アクソメ（from Bruschi）
fig. 149　「ロトンダ」内部（S. Fukuda 1989）
fig. 150　サンティッシマ・アンヌンツィアータ聖堂とミケロッツォの「ロトンダ」平面（from L. Heydenreich & W. Lotz）
fig. 151　サンティッシマ・アンヌンツィアータ聖堂とその「ロトンダ」俯瞰（S. Fukuda 1968）
fig. 152　サンタ・マリーア・デリ・アンジェリ修道院「ロトンダ」俯瞰（S. Fukuda 1989）
fig. 153　ブルネッレスキのデスマスク（Museo dell'Opera del Duomo, Sailko 2009）
fig. 154　ブッジャーノ作ブルネッレスキ胸像（大聖堂内　Sailko 2009）
fig. 155　ギベルティの洗礼堂扉、「天国の門」の「ヨゼフの物語」（Web Gallery of Art）
fig. 156　同上、「ソロモンとシバの女王」（Web Gallery of Art）
fig. 157　フィレンツェ洗礼堂内、対立教皇ヨハネス二十三世の墓（Web Gallery of Art）
fig. 158　ナポリのサンタンジェロ・ア・ニーロ聖堂内　ブランカッチ枢機卿の墓（Web Gallery of Art）
fig. 159　プラト大聖堂の外部説教壇（S. Fukuda 1989）
fig. 160　サン・ピエトロ・ア・シエーヴェのサン・フランチェスコ・アル・ボスコ聖堂（Sailko 2008）
fig. 161　フィレンツェ、サン・ミニアート・アル・モンテ聖堂内「十字架のチャペル」（S. Fukuda 1989）
fig. 162　フィレンツェ、サン・マルコ修道院平面図（上層階）（after L. Heydenreich & W. Lotz）
fig. 163　サン・マルコ修道院　サンタントーニオのキオストロ（Web Gallery of Art）

v

fig. 164　サン・マルコ修道院　図書室（Web Gallery of Art）
fig. 165　パラッツォ・メディチ角部（S. Fukuda 1968）
fig. 166　パラッツォ・メディチ　断面図と平面図（初層平面及び2層目天井伏図）（from Haupt 1908-22）
fig. 167　ベノッツォ・ゴッツォリ　パラッツォ・メディチ内礼拝堂壁画「東方三王の礼拝」部分（Web Gallery of Art）
fig. 168　ローマのポルタ・マッジョーレ（ポルタ・プラエネスティーナ）（S. Fukuda 1974）
fig. 169　ジュスト・ウテンスによるトレッピオのヴィラ・メディチ（フィレンツェ都市史博物館 Firenze come era）
fig. 170　トレッピオのヴィラ主屋　1937年の写真（http://www.castelloiltrebbio.it/trebbio/pergola.php?id=trebbio_1937）
fig. 171　ジュスト・ウテンスによるカファッジォーロのヴィラ・メディチ（フィレンツェ都市史博物館 Firenze come era）
fig. 172　カファッジォーロのヴィラ・メディチ　主屋平面図（from Ackerman）
fig. 173　モンテプルチアーノの市庁舎 Palazzo Comunale（S. Fukuda 1989）
fig. 174　カレッジのヴィラ・メディチ　主屋（Sailko 2009）
fig. 175　カレッジのヴィラ・メディチ　主屋中庭（Sailko 2006）
fig. 176　カレッジのヴィラ・メディチ　主屋平面図（from Ackerman）
fig. 177　フィエゾレのヴィラ・メディチ（Donata Mazzini 2006）
fig. 178　フィエゾレのヴィラ・メディチ　敷地断面図（from Adriana Carnemolla, *Il Giardino analogo*, Roma 1989）
fig. 179　フィレンツェ市内のブルネッレスキ作品（after Fanelli）

ブルネッレスキ

Filippo Brunelleschi 1377-1446

I.「建築」に向かって

fig. 1　フィレンツェ大聖堂クーポラの巨大な影

I. 「建築」に向かって

「私がいつも驚きかつ嘆かずにはいられなかったのは、あまたの優れた技芸や学問が、かつてはその成果物や歴史において、吾等のいと輝かしきいにしえを余すところなく見せていたところのものが、いまやほとんど、あるいは全く、見られなくなっているということでありました。画家、彫刻家、建築家、音楽家、幾何学者、修辞学者、預言者も、その他諸々の同様に誉れ高く驚くべき知性の持ち主は、今日に於いては希にしか見られず、またそうした人々を賞賛しようとする者もほとんどありません。そこで私も信じざるをえなかったのは、幾度となく聞かされてきた如く、『自然』、すなわちすべての事物の母なるそれも、年老いて疲弊し、もはやあのような巨人や天才たちを、かつての若々しく栄光に満ちた日々にはかくも数多くまた驚くほどに産みだしていたそれらを、産み出すことができなくなっているのではないかということでありました。しかしその後、永い亡命生活から戻ってみますと、私どもアルベルティ一族はその亡命のなかで齢を重ねていた[1]のでありますが、吾等がこのまちは、他の町々をはるかに凌ぎ、最も輝かしき土地へと変わっており、そうした人々を数多く抱え、なかんずく貴殿フィリッポ[2]を筆頭に、吾等が親愛なる彫刻家ドナート[3]、その他、ネンチオ[4]やルカ[5]、マザッチォ[6]といった人々の中には、それぞれの技芸に於いて有名であった古代人にひけを取らないことを成し遂げ得るような、あらゆる才能を見出すことができるまでとなっております。……（中略）……天空に向かってそそり立ち、トスカーナの人々すべてをその影の中に包み込んでしまわんばかりのあの大いなる構築物[7]を見て、建築家ピッポ[8]を賞賛せずにはいられぬ気持ちを抑え、あるいは羨まずにいられる者がありましょうか、それは仮枠なしで、あるいは大量の木材を用いることもなしに造られたのであり、もし私の判断が間違っていなければ、そのことは現代において不可能と考えられるのみならず、古代においても誰一人思いつかずまた知られることがなかったものであります。……（後略）」

　　　　　　レオン・バッティスタ・アルベルティ；《絵画論》（イタリア語版序文 1436、訳は筆者）

fig. 2 マザッチォ、ブランカッチ礼拝堂のフレスコ（「聖ペテロの奇跡」、1426/7 右半部分）　ヴァザーリによれば、右端の黒衣の人物がブルネッレスキ、その左がドナテッロ、その奥で顔をこちらに向けているのがマザッチォ自身、そしてその奥で僅かに横顔がみえているのがマソリーノであろうという。

　このようにアルベルティにより最大級の賛辞を与えられ、その1436年ころには揺るぎない地歩を築いていたブルネッレスキが、1418年のフィレンツェ大聖堂クーポラ建設のための設計競技によりフィレンツェを代表する建築家としてクローズアップされるまでの経緯は、未だに不透明な霧に包まれている。ブルネッレスキの事蹟に関する典拠としては、永く作者不詳とされていたアントーニオ・ディ・トゥッチォ・マネッティによる手稿本の伝記[9]とヴァザーリの「列伝」中の一章[10]とがあるだけで、これらについては他の史料の裏付けが少なく、内容をめぐっては多くの議論がある。
　マネッティのもう一つの著作 *La Novella del Grasso*（「ふとっちょ物語」）[11]は、ブルネッレスキが重要な役割を担っているもので、1409年ころ、*Il*

I. 「建築」に向かって

　Grasso（ふとっちょ）の綽名で呼ばれていたお人好しの木工職人マネット・アムマナティーニ Manetto Ammanatini を、ブルネッレスキの発案でドナテッロやルカ・デッラ・ロッビアらを含むその仲間たちがそろってからかう相談をし、彼を架空の別人マッテオ Matteo 某に対するように扱ったことから、当の「ふとっちょ」自身も自分の正体に疑いを持ち始め、ついには錯乱して様々な滑稽な事件を巻き起こし投獄され、一時はハンガリィまで逃亡するが、最後は幸運に恵まれて無事フィレンツェに帰還したという、ある意味では残酷で不条理な、ブラック・ユーモアの物語である。マネッティはこれはブルネッレスキ本人から幾度か聞かされたことだとしているが、どこまでが実話であるのか不明である。しかしこれには実在していた多くの人々が登場しており、またフィレンツェでひろく流布していた話であるようにもみえる。この物語から浮かび上がる、ふざけ好きで狡知に長けたブルネッレスキ像と、未知の建築世界を切り拓いて行く不羈の前衛としてのブルネッレスキとがどのように結びつけられるかは、読者の想像に委ねるほかない。

　ついでに、ヴァザーリがそのブルネッレスキ伝の冒頭に記している、なにやら含むところがあるような（手放しではない）賞賛の言葉も紹介しておく[12]。

　「多くの成業が、卑小で冴えない容姿でありながら、途方もない野望と並外れた恐るべき意志をそなえ、困難で不可能と思われるような事柄に取り組み、その成果が人々を驚かせる様を眼にせずには、心安らかに過ごせないというような者たちによってなしとげられてきた。彼らが多くの事柄について、また多くの機会に、取るに足らぬ下劣なことを行なっていたとしても、それらの成業が彼らに栄誉を与えまた彼らを高みに押し上げるのである。そのようなわけで、もし出会った人物の容姿が、自然が当然与えて然るべき優雅さや美しさをそなえていないということで、決して躊躇したりしてはならないのであって、世の中には、そのような人物についても自然はそれなりの

取り得のある行ないをなさしめることがある。それというのも、地べたの土くれの底には金の鉱脈が隠されていることがあるからだ。またしばしば、まことにみすぼらしい姿の者のなかからも、至って優しい心根や誠実な心の持ち主が生まれてくるのであるが、高貴さがそのみすぼらしさにまぎれていて、そうした驚きが期待できないようなことがある。それだけに容姿の醜さがその才能の素晴らしさを引き立ててみせることにもなるのである。そのことはフィリッポ・ディ・セル・ブルネッレスコの場合にも見られたことであって、かのフォレーゼ・ダ・ラバッタ氏やジョットーに劣らぬ貧弱な容姿でありながら、まことに優れた才能を持ち、まさに建築に新たな形を与えるべく天から遺わされたと言うべきであって、その建築はこの100年来、見失われてしまっていたのだ（後略）。」

　フォレーゼ・ダ・ラバッタ氏というのは、ボッカッチョの《デカメロン》第6夜の第5話に出てくる代弁人で、「肩の上にすぐ眼が付いているような」異形の人物[13]を指し、そのフォレーゼ氏と極端な短軀の画家ジョットー[14]の2人が、フィレンツェ近郊ムジェッロからの道中、お互いの容姿をからかい合うというものであった。ヴァザーリが《デカメロン》まで引き合いに出してブルネッレスキの容姿のみすぼらしさ（またその特異な性格についてのほのめかし）を強調しているのが、どのような根拠に基づいているのかは不明で、相当な誇張があることは編者ミラネージも指摘しているところである。近年に行なわれた遺骸の調査によれば、ブルネッレスキの身長は163 cmで、血液型はO型、やせ形、短頭であるが頭蓋容量はかなり大きかったという[15]。この程度の体型は現代のイタリアでもさほど珍しくはないはずである。

　ともあれこれまで知られているところによれば、ブルネッレスキの父はフィレンツェ市から重要な外交的任務を委ねられヨーロッパ各地に派遣されるような、かなり地位の高い公証人であった[16]といい、ブルネッレスキはその3人の息子の2番目で、マネッティによれば[17]、父ブルネッレスキ

はフィリッポにも自分と同様な法律家かさもなければ聖職者となることを期待して、フィレンツェの中流以上の家庭の場合と同様な教育(「〔ラテン語の〕読み書きと数学」 "a leggere ed a scrivere e l'abaco")を受けさせたが、フィリッポは絵を描くことの方を好んだため、知り合いの金銀細工師 orefice の工房に預けたという。望みさえすれば、父に伍してフィレンツェの政界で活躍することもできたはずであるが、こうして彼は金銀細工の手仕事の道を選び、以後しばらくは彫刻家として過ごすこととなる。

fig. 3　サンタ・マリーア・ノヴェッラ聖堂　ブルネッレスキ作木製キリスト像

ヴァザーリの「列伝」編者ミラネージは、1398年フィリッポが金銀細工師として絹織物業組合 Arte della Seta に入会登録を申請していたという史料を引いている[18]。このときフィリッポは21歳になっていたはずで、正会員の親方 magister となるのはさらにその6年後の1404年のことであった。これは当時の職人修業のあり方からすれば、かなり遅まきの入門であったと言える。エウジェニオ・バッティスティ[19]は、絵を描くことを好みまた彫刻に関心をよせていたフィリッポが、画家(薬種業組合 Arte degli Speziali に属した)や彫刻家(石工・大工組合 Arte dei Magisteri di Pietra e Legname に属した)などの途を選ばず、なぜ傍系の orefice を選んだのかという疑問を提起し、それら「正統派」の業種は中世以来の伝統に縛られていたのに対し、orefice は傍系であるだけに様々な新しい試みを行なう自由があったのだろうとしている。

マネッティはフィリッポが短期間の内にこの職種に要請される様々な技術——冶金や彫金、鋳造、金属への彩色 etc. をマスターし、間もなく師匠を凌ぐまでになったといい、その最初の作品として、ピストイア大聖

fig. 4　フィレンツェ洗礼堂　アンドレア・ピサーノ作南側入口扉

堂内祭壇脇の2人の予言者の半身像浮彫を挙げている[20]。実際それらの制作と関わるらしい1399年と1400年の2つの史料がピストイア大聖堂側にあることから、彼が何らかの形でそれらに関与していた可能性が指摘されているが、定説となるまでには至っていない。フィレンツェのサンタ・マリーア・ノヴェッラ聖堂内陣に向かって左手のゴンディ家礼拝堂にある木製のキリスト像[21]は、1410年ころの制作と推定され、ブルネッレスキによる現存する唯一の木彫作品として重視されているものである。この他マネッティは同じくフィレンツェのサント・スピリト聖堂のために作られた聖マッダレーナの像を挙げている[22]が、これは1471年の火災で失われ現存しない。ともかく1401年の洗礼堂扉の設計競技で提出した浮彫以外は、確実に彼の手になるとされる彫刻作品はきわめて少ない。

　フィレンツェ大聖堂前の8角形の洗礼堂 Battistero di S. Giovanni は、おそらく当初はフィレンツェの大聖堂であったのが、後に新しい大聖堂（サンタ・レパラータ S. Reparata）がその東側に別に造られるのに伴い、洗礼堂に転用されたもので、トスカーナ・ロマネスクの代表的遺構であり、当時のフィレンツェでは古代ローマにまで遡るものと信じられていた。これの南・東・北の3側面に設けられた入口のうち、北側の扉をブロンズ製のパネルで飾るための競技設計が、1401年、輸入繊維商組合 Arte della Calimala[23]の主催で行なわれた。大聖堂に向かい合う東の入口には、アンドレア・ピサーノによるブロンズ製の扉があり[24]、北側の扉もそれと対になるような

I. 「建築」に向かって

fig. 5　1402年洗礼堂扉意匠の競技設計のためのギベルティのパネル

fig. 6　1402年洗礼堂扉意匠の競技設計のためのブルネッレスキのパネル

意匠が要請されていた。

　競技設計の課題は、旧約聖書（創世記22）の中のアブラハムが息子のイサクを神への犠牲として捧げようとした場面を浮彫で表現するというもので、ブルネッレスキとギベルティを含む7人の芸術家たちが参加し[25]、結果はギベルティ案の採用となる。その選考経過を伝える一次史料は遺っておらず、ギベルティの回想録[26]と、マネッティ、そしてそれらをもとにしたとみられるヴァザーリの記述しかない[27]。ギベルティは自分の案が満場一致で認められたとしており、ヴァザーリもほぼ同じ趣旨のことを記している。それに対しマネッティは、審査員たちの大勢はブルネッレスキ案に傾いていたが、ギベルティ作品に見る技術的な長所も無視できず2人に共同制作を提案したのに、ブルネッレスキがこれを拒否したために、結果的にギベルティ案となったのだとしている。

　いずれにせよ2人の案が最終選考まで残ったことは、これら2つの応募作品だけが現存している[28]ことからも推察され、大きく傾向の異なるそれらの優劣を定めるのには、審査員たちも苦慮したと思われる。ギベルティのパネルが「国際ゴシック様式」の繊細で鋭い鑿捌きを遺しながら、新た

11

な自然主義的描写を採り入れ、光の効果を考慮して見事に絵画的なまとまりを創り上げているのに対し、ブルネッレスキのそれは、細部の洗練や絵画的まとまりを無視した大胆なヴォリューム配置によって、アルガンによれば浮彫の枠を超えるような「空間的表現」[29]を目指したものであった。最終的に採否の判断を決めたのは、クラウトハイマーによれば意匠の優劣よりは技術的問題であって、ブルネッレスキの作品がギベルティのものよりも多くのブロンズが用いられ重量があり、費用が嵩むということだったのではないかともいう[30]。

マネッティやヴァザーリによれば、洗礼堂扉の競技設計でギベルティに敗れた後、ブルネッレスキは親友の彫刻家ドナテッロとともに、数年間ローマで建築遺跡の調査に没頭していた[31]といい、それはギベルティやドナテッロに遅れをとらないために、彫刻などよりももっと直接的に人々の役に立つ建築の分野で先頭に立とうとしたのだという。しかし彼は彫刻から完全に手を引いてしまったわけではなかったし[32]、またこの調査を通じて、ブルネッレスキがどのような建築的着想を得ていたのかは推測の域を出ない。それは当時フィレンツェに広まりつつあった古代研究熱の一つの表れであったことも確かであるが、このことを直ちにルネサンス＝「古典主義」という通俗的理解と結びつけてしまうのは早計であって、ブルネッレスキの活動は、あるときは古典の模倣を試みたかと思えば、またときには中世の職人的な技法に向かうこともあり、往きつ戻りつ、この時代の様々な矛盾と格闘していた姿としてとらえてゆくことが必要となろう。

それにしても不明なのは、その後おもむろに建築の方に重心を移して行くブルネッレスキにとって、「彫刻」や「建築」とは一体何であったのかということである。職能がまだ未分化な社会的状況の中ではあるが、あるいはそれだけに一層、そのような中で建築と彫刻のどちらかを選ぶということの意義を、いま少し掘り下げて考えてみる必要がある。それはアルガンが示唆するような、彫刻の中に「空間性」を求めそのことがブルネッレスキをしてやがて建築に向かわせたのだというだけでは、説明しきれない

I. 「建築」に向かって

事柄であり、逆に言えば、ブルネッレスキをはじめとするこの時代の人々にとって彫刻ならざる「建築」とは何であったのか、そこに何が求められていたのかという問題でもある。そして彼らの求める「建築」はいまだ姿を現していなかったのであり、ブルネッレスキの試行錯誤の過程を通じて、少しずつその姿が見え隠れしてくるようなものでしかないし、おそらく全貌が現れることは、この時代の中では決してなかったのであり、そうした不可視なる「建築」という命題を初めて提起したのが、このルネサンスという時代であり、その先頭に立って未知の領域に踏み込もうとしたのがブルネッレスキであった。ブルネッレスキと、彼に続くルネサンスの建築家たちの事蹟を辿ることは、「建築」発見の過程、あるいはその模索の過程を追体験することに他ならない[33]。

注

1. アルベルティ家 gl'Alberti は13世紀頃からフィレンツェに定着していた有力貴族であるが、1378年の「チオムピの叛乱」Tumulto dei Ciompi における下級労働者たちのクー・デターに加担したかどで、当主ベネデット Benedetto (m.1388) がフィレンツェから追放される。彼の5人の息子たちはまだしばらくフィレンツェに残っていたが、1401年には完全に追放され、そのうちの一人ロレンツォ Lorenzo (m.1421) はジェノヴァに亡命し、そこで生まれたのがレオン・バッティスタ・アルベルティ Leon Battista Alberti (1404-72) であった。アルベルティ家に対する追放令は1428年に解除され、レオン・バッティスタは1429年に初めてフィレンツェを訪れていたといわれる。

2. ブルネッレスキを指す。《絵画論》は最初ラテン語で著され (*De Pictura*, 1435)、翌年、アルベルティ自らの手でイタリア語訳され (*Della Pittura*)、ブルネッレスキに献呈された。この序文はブルネッレスキへの献辞となっている。現代の刊本としては、Cecil Grayson, *Alberti, Opere volgari*, vol. III, Bari 1973, pp. 5-107 が基本的なものとされている。邦訳としては、三輪福松訳「絵画論」、中央公論美術出版、1992 がある。

3. ドナテッロ Donatello (Donato di Niccolò di Betto Bardi, detto il Donatello, c.1386-1466) を指す。

4. ロレンツォ・ギベルティ Lorenzo Ghiberti (1378-1455) を指す。「ネンチオ

Nencio はロレンツォの別称。
5. テラコッタの彫刻で有名なルカ・デッラ・ロッビア Luca della Robbia（1400-82）を指す。
6. マザッチオ Masaccio（Tommaso di ser Giovanni di Simone Cassai, detto il Masaccio, 1401-29). 初期ルネサンスの天才画家。
7. フィレンツェ大聖堂のクーポラを指す。1420年に着工されたクーポラは、1436年までには、頂塔 lanterna がまだ出来上がっていないのみで、ほぼその全容を現していた。
8. ブルネッレスキの別称。"Lippo"と呼ばれることもある。
9. マネッティ Antonio di Tuccio Manetti（1423-97）は天文学や数学、ダンテの注釈などさまざまな著述をものしていた人物で、建築にも関心を持っていたらしく、生前のブルネッレスキと親交があり、この伝記は1484年ころに書かれたと推測されている。これは16世紀以来広く知られていたらしく、ヴァザーリを初めとする多くの著作に利用されていた。4つの稿本があり、その2つがマネッティの自筆によるものと考えられている。それらのうちでも底本とされているのは自筆 *Vita di Filippo Brunelleschi*, ms. Biblioteca Nazionale Centrale, Firenze, *Codice Magliabecchiano*, II, ii 325であるが、これには部分的な欠落があり、他の手稿と突き合わせ補充する必要がある。19世紀以来幾つかの刊本が出されていたが、それらはいずれも不完全なもので、現在最も信頼されているものとしては Howard Saalman 監修による英訳 *The Life of Brunelleschi by Antonio di Tuccio Manetti*, Pennsylvania State Univ. Press, 1970 と Domenico de Robertis 編による Antonio Manetti, *Vita di Filippo Brunelleschi, preceduta da La Novella del Grasso*, Milano, 1976がある。邦訳としては、浅井朋子訳「ブルネッレスキ伝」、中央公論美術出版、1989があるが、本稿では主として de Robertis 版からの筆者自身の訳を用いた。なおマネッティについては、名前のよく似た建築工匠アントーニオ・マネッティ・チァッケリ Antonio Manetti Ciaccheri (1405-60. 単に「アントーニオ・マネッティ」と記されていることが多い。第II章の注44参照）と混同されている場合があるので注意が必要である。
10. Giorgio Vasari, *Le Vite* … (1568), ed. Milanesi, Firenze, 1906, tom. II, pp. 327-394. これには白水社版の邦訳もあるが、ここでは引用の便を考慮して最も流布している Milanesi 版による筆者訳を用いることとした。
11. これも上記の「ブルネッレスキ伝」の手稿のうちの2つに含まれていたもので、他にも幾つかの写本がある。これはブルネッレスキの周辺の人々や当時

I.「建築」に向かって

のフィレンツェの状況を伝える点で興味深いものであるが、ブルネッレスキ自身についての記述は「ブルネッレスキ伝」以上のものは含まれていない。（Manetti-de Robertis, pp. 3-44）

12. Vasari-Milanesi, II, pp. 327-328. 訳は筆者。
13. Forese da Rabatta（m. 1348）. 実在の人物で、フィレンツェでは法律家としてかなり高名であったといい、Gonfaloniere di Giustizia（地区選出の民兵隊長ないし区長のような役割）まで務めた名望家であったらしい。
14. Giotto di Bondone, c. 1267-1337. 彼の身長が120cmしかなかったことは遺骸調査から確かめられている。
15. Edoardo Pardini, "Relazione dello studio antropologico degli inumati in S. Reparata", in Guido Morozzi, ed, *Santa Reparata, l'antica Cattedrale Fiorentina. I Risultati dello scavo condotto dal 1953 al 1974*, Firenze 1974, pp. 37-38. なお、ブルネッレスキ生前の姿としては、マザッチォによるブランカッチ礼拝堂 Cappella Brancacci, in S. Maria del Carmine, Firenze のフレスコ（c. 1426/7）祭壇に向かって左側壁面の下の段の画面（「聖ペテロの奇跡」、有名な「貢ぎの銭」の下、fig. 2）で、いちばん右隅に立ち横顔をみせている黒衣の人物がブルネッレスキであろうとされている。この推測はヴァザーリによるもので（Vasari-Milanesi, II, p. 295）、その左隣がドナテッロ、更にその左隣でこちらに顔を向けているのがマザッチォ自身という。
16. Brunellesco di Lippo Lapi（1331-1406）. Dieci di Balia という軍事作戦や対外折衝などに関わる役職にあり、1367年にはヴィーンに派遣されていたといい、その後も幾度かロムバルディアやロマーニャ地方などに出張している。マネッティは出張先として英国やフランス、フランドルまで挙げている。（Manetti-de Robertis, p. 50）
17. Manetti-de Robertis, p. 52.
18. Vasari-Milanesi, II, p. 330, n. 3.
19. Eugenio Battisti（1924-98）, *Filippo Brunelleschi*, Milano 1976, pp. 22-24. この著作は私の見るところ、その後の研究で幾つか訂正を要する部分もあるが、これまで書かれた評伝の中では最も信頼に足るものと考えられる。本稿はこの著作によるところが多い。
20. Manetti-de Robertis, p. 53.
21. Manetti-de Robertis, pp. 53-54. この像の制作年代については確証はない。1430/40年代とする説もあるが、バッティスティは下記のヴァザーリの記述を必ずしも事実無根ではないとしており、1410年説に傾いているようである

(Battisti, p. 344)。そのヴァザーリによれば（Vasari-Milanesi, II, pp. 335 & 398-399)、ドナテッロがサンタ・クローチェ聖堂のために制作したキリスト像の批評をブルネッレスキに求めたとき、ブルネッレスキは「十字架に農夫の像をとりつけたようだ」と酷評し、こっそりと同じ大きさのキリスト像を作り、ドナテッロを自宅に招いてそれを見せたところドナテッロが驚嘆し、「君にはキリストを作ることが許されたが、私の方には農夫しか与えられなかった」と嘆いたという。ドナテッロのキリスト像はサンタ・クローチェ聖堂内のバルディ家礼拝堂 Cappella de' Bardi に現存している。

22. Manetti-de Robertis, pp. 53-54.
23. Arte dei Mercanti とも呼ばれる。フィレンツェのいわゆる Arti Maggiori（フィレンツェの同業者組合の中でも有力な7つの組合を言う）一つ。羊毛業組合 Arte della Lana とは別にもっぱら輸入した高価な繊維製品を扱い、それに染色・加工を施し、主に教会関係を得意先としていた。
24. Andrea Pisano（Andrea d'Ugolino da Pontadella, detto il Pisano, 1290-1348)。1320年代末頃フィレンツェに来て大聖堂の工事に関わるが、洗礼堂扉は1330年に依頼され、1336年に完成している。これはギベルティが新たに引き受けた（1425年）「天国の門」Porta del Paradiso（ミケランジェロの命名による。1452年完成）と取り替えられ、ピサーノの扉は南側入口に移された。アンドレアはこの扉の完成後1340年に、ジョットーの跡を承け大聖堂の"capomaestro"に任命され、ジョットーの鐘楼の完成と大聖堂ファサードの工事に関わっているが、1348年にはおそらくペストで死亡し、その後は息子のニーノ Nino Pisano（c.1315-68）が引き継いだ。
25. シエナのヤーコポ・デッラ・クエルチア Jacopo della Quercia（1371/4-1438)、フランチェスコ・ディ・ヴァルダムブリーノ Francesco di Valdambrino（1363-1435)、アレッツォのニッコロ・ディ・ルカ・スピネッリ Niccolò di Luca Spinelli（1350/2-1410)、シモーネ・ダ・コッレ Simone da Corre, detto de' Bronzi（生没年不詳)、ニッコロ・ディ・ピエトロ・ラムベルティ Niccolò di Pietro Lamberti（c.1370-1451)、ロレンツォ・ギベルティ、そしてブルネッレスキの7人（ヴァザーリはニッコロ・ディ・ルカとニッコロ・ディ・ピエトロを混同し、6人の名前しか挙げていない)。
26. *Commentari*（ms., Biblioteca Nazionale Centrale di Firenze, *Codice Magliabecchiano*, XVII, 33). 1447年頃からギベルティの没年まで書き継がれていた。3部からなり、第3部は未完で終わっている。洗礼堂扉についての記述は第2部にある。刊本としては Ottavio Morisani 編（Napoli, 1947)、Lorenzo Bartoli 編

(Firenze, 1998) がある。

27. Manetti-de Robertis, pp. 60-64 ; Vasari-Milanesi, II, pp. 223-31. ヴァザーリによれば、ギベルティは応募作品の制作に当たってあらかじめ多くの人々に自分の構想を説明し、助言を求めていたが、ブルネッレスキの方は作品の提出まで一切制作していることを知らせず、また制作過程を見せることもしなかったという。
28. ブルネッレスキの作品はサン・ロレンツォ聖堂旧聖器室に保管され、ギベルティのものは輸入繊維商組合の会議室にあったという (Manetti-de Robertis, p. 62)、現在はどちらもバルジェッロ美術館に展示されている。
29. アルガンの批評は以下のようなものである――「ギベルティの空間描写は幾つかの平面と挿話の連続からなる。ブルネッレスキはそれを同時的な動きとして、それらの対比のダイナミックな均衡として構築した」(Giulio Carlo Argan, *Storia dell'Arte Italiana*, 1988, vo. 2, p. 117)。アルガン (1909-92) の著作「ブルネッレスキ」 *Brunelleschi*, Verona 1955 (2°ed., Milano 1978) は現代的なブルネッレスキ解釈に先鞭をつけた記念碑的な業績であるが、現在からみれば「ルネサンス」や「人文主義」という概念によりかかった思弁的な傾向が目に付くように思われるし、その後の研究によって事実認識に修正が必要な点も多い。しかしいまなお新鮮な問題を提起しているものであることには変わりはない。邦訳としては浅井朋子訳、「ブルネッレスキ――ルネサンス建築の開花」、SD選書、鹿島出版会、1981がある。
30. Richard Krautheimer & Trude Krautheimer-Hess, *Lorenzo Ghiberti*, Princeton, N. J., 1970 (2°ed., 初版は1956), pp. 31-50.
31. Manetti-de Robertis, pp. 64-70 ; Vasari-Milanesi, II, pp. 337-39. マネッティもヴァザーリも、ローマ滞在の時期を明記していないし、他の史料から彼らのローマ滞在の事実を裏付けることはできない。しかしこれを否定する積極的な史料も存在しない以上、そうした調査行の存在を信ずるしかない。諸々の状況から彼らのローマでの最初の調査は1402年から1409年にかけて、断続的に行なわれていたと考えられている。古代遺跡を掘り返している2人を見て、ローマの人々は「宝探し」をしているのだと言っていたという。ヴァザーリは彼らはメダルやカメオなど金目になりそうな物を発掘しては、それを売って滞在費を稼いでいたのだとしている。
32. ブルネッレスキの彫刻家としての活動はその後も断続的に史料に現れる。ブルネッレスキは1419年にアンドレア・カヴァルカンティ (通称ブッジャーノ Andrea di Lazzaro Cavalcanti, detto il Buggiano, 1412-62) を工房に引き取り

彫刻家として教育し養子としていたが、自立して工房を構えるようになると、自分が受けた仕事をブッジァーノに任せ、指示・助言を与えていたらしい。1434 年 8 月 20 日、ブルネッレスキが大聖堂の工事に関わって、石工・大工組合から納入金未納の件で訴えられ、一時収監される事件が起こった（H. Saalman, *Filippo Brunelleschi; The cupola of Santa Maria del Fiore*, London 1980, p. 137 & p. 275, doc. 277）。これはブルネッレスキが組合員ではないのにその業務を行なったとして冥加金を要求したものであるが、ブルネッレスキはこうした義務を免除されていたはずであった。この間に、ブッジァーノはブルネッレスキの蓄えや宝石などを持ってナポリに逃亡している。これには教皇庁が直接介入し、ナポリ女王ジョヴァンナと交渉してブッジァーノと彼が持ち出した金品を取り戻させている。バッティスティは、これには教皇エウゲニウス四世の書記官であったアルベルティが裏で動いていたのではないかと推測している（Battisti, p. 42 & 335）。凡庸な「影武者」であったとみられるブッジァーノの作品については史料に乏しいが、サン・ロレンツォ聖堂旧聖器室内の装飾（「VI. サン・ロレンツォ聖堂旧聖器室」参照）や、サンタ・マリーア・ノヴェッラ聖堂の説教壇（1443, Battisti, pp. 292-299）、ブルネッレスキ死後に作ったその記念の胸像（大聖堂入り口近く、すぐ右手側廊の壁面）などが彼の手になることが確認されている。なおサンタ・マリーア・ノヴェッラ聖堂の説教壇については、ブルネッレスキの指示によるとみられ、その作品の一つとすべきものかもしれない。

33. マンフレード・タフリ Manfredo Tafuri (1935-94) はその著 *L'architettura dell' Umanesimo*, Bari 1969 の序文で、「ルネサンス」という概念が近代の文化史の中でも最も曖昧で使い古されてしまったものの一つであるとして、著書の題としてはそれを用いず、「人文主義」Umanesimo の方を選び、「人文主義」こそが「建築の発見」の契機を援けたものだからとしている。「建築の発見」の過程としてこの時代を見て行くという企図については、全面的に共感するが、しかしその契機を創り出したのは、あくまでも技術の内側から発した成果であり、「人文主義」はむしろその成果を利用したのであって、それを正面に掲げることには、技術の外側から建築をとらえることになりかねず、若干の危惧を感じる。私としては、それらの概念によってブルネッレスキの建築の特質を概括してしまうようなことは、できるだけ避けたいと考えている。

II. フィレンツェ大聖堂クーポラ[1]

fig. 7　ベルヴェデーレの丘からのフィレンツェ大聖堂遠望

II. フィレンツェ大聖堂クーポラ

　1296年、フィレンツェの大聖堂であるサンタ・レパラータ聖堂[2]の改築工事が、アルノルフォ・ディ・カンビオを主任技師 capudmagister（capomaestro）に迎え開始された[3]。アルノルフォは1301ないし2年に死亡しており、それまでに聖堂がどれほど形をなしていたかは定かではない。その後工事はあまり進んでいなかったようで、1331年には市当局に代わって羊毛業組合 Arte della Lana が工事に責任を負うこととなり、以後はそれが設置した「オペラ・デル・ドゥオモ」（工事事務所 Opera del Duomo）が一手に工事進行を管掌することとなる[4]。その役員たち（「オペライ」operai）は羊毛業組合から指名され、名目上は工費の調達から支出・工事管理などの一切を委任されていたが、最終決済は組合の判断に拠らなければならず、その他にも市内の有力な宗教団体、たとえばサンタ・マリーア・ノヴェッラ修道院やサンタ・クローチェ修道院などの参事会、そしてもちろん市当局や教皇庁もしばしば方針決定に介入し、「オペライ」はその都度、様々な臨時の外部委員会に諮問を仰がなければならなかった。こうした込み入った事業システムのために、最初に決定された設計案に従って工事を進めることは困難であり、主任技師の人選やその権限にも多くの掣肘が加えられ、一貫したコンセプトを保持するのはとうてい望めないことであった。

　これはフィレンツェ大聖堂の場合だけにかぎったことではなく、中世における大規模な建設事業には通行の現象ではあった[5]のだが、フィレンツェの場合、そのシステムはかなり後までそのまま持ち越され、工事は複雑な経過を辿ることとなる。1334年からはゴシック期イタリアを代表する画家ジョットーが招請されるが、彼は聖堂本体ではなくその横の鐘楼の方に着手する。

fig. 8　ジョットーの鐘楼　3層目以上はアンドレア・ピサーノ、タレンティと引き継がれた

21

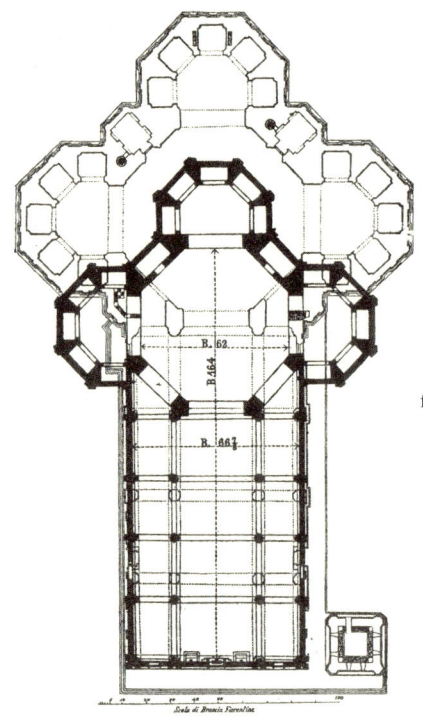

fig. 9　アルノルフォとタレンティの大聖堂平面計画推定図。
黒塗りがアルノルフォ（ないしタレンティ以前）、白抜きがタレンティ以後のもの。ただし黒塗りを4スパンに描いているのは誤りで、3スパンだったはずである。しかしそのときの奥行きスパン寸法は不明。

　ジョットーが2層目まで造ったところで死亡すると（1337）、それまで洗礼堂扉の制作に関わっていたアンドレア・ピサーノが後を引き受けるが、彼も1348年にはペストで死亡してしまう。おそらくその後の数年間は聖堂本体の工事は完全に停滞していたとみられる。
　1351年にはフランチェスコ・タレンティ[6]という工匠が鐘楼の工事を継続していたことが知られるが、彼は1355年に聖堂の木製模型製作を命じられており、その模型をベースにして1357年頃まで審議が重ねられ、翌年には聖堂本体の工事が再開されている。おそらくこの模型には、8角形の内陣とその上に載るクーポラが含まれていたとみられる。ただしこのときの身廊の長さは3スパン分で、それ以前にあった計画（アルノルフォの計画？）に沿ったものであったとみられる。1366年になって、身廊の長さを4スパ

ンとすべきだという意見が提起され、1367年にはそれに沿った煉瓦による模型が造られ、以後の工事はそれに従って進められることとなった[7]。そして8角形各辺の長さ8.4 m（14.4 ブラッチァ braccia）、対角線長さが78 braccia、床面からクーポラ頂部までの高さが約84 m（144 braccia）[8]と定められ、また8角形の各角から立ち上がる尖頂アーチの曲率は「クイント・アクート」"quinto acuto" つまり曲率半径が8角形対角線長78 braccia の4/5と定められていた。この模型は鐘楼の脇に置かれ、1431年に取り壊されるまで、市民に公開されていた。

fig. 10 サンタ・マリーア・ノヴェッラ修道院「スペイン礼拝堂」のフレスコ「戦う教会」

　この時期に論議されていた聖堂の姿がどのようなものであったかは、サンタ・マリーア・ノヴェッラ修道院の通称「スペイン礼拝堂」Cappellone degli Spagnuoli 内のフレスコ——ボンナユート Andrea di Bonaiuto（fl. 1346-79) とそのアトリエの作——からある程度推察できる。このボンナユートは1366年に他の一群の画家たちとともに、聖堂の計画変更案（おそらくタレンティの案やその対抗案であるジョヴァンニ・ディ・ラポ・ギニの案）の審議に関わっていたから、当時議論されていたフィレンツェ大聖堂の計画案を意識したものと考えられる。このフレスコはドメニコ修道会の活動のプロパガンダが主題で、必ずしも当時のフィレンツェ市街の様子を忠実に描こうとしたものではなく、空間的な脈絡を無視した構図でそのまま受け取る訳にはゆかず、特にその後実施された建物と大きく異なるのが、8角形内陣のクーポラが身廊の壁と同じ高さから立ち上がっていて、現在の建物にみられるクーポラ基部のドラムが存在しないことである。そのドラムは実はタ

レンティの案に含まれていたがジョヴァンニ・ギニの案にはなかったもので、1366年の審議の過程では、ボンナュートはネリ・ディ・フィオラヴァンテらとともにタレンティ案の方を支持していたはずで、なぜドラムなしの姿を描いたのかは不明である。このフレスコの制作年代は一般には1365年頃とされており、あるいはその時点ではまだドラムのアイデアは提起されていなかったのかもしれない。

　ともあれ、これらの事実が示すのは、ブルネッレスキが登場するよりすでに半世紀以前に、建物の形はほぼ決定済みで、あとはそれをどのような手順で実施して行くかという、純粋に技術的な問題を残すのみであったということである。現代の建設工事のやり方と違って、この当時の人々は予想される技術的問題を解決してから工事に臨むことは少なく、おそらくこの場合でも、仮枠や工事足場の問題についてはほとんど予見できないままに、模型が出来上がったことだけで満足して工事にかかってしまったものと思われる。こうした古代ローマのパンテオンにも匹敵する巨大なクーポラを建造するためには、もし通常の内部仮枠方式でやろうとするなら、厖大な量の木材骨組みによって、しかもその自重で壊れてしまうことのないような堅牢な作業足場を造らなければならないが、おそらくそのような内部骨組みは、クーポラ内側からの築造作業を不可能にしてしまうほど込み入ったものとなり、また工事にはそれ以上に巨大な外部足場も必要となるのである。取り得る技術的手段が限られていたこの時代にあっては、それは単なる「技術的問題」として片付けることができるようなものではなかった。

　工事は戦争などのため幾度か中断されつつ細々ながらも続けられ、14世紀末までには身廊部分のヴォールト架構が完成し、次いで8角形内陣の工事が開始される。1412年には、新しい大聖堂の名称を「サンタ・マリーア・デル・フィオーレ」とすることが決定され、そして1412/13年頃には、クーポラをその上に載せるための壁体が、地上から72ブラッチァの高さまで立ち上がりつつあり、内陣の各側面に取り付くチャペル群の工事は1417年にはほぼ完成に近づいていた。そしてこの段階になって初めて、「オペライ」はクーポラの工事手順について真剣に検討を開始することとなる。

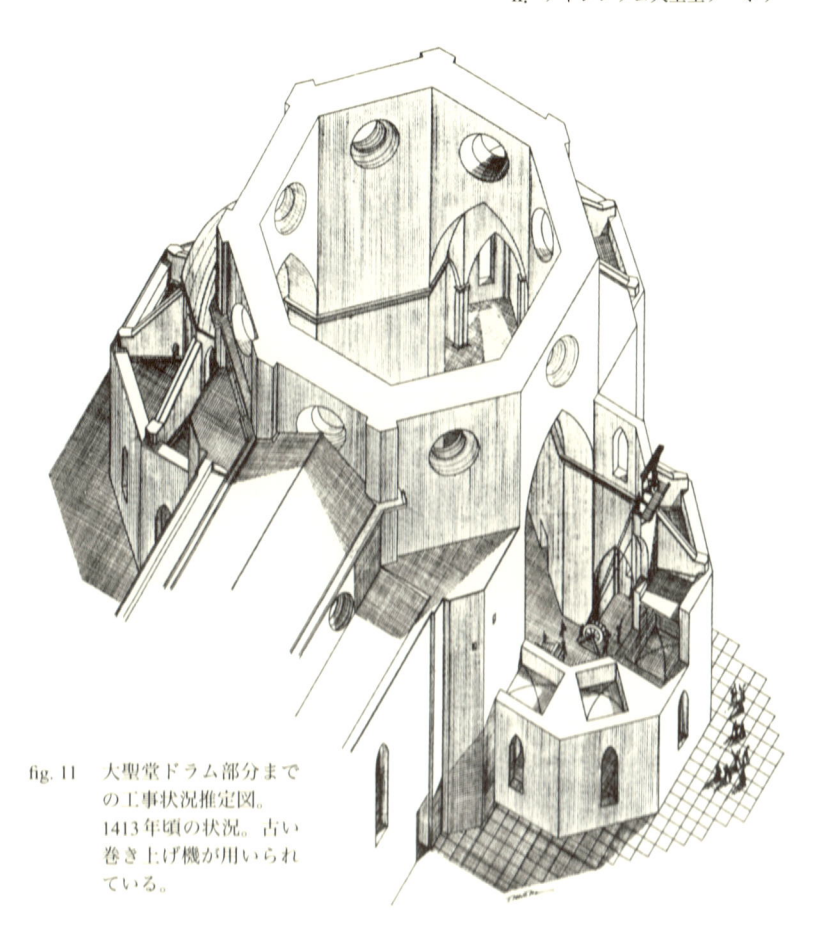

II. フィレンツェ大聖堂クーポラ

fig. 11　大聖堂ドラム部分までの工事状況推定図。1413年頃の状況。古い巻き上げ機が用いられている。

　1418年8月9日、「オペライ」は、クーポラ建造のための型枠や工事のための道具・器械・作業足場などについてのアイデアを募集するべく、公開設計競技を行なうことを発表し、最優秀案については200フロリンの賞金を用意するとした[9]。しかしすでにその1年前から、「オペライ」は内輪でその技術的可能性の検討を始めていた様子で、1417年5月には、ブルネッレスキがおそらくクーポラの工事について何らかの提案をして、10フロリンの報酬を受け取っているし[10]、その他にもコンペが公表される直前まで、

様々な人物がクーポラの構法に関してそれぞれなにがしかの報酬を受けていた。おそらく「オペライ」は、誰であれ有益そうなアイデアを提供してくれるのを歓迎し、当初はそれらにいちいち丁寧な対応をしていたのであったが、しまいには応対しきれなくなり、公開競技に踏み切ったもののようにも見える。

「オペライ」の支払い記録から見るかぎりでは、10数件の応募があった模様[11]で、その中にはブルネッレスキの模型（ドナテッロとナンニ・ディ・バンコ[12]が協力）とギベルティの模型も含まれていた。これらの案がどのように審査されたのかはよく分からないが、ともかく1420年4月には、ブルネッレスキとギベルティがそろって工事監理者となり、建物各部の工事を分担する工匠たちが指名されている。羊毛業組合本部に保存されていた詳細な工事仕様書とみられる文書[13]では、それが誰の案に基づくものであるのかは明記されていないが、その後の工事の成り行きから見るかぎり、事実上ブルネッレスキに全体の指揮が任されていた様子で、最終的には彼の案が実施案として認められたものと考えられる[14]。一方、ギベルティについては、彼は工事の最終段階までブルネッレスキと同格に処遇されているが、彼の役割がどのようなものであったかは不明のままである。そして1420年8月7日、クーポラの工事が開始される。

1423年頃までの初期段階の工事は、クーポラを支えるドラムの補強や工事のために必要な器械類の製作などに費やされており、石造の壁の中にはらみ止めのためのワイヤーのリングや、丈夫な木材による固定枠（"catena"と表現されている）を埋め込む作業が行なわれ、ここでもブルネッレスキの様々な創意が発揮されていたようだが、実施案の最大のポイントはこの大クーポラを仮枠なしで建造するということであった。例の「工事仕様書」は、クーポラの成り立ちを詳細に記していて、各部の寸法やそれが2重のシェルからなること、仮枠なしで建造されるべきことなどを明記している[15]が、それがどのような段取りでなされるのかについては何も記していない。

これはマネッティやヴァザーリの説明も同様で、ブルネッレスキに対す

II. フィレンツェ大聖堂クーポラ

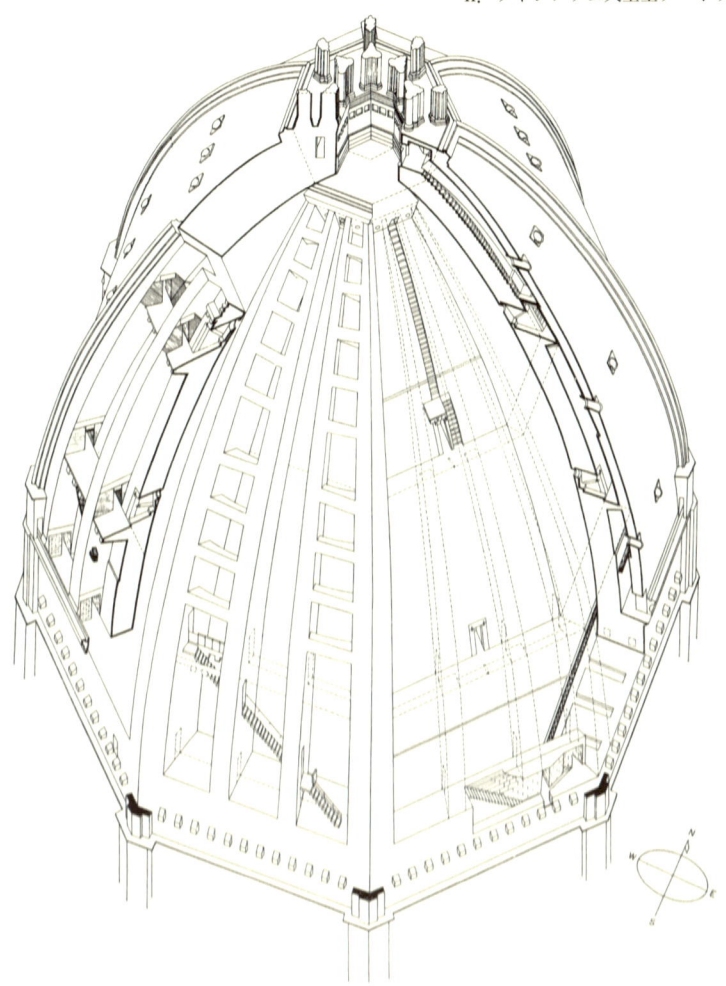

fig. 12　ブルネッレスキのクーポラ構造模式図

るギベルティ側の嫌がらせや、こうした大工事の経験のないギベルティの無能ぶりなどの記述に終始している。たとえば、ブルネッレスキがあるとき仮病を使って工事現場に出勤せずにいたところ、その留守中ギベルティが職人たちに間違った指示をしてしまった（ブルネッレスキは一度ならずこの手を使った）とか[16]、ギベルティ派の工匠たちが結託して、ブルネッレスキ

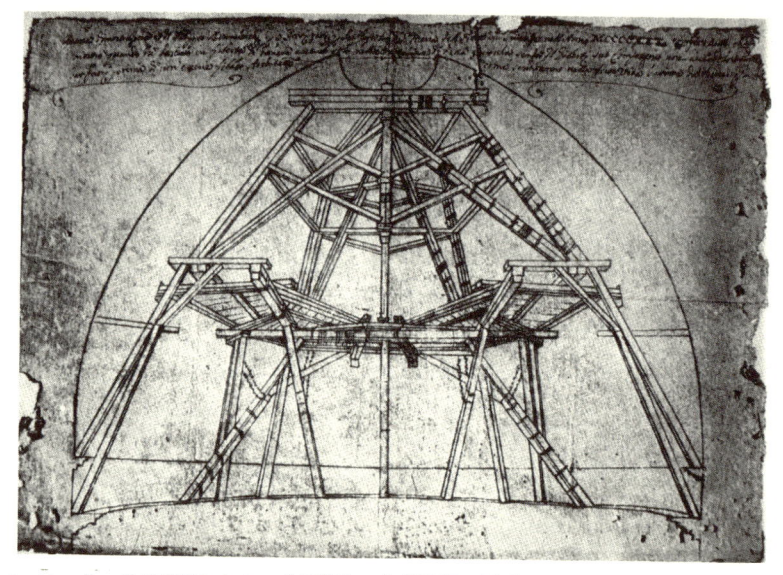

fig. 13　ネッリが推定したクーポラ建造の内部足場の図（ローマのサン・ピエトロ聖堂クーポラ内装工事の足場の図に基づく。）

の工事指揮が厳しすぎるとして、サラリィの値上げを要求しサボタージュを行なったが厳しく罰せられ、1人が解雇されたうえ他の者たちはサラリィを引き下げられたなど[17]。ブルネッレスキとギベルティの間の確執伝説は、その真偽のほどを確かめることはできないが、本人同士はともかく、2人の周囲の者たちの中には、ある種の党派心のようなものがわだかまっていたであろうことは容易に想像しうる。1426年の仕様書追補で重ねて仮枠なしの施工方針を強調しているのは、おそらくギベルティ一派から提起されていたその工法への反対意見に答えるためであったとみられる。すでに洗礼堂扉で高い世評を得て、多くの応援者に取り巻かれ如才なく振る舞っていたギベルティと比べ、ブルネッレスキはそうした大衆的認知を得ていなかったうえ、工事を掌握する羊毛業組合との縁が薄く、彼をバックアップしてくれる有力者も少なかったし、直言癖があったらしいブルネッレスキが自分の立場を良くするための政治的な働きかけを苦手としていた

II. フィレンツェ大聖堂クーポラ

こともあって、こうした不当に低い待遇の居心地の良くない環境で仕事をせざるを得なかったとみられる。彼が完全に単独で工事監理者と認められたのは、工事の最終局面に入ってからのことであった[18]。

クーポラの工事が開始されると同時に、ブルネッレスキの許には多くの設計依頼が持ち込まれるようになったとみられる。一方で洗礼堂の仕事

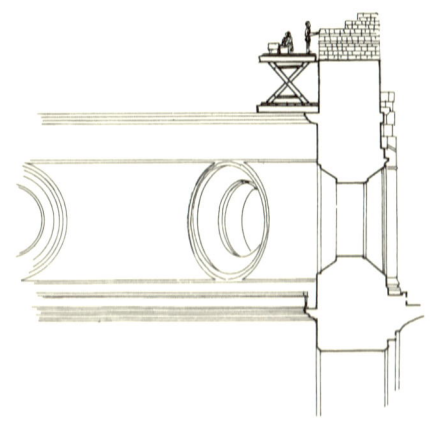

fig. 14　クーポラ工事内部足場推定図

を抱えていたギベルティはパート・タイムの勤務が認められていたが、ブルネッレスキはフルタイムで現場に詰めていなければならず、その間には資材の調達、工事用の器械の考案・製作の仕事もあり、さらに大聖堂工事に関わる技術者は、自動的にフィレンツェ市の様々な公共の工事、とりわけ防塁工事や城砦建設などの軍事施設に関わることを要求された。また彼の名声が高まるにつれ、他の都市や君主たちからも派遣要請が増え、これ以後の20数年間のブルネッレスキは多忙を極め、ほとんど心身ともに休まる時のない日常であったろう。ギベルティが77歳とこの時代としては比較的長命であったのに対し、ブルネッレスキが69歳で生涯を終えることとなったのは、そうした苛酷な労働を自らに強いたためでもあったと考えられる。

20世紀初めまで、クーポラの内部仮枠なしでの施工方法をめぐっては、多くの議論が繰り返されてきた。有力な仮説として認められていたのが、18世紀フィレンツェの技術者ジョヴァン・バッティスタ・ネッリが紹介した、ローマのサン・ピエトロ聖堂クーポラの工事に用いられた内部足場の図から想定される内部仮枠工法であるが[19]、これでは「仕様書」に明記さ

29

れている「仮枠なし」という記述やアルベルティの証言と矛盾するのみならず、8角形のドラムの各角から立ち上がる巨大なリブの建造にはほとんど役に立たず、作業のための空間を狭め、かえって妨げとなってしまう。

このときに意味を持ってくるのが、ドラムが2重シェルを受け止めるべく5mもの厚さとなっていることで、クーポラ立ち上がり部の8角形の各辺内側には、59 cm角の四角い穴（奥行き2.5 mほど）が6個ずつ水平に穿たれていて、ここに角材を差し込むことで、作業足場を建物内部に5 mほど張り出して支えることがで

fig. 15　クーポラの内側のシェルに用いられた煉瓦矢筈積み

きる。クーポラの立ち上がり1/3ほどの高さまでなら、この内部足場の上から、リブの立ち上げや内側のシェル築造作業が仮枠なしでも可能となる。1/3まで立ち上げられたリブは、そこで水平の繋ぎ梁でリング状に固定され、そしてこの繋ぎ梁を足がかりとして、次の作業用プラットフォームを造ったと考えられる。

　この繋ぎ梁より上部のリブやシェルは、大型の煉瓦を通常の水平積みではなく矢筈に積んでいる[20]。「仕様書」の1426年の追補の第6項に、大型の煉瓦を"con quello spinapescie"（鱗状＝矢筈）に積むようにという指示がある。ただしこれには"sara diliberato per chi l'ara a conducere"（施工者の判断によって）という但し書きが付してあり、仮枠なしの方針は、必ずしも全面的にこの構法だけに頼って定められたものではなかったと考えられる。この矢筈積みの効果については、現在でも必ずしも明確な結論は出ていないが、速硬性のセメントを用いるなら、かなりの内向きの傾斜がついた面で

も、その斜めに噛み合った目地のおかげで、仮枠なしで煉瓦を積んでゆくことができたのではないかと推察されている。2/3より上の部分については、どのような煉瓦の積み方をしたところで仮枠なしでは無理で、何らかの内部型枠とそれを支える骨組みのようなものが考案されたとみられ、3層目の繋ぎ梁のところで足場の角材を固定し、そこからトラス状の骨組みを構築したのではないか、あるいは繋ぎ梁に取り付けた金物から吊るようなかたちをとったかとも考えられている[21]。

2重シェルの役割については、多くの説明はクーポラの総重量の軽減のためであるとして片付けているが、実際のところ、強度としては頑丈なリブと分厚い内側のシェルだけでも充分なはずであって、薄い外側のシェルが構造的にさほど貢献をしているとは思われない。2重シェルの空隙を利用してクーポラ上部まで螺旋状に登る階段を設けることは「仕様書」にも明記されていて、これは施工中の職人たちの移動を安全かつ容易にするための通路・

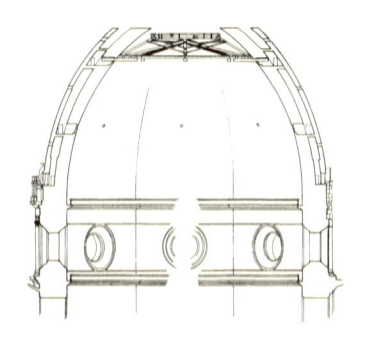

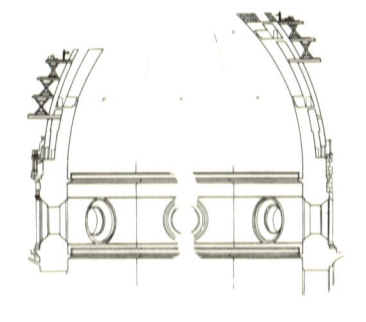

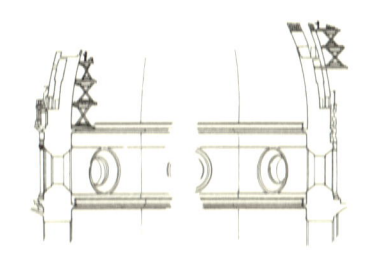

fig. 16　クーポラ建造足場の組み上げ手順推定図

休憩場所を確保することや、補修作業の際の便など考慮したものであったろう。クーポラ工事の初期の段階では3件の転落事故が記録されており、「オペライ」とブルネッレスキも、工事現場の労働環境にはかなり細かい配慮をしていたようで、苦情投書箱を設置したり、このドラム上部の作業

用プラットフォームには休憩所や売店（ワインやパン、竈もありそれで調理した惣菜まで売っていた。ただしワインは水で薄めたもの以外は御法度）を設けたりしていた[22]。反面それは労務管理を厳しくする目的からなされたものでもあり、職人が仕事中に持ち場を離れることを防ぐ意味もあったとみられ、砂時計と黒板も置かれていて、そこで職人の出勤状況を記録していた。その他、職人がクレーンを使って鳩の巣を取ってはいけないとか、人間の昇降用に使用してはならないなど、様々な通達が出されて

fig. 17　クーポラ2重シェルの間の通路

いる。マネッティやヴァザーリは、ブルネッレスキが職場規律を厳しくして工事の能率化を図ったことを強調しているが、これらのことから見ると、実際は職場規律はやや緩んでいて、職人たちはかなり自由に振る舞っていたのであろうという推測もある[23]。

　工事は戦争のための出費差し止めなどで幾度か停滞を余儀なくされたものの、頂塔を残して主部が1436年には完成していたというのは、この時代の大規模な建設事業としてはかなり効率的に行なわれたものと言ってよいであろう。もとより古い時代のことで、しばしば招集される市民参加の審議会などの折りには、大量のワインが消費されていたし、祝祭日にはブルネッレスキをはじめとする工匠たちに祝い品が支給されたりすることもあった。1425年10月の万聖節には、ブルネッレスキに鵞鳥が1羽支給されたという記録もある[24]。1431年には古いタレンティの模型が廃棄され、さらに翌年にはブルネッレスキの模型も不要として廃棄されたというのは、この時期までには工事の先行きの見通しがほぼ立ったことを示すものと考えられる。これはブルネッレスキの周到な計画と、問題に対し機敏に対応

II. フィレンツェ大聖堂クーポラ

fig. 18　タッコラ　ブルネッレスキの大ウ　　fig. 19　ジュリアーノ・ダ・サンガッロ
　　　　　ィンチ　　　*De ingeneis*, Pt. III, p. 13　　　　　　　ブルネッレスキの大ウィンチ
　　　　　(*Cod. Palatino* 766, p. 13, Bibl. Naz.　　　　　　　*Taccuino senese*, Siena, Bibl.
　　　　　Centrale di Firenze)　　　　　　　　　　　　　　　Comunale

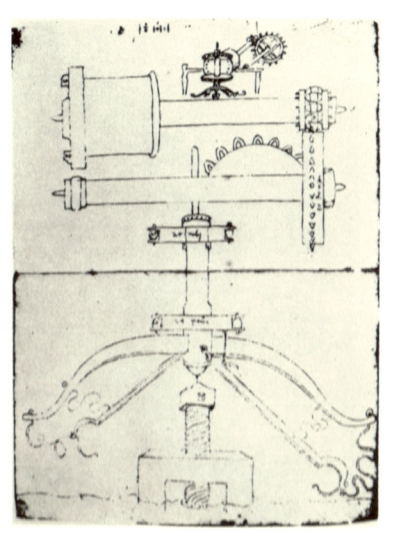

しそれを解決してゆく能力なくしては不可能なことであったろう。

　ブルネッレスキが工事の過程で必要に迫られ、様々な器械を考案していたことは、「オペライ」の支出記録やマネッティの記述などからもうかがい知れるが、これらの器械は当時の人々の関心を集めたらしく、「シエナのアルキメデース」と言われたタッコラ[25]やフランチェスコ・ディ・ジョルジォ[26]、レオナルド・ダ・ヴィンチ[27]、さらにはジュリアーノ・ダ・サンガッロ[28]、ブォナッコルソ・ギベルティ[29]らが競ってそれらの図を写しとっていた。特に1420年にブルネッレスキが製作したとされる大ウィンチ[30]は、これらの人々がそれぞれに描き留めていて、それらによってかなり正確に成り立ちを復原することができる。これは2頭の牛を使って円盤を水平に回転させ、それを歯車により垂直方向の力に転換させる装置であるが、歯車を取り替えることによって運動の速度や反転が可能なように工夫されてい

33

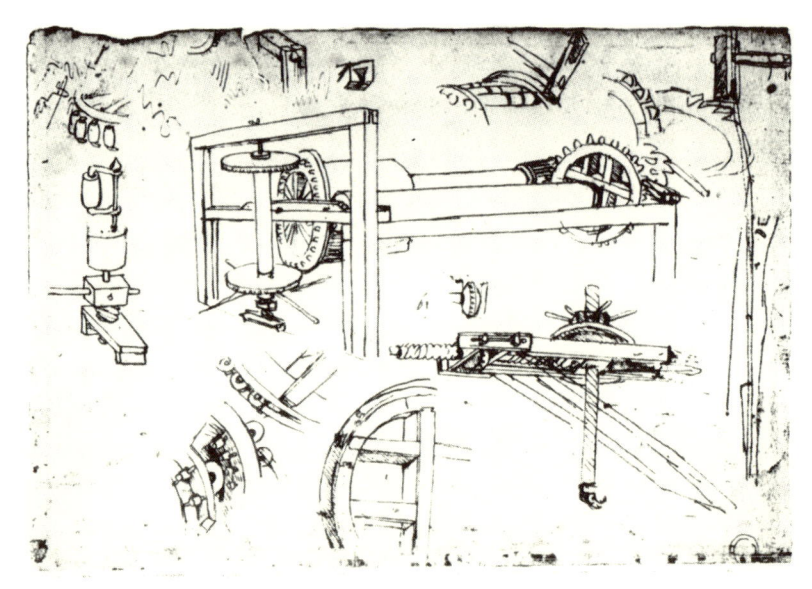

fig. 20　レオナルド　ブルネッレスキの大ウィンチ Cod. Atlantico, f. 391 v. Bibl. Ambrosiana, Milano

fig. 21　ブルネッレスキの大ウィンチ復原模型（フィレンツェ大学蔵）

た[31]。ブルネッレスキが様々な器械に関心を持っていたことについては、マネッティが「暇な時間には時計や目覚ましとか、複雑な工夫を凝らした沢山の器械などを作って楽しんでいた」と記していたところでもある[32]。こうした機械仕掛けは聖史劇上演にも応用され、ヴァザーリはポンテ・ヴェッキォ南袂にあるサン・フェリーチェ聖堂で行なわれた聖史劇の様子を詳しく記している[33]。これは天使が宙吊りで出現したり、花火

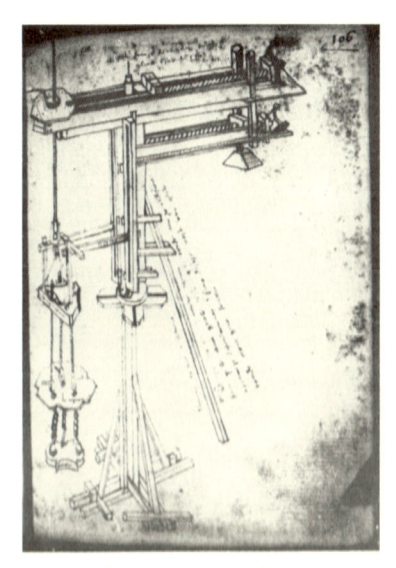

II. フィレンツェ大聖堂クーポラ

fig. 22 ブォナッコルソ・ギベルティ
ブルネッレスキの大クレーン *Zibaldone*, Ms. Br. 228, f. 106 r. Bibl. Naz. Centrale, Firenze

fig. 23 ブルネッレスキの大クレーン復原模型（フィレンツェ大学蔵）

が使われたりするかなり派手なものであったらしい。また水利や水運技術にも興味を示していたらしく、1421年には、おそらくクーポラ建造に使用する大理石運搬のため、特殊な船 "Badalone"（「のろま」の意）を考案しその特許を取得しており、1427年にはこれで大理石をフィレンツェへ運ぼうとしたが、あいにく水不足のため座礁して大理石の大半を失い、かなりの借財を背負うこととなったし[34]、また1430年にはルッカとの戦争に際して、まちのそばを流れるセルキオ河の水を引いて、ルッカを水攻めにする計画を立てたが失敗したという話もある[35]。

　これらのことから推察されるのは、ブルネッレスキがいかに周到に工事手順を考えていたかということである。もとよりその過程で生じてくる問題をすべて予見していたわけではなかったろうが、彼はその都度、大胆な実験を繰り返し、伝統に縛られた職人仕事では考えられなかったような新しい手法や道具を考案し、問題を一つ一つ解決して行なったとみられ、そ

れは「芸術家」というよりは、冷徹な「技術者」ないし「発明家」の姿である。当時の人々はそれらを驚嘆の眼差しで見つめていたのであり、マネッティやヴァザーリ、そして現代の解説者たちの多くも、こうしたブルネッレスキの技術的着想を、彼をとりまくルネサンス「人文主義」の成果であり、近代科学の萌芽であるとして評価している。

　しかしそれらは中世以来用いられていた様々な技術の応用ないし改良であって、必ずしも全く新たな動力伝達方式の開発ではなかったのだが、中世の場合、そうした工夫は狭い職人世界の中で半ば秘伝として扱われ、外の世界にまで広がって行くことがなかったものを、職人世界の「アウトサイダー」であるブルネッレスキが、それを外に向けて開放してしまったということの意義の方が大きい。つまり職人的な特殊「技能」の世界から、普遍的な「技術」へと転化させる契機となったということとしてとらえるべきであろう。ただしブルネッレスキは、自分の創案を他人に盗用されることについては極度に警戒していたようであり、それは上記の Badalone について特許を申請したりしていたことにも表れている。また後年、シエナのタッコラは、ブルネッレスキと会ったときに聞いた話として、盗用を防ぐため自分の発明をたやすく公開してはならないと語っていた旨を記しているという[36]。それはレオナルドが鏡文字で自分のアイデアを書き留めていた態度と共通するところがあり、中世のギルドによる技術の独占ないし共有という慣行が崩れ始めていた状況を示すものであろう。

　彼の「アウトサイダー」的視点は、技術の面だけには限らなかった。彼が古代にかぎらずあらゆる過去の文化的遺産に対し、貪欲な好奇心で当たっていたであろうことは容易に想像できるが、それらが歴史によって付加されていた意味をそのまま受け取ったかたちで彼の作品の中に現れてくることは、皆無といってよい。それらは彼の中で完全に咀嚼され、あるいは白紙化され、全く別のものに変換されて、新たな役割・意味を与えられるのである。その意味でアルベルティが、「もし私の判断が間違っていなければ、そのことは現代において不可能と考えられるのみならず、古代においても誰一人思いつかずまた知られることがなかったものであります」とし

II. フィレンツェ大聖堂クーポラ

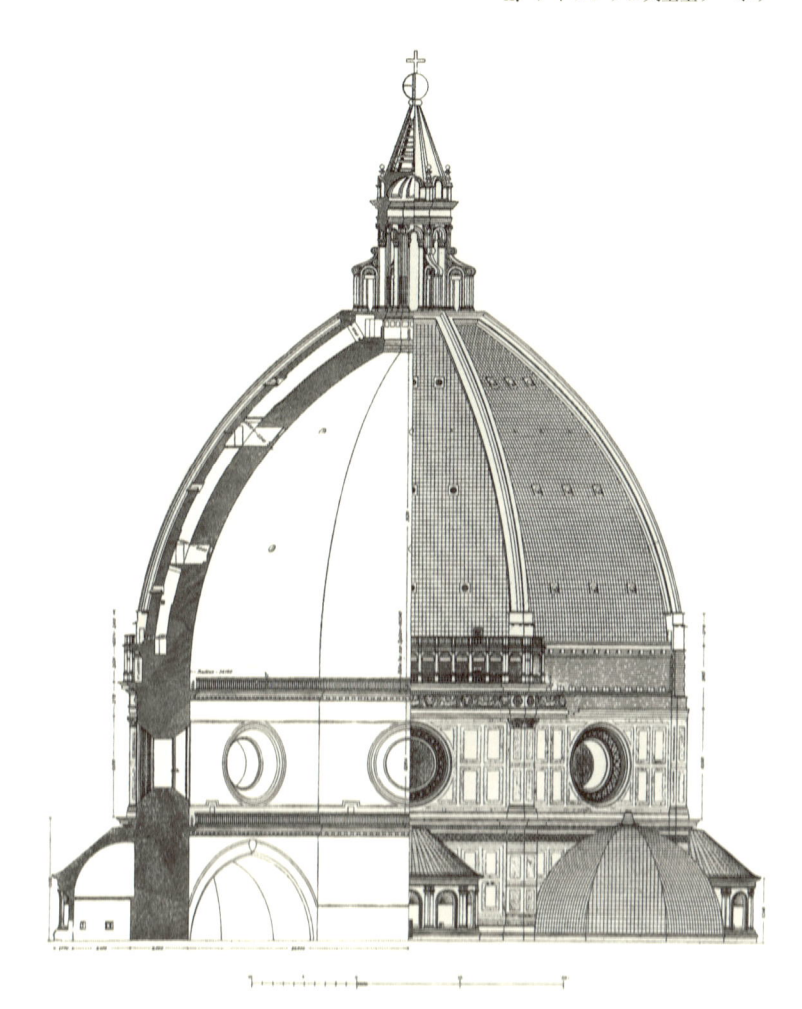

fig. 24　フィレンツェ大聖堂クーポラ立面・断面実測図

たのは、全く正しかったと言わなければならない。

　一方、彼の形態的ヴォキャボラリィの中に、時折、後期ゴシック的な残滓が認められることは確かであり、大聖堂クーポラ自体からして紛れもな

いゴシックの産物であった。しかしそれは彼の責任ではないし、15世紀半ばまで、まだ後期ゴシックないし「国際ゴシック」様式が根強く生き延びていたフィレンツェでは、それは避けがたいことであった。彼にとっては、その形態や技術がどのような出自のものであれ、目的に適合しさえすれば良かったのであって、古典かゴシックかというような区別はほとんど意味をなさなかったと思われる。実際、出来上がった内陣は、16世紀になってヴァザーリ一派によって施されたクーポラ内面のフレスコを除けば、全く抽象的といってよい幾何学的な空間であり、「ゴシック臭」にしろ古代ローマ風にしろ、そのような「様式」を感じさせるものは存在しない[37]。

　おそらくブルネッレスキがこのクーポラ建設を通じて掴み取ったのは、建築とは「空間に尺度を与えるための手段」であるということだったに違いない。明確な数学的秩序による空間を提示すること、それが最大の目標であったと考えられるのである。そして建築をそのような計測可能な空間としてとらえること、それこそが新しい「建築発見」の第一歩であった。この構築物の巨大さやそれを実現するための構築技術は、たといそれらが「建築発見」のための触媒の役割を果たし、またそれらが伝統的職人世界に風穴を開け、「建築家」という新たな社会的存在の出現を予告したのであった[38]としても、その新しい職能の自立にとっては、あくまでも外在的な条件の一つに過ぎない。そしてブルネッレスキとそれに続くこの時代の人々の努力は、この「発見」を手がかりとして、「建築的なるもの」、つまり建築家をして「建築家」たらしめるところの技術の独自性を求めて、さらなる探求へと向けられることとなるのである。「ルネサンス建築」はいまだその姿を現していない。出来合いのモデルなどは存在しなかった。

　1436年3月25日、クーポラは頂塔を残して完成し、教皇エウゲニウス四世の手によって大聖堂本体のための盛大な献堂式が執り行なわれた[39]。このミサではギヨーム・デュファイがこの機会のために作曲したモテトゥス「咲き初めしバラの花よ」*Nuper rosarum flores* が演奏されている[40]。頂塔の検討はすでに1432年には開始されていて、ブルネッレスキが模型製作に

II. フィレンツェ大聖堂クーポラ

fig. 25　クーポラ頂塔建設足場の図（作者不詳 Uffizi, GDS., 248 A）

fig. 26　クーポラ頂塔木製模型（Museo dell' Opera del Duomo）

着手していた。しかしこの度もただちにブルネッレスキ案の採用とはならず[41]、1436年にはブルネッレスキとギベルティらを含む5人の工匠たちが作製した頂塔の模型が集められ、12月末日、コージモ・デ・メディチを含む大勢の市民たちの審査委員会によって、若干の修正条件が付されたものの、ブルネッレスキ案が最優秀と認められて[42]、年明けから大理石などの建設資材調達作業が開始された。この間には、頂塔建設のための足場 *castello* の組み上げやクレーンの建造などが行なわれ、1446年3月にようやく頂塔そのものの建造が開始される。しかしその翌月の15日、ブルネッレスキは死去してしまう。

　同じ年の8月、ブルネッレスキの後継として、メディチ家のお抱え建築家ミケロッツォ・ディ・バルトロメオが指名され、1451年まで工事に当たる。ミケロッツォはなぜかそれ以後は工事担当から外され[43]、その後はアントーニオ・マネッティ・チァッケリ[44]が引き継いだ。1460年にアントーニオが死んだ後は、1461年にベルナルド・ロッセッリーノ[45]が指名され、そ

39

fig. 27　クーポラ頂塔基部

の死の年の1464年までには石造の部分はほぼ完成しており、あとは尖塔屋根と頂部のブロンズ製ボール、十字架の作製を待つばかりであった。1467年には屋根は完成し、1471年5月末日、アンドレア・デル・ヴェッロッキォの工房で作製されたブロンズ製ボールが屋根尖端に取り付けられ[46]、建物は最終完成を迎える。

　ブルネッレスキの伝記作者マネッティは、出来上がった頂塔がブルネッレスキのオリジナルな意図を伝えていないとして、手厳しく批判している[47]。実際、1451年には大理石の石材で充分な大きさのものが入手できないことを理由に、当初は1材から彫り出すはずであったものを2材にするという方針変更がなされており、あるいはこれに伴って何らかの設計変更がなされたと考えられ、現存の姿がどの程度ブルネッレスキの意図を反映したものであったかは疑問が残る。一方、これはクーポラ本体とは違って、後期のブルネッレスキの作風から見ても異例なほどの、密度高く古典的モティーフで満たされた装飾的な色彩の濃いものであるが、しかしそれらの

古典的モティーフがすべてブルネッレスキの死後に新たに付け加えられたとは考えにくい。またマネッティの批判から推察するに、おそらくブルネッレスキの意匠自体にも、そうした古典的モティーフが予定されていたと考えるべきであろう。

ここでは、ブルネッレスキの建築にとって古典的モティーフとは何であったのか、という疑問が浮かんでくるが、これはブルネッレスキの建築的事蹟を最初から辿ってみてはじめてその手がかりが得られるはずの問題なので、いまそれに答えることはできない。この問いを脇に置いたうえで言えるのは、この頂塔の建築が、クーポラそのものの空間的・構造的システムを象徴的に示すものとなっているということである。構造的にはこれは "quinto acuto" のリブが形成するアーチの「キィストーン」の役割を果たすとともに、視覚的には、この2重シェルのクーポラの空

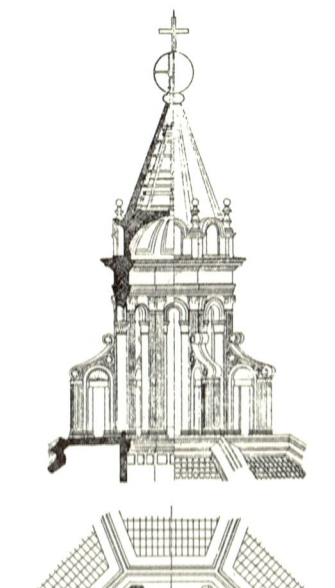

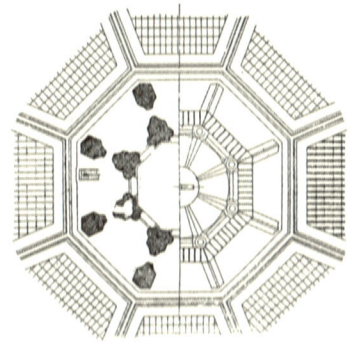

fig. 28　クーポラ頂塔実測図

間的成り立ちを裏返してみせたもの[48]ということができる。巨大な大理石による8個のバットレスの間の、湾曲しながら外へ向かって開いてゆく空間は、クーポラが形作る閉空間の鏡像なのであろう。

このように見るなら、そのバットレスは、それと対応するクーポラの8本のリブの上昇してゆく先が無限遠を目指すものであることを暗示しているとも言える。クーポラの閉じた有限の空間は、裏返されたことによって

無限へと発散する。そしてそれらのバットレスの肩に取り付けられたマッシヴな大理石のスクロールは、この古典的モティーフがルネサンス期に用いられた最初の例[49]なのだが、少なくともここでは、後の古典主義の建築に見る常套的な格式表現 decorum の役割としてよりは、そうした無限性を示す「記号」として読み取るべきであり、ブルネッレスキはそれが背負っていた歴史的な意味を白紙化し[50]、全く新たな、即建築的な意味装置としての役割を与えたと考えられるのである。

　大聖堂のクーポラは、ブルネッレスキが全生涯にわたって取り組んでいた仕事である。彼はここで初めて大規模な建築の工事現場を体験し、未知の技術的課題と格闘しながら、一歩ずつ「建築的なるもの」をたぐり寄せてきていたのであり、この頂塔はそうした模索の末辿り着いた最終地点であった。そこにはこの大工事の傍ら手がけてきた作品での様々な実験の成果が凝縮されており、大クーポラの一部ではあるが、一個の独立した建築作品としてとらえることも可能である。しかしそれは行き止まりではない。彼の他のすべての作品と同様に、それは結果の保証されない「実験作」なのであって、いまだ完全には開花するに至らない大胆な建築的投企の一つであった。

　たとえば、この外に向かって開く8つの湾曲面からなるプラスティックな造形は、この頂塔とほぼ同時期の後期の作品、サンタ・マリーア・デリ・アンジェリ修道院の「ロトンダ」やサント・スピリト聖堂など[51]の、内部におけるプラスティックな空間の追求と対をなすものであり[52]、それらを裏返し、外部に向かって開いた形で試みたものとみることができるが、こうした外に開いたプラスティックな建築は、少なくともゴシック期の西欧の建築には見られなかったものであり、またそれが上述のごとくそのまま内部空間の象徴的表現となっているような例は、皆無であったはずである。これはそれより200年後のボッロミーニの建築を予告するものであり、西欧建築の最大の遺産であるところの、論理的空間操作という方法の出発点なのであった。

II. フィレンツェ大聖堂クーポラ

fig. 29　ドラム側面の「エディコラ」

　頂塔と列ぶブルネッレスキ晩年の仕事のなかで見過ごすことが出来ないのが、クーポラのドラム基部に取り付いた4つの半円形のエディコラ（屋形）あるいは「エクセドラ」*exedra*——通称 "tribune morte" [53]——である。これは8角形内陣から突き出す3つの翼部（アブス）の間に置かれた聖器室などの上に載る構造物で、強いて言えばドラムがクーポラの重量によって外へはらみ出すのを防ぐバットレスとしての役割を果たすとも考えられるが、そうした構造的配慮よりはむしろクーポラ足周りのヴォリューム・バランスを考慮して取り付けられたとみられ、内部の空間には何もなく、資材置き場などとして利用されているのみである。それがブルネッレスキからの発案であったのかあるいは「オペライ」側から提案されたものかは分からないが、すでに1367年のタレンティの模型でも、それに近いものが考えられていたとみられ、あるいは最初から予定されていながら、クーポラ完成までその実施が見送られていたものであったかもしれない。それにしても古典風な印象の抽象的構造物が、建物全体の「ゴシック的」なヴォリュー

fig. 30　ドラム側面の「エディコラ」細部

ム構成の中にさりげなく収まっているのは、不思議な光景である。

　ブルネッレスキのデザインは1439年2月に受理されているが、内部からこれらの"tribuna"に通じている螺旋階段は、すでにそれより前に多角形のものを想定して造られていたようであり、当初は多角形で計画されていたものを半円形とすることになったとみられる[54]。1445年には北東の分が着工され、1460年までには南東の分もアントーニオ・マネッティ・チャッケリの手によって出来上がっていた。北西と南西の分は、おそらく1460年以後、ベルナルド・ロッセッリーノによって造られた[55]。それらは柱頭の仕上げなどが微妙に異なるものの、ほぼブルネッレスキの指示通りに出来上がっているとみられる。

　直径12mほどの半円形の側面に5つの半円形ニッチを設け、それらの間を2本組の半円柱で区切っている。ニッチ上部はホタテ貝の内側のような、いわゆる「コンキリエ」conchiglieの仕上げとなっている。柱頭（2本分が一つのブロックから削り出されている）やコンキリエなどは古典風と言えるが、

繊細な刳型による縁取りが施されたエンタブラチュアのフリーズは、緑の色大理石を象嵌した不思議な模様からなっており、またニッチは緑色の大理石で縁取りされているなど、必ずしも古典風ではない手法が入り交じっている。この建築の堂々たるたたずまいは、いわゆる「正しい古典建築技法」が創り出したものではない。それは「古典」でもなければ「ゴシック」でもない、ブルネッレスキ自身が創り出した新しい建築言語の開示だったのであって、形態のドラマこそが「建築」を創り出すものだということを示したのである。

なお、ドラム上部のクーポラ立ち上がり部には、おそらくブルネッレスキの設計に沿って、大理石の狭いアーケードで囲われた歩廊ないしロッジア（"ballatoio" と表現されている）を全周に巡らす予定であったらしく、それを支えるための石の突起が（おそらく工事中の外部足場の支えとしても利用されていたもの）があるが、結局この歩廊はクーポラ南東部の1辺だけに造られ、あとは未完のままとなっている[56]。

注

1. クーポラの工事経過については、ハワード・ザールマン Howard Saalman による Opera del Duomo の工事関係文書の詳細な検討により、ほぼその全体像が明らかとなっている（Saalman, *Filippo Brunelleschi; The cupola of Santa Maria del Fiore*, London 1980）。ザールマンの綿密な考証から導き出された結論は、クーポラの仮枠工事などについての従来の学説を覆す画期的なもので、幾つかの仮説の上に組み立てられたものではあるが、現在までのところ、これに疑義を提起するような研究は現れていないように思う。従ってこの項で触れる工事経過とその考証については、全面的にそれに拠っている。
2. 聖女レパラータ S. Reparata は3世紀ころのカエサレア（Caesarea, イスラエル南部）の殉教者とされる。中世初期のフィレンツェでは彼女に対する信仰熱が高まり、4世紀から6世紀ころには彼女に捧げる聖堂が建設されたとみられる。20世紀後半に幾度か行なわれた発掘調査を通して、現大聖堂の下からモザイクの床などが発見されている。大聖堂がサンタ・マリーア・デル・フィオーレ（「花の聖母聖堂」Santa Maria del Fiore）と改称されるのは1412年の

ことである。

3. Arnolfo di Cambio（c.1240-1301/2）。アルノルフォは1294年ころからフィレンツェに来ていて、サンタ・クローチェ修道院聖堂やパラッツォ・ヴェッキオなどの工事に関わったとされるが、それらについては確かな史料は存在しない。アルノルフォがドゥオモのcapudmagisterとして史料に現れてくるのは1300年からであるが、すでに1294年には改築の検討が開始され、1296年には着工式が行なわれており、その時点までにアルノルフォが招請されていたことは疑いない。しかし彼がどこまで全体の計画を作成していたものか、彼の死後の工事が果たして彼の「計画案」に沿ってなされたものであったのかどうか不明であり（身廊の天井のヴォールト架構は、アルノルフォ案では木造小屋組だったのではないかという説もある）、またその後ブルネッレスキによってクーポラがその上に冠せられることとなる8角形の内陣が、その計画の中に含まれていたものかどうかについては、大方の見方はそれもアルノルフォの計画の中にあったのであろうとするのであるが、それを裏付ける史料は存在しない。

4. 当初は工費を市税でまかなう方針であったが、折からの財政難で目標額を調達することができなかったのが工事遅延の主たる原因であった。またこうした公共の大工事をArte della Lanaのような有力なギルドに委任することは、フィレンツェでは12世紀以来一般的に行なわれていたことで、大聖堂だけにかぎったことではなかったと言われる。Opera del Duomoの事業システムについては、前掲のザールマンの著作（1980）の"Appendix I"（pp. 173-195）に詳しく述べられている。

5. たとえば、14世紀末から15世紀初めにかけてのミラノの大聖堂の建設方針を巡る論争（アッカーマン J. Ackermanの有名な論文 "'Ars Sine Scientia Nihil Est'—— Gothic Theory of Architecture at the Cathedral of Milan", in *The Art Bulletin*, 31, 1949, pp. 84-111. —— Id., *Distant Points*, MIT Press, 1991, pp. 206-268 に再録）などはその典型である。

6. Francesco Talenti（c.1300-69）。タレンティはサンタ・マリーア・ノヴェッラ修道院の工事にも関わっていた工匠で、構造面よりは色石の化粧貼りや彫刻などを得意とする人物であったらしい。この時期、タレンティの他にも市内の有力宗教施設の工事に携わる多くの工匠たちが関わっていて、彼に協力しながらときにはライヴァルとなっていたジョヴァンニ・ディ・ラポ・ギニ Giovanni di Lapo Ghini（生没年不詳、ヴォールト架構の専門家であったとみられる）、間接的ではあるが工事方針にかなりの影響力を持っていたネ

II. フィレンツェ大聖堂クーポラ

リ・ディ・フィオラヴァンテ Neri di Fioravante (d. 1374)、オルサンミケーレ Orsanmichele 内の祭壇 Tabernacolo の作者として著名なオルカーニャ Orcagna (Andrea di Cione, detto il Orcagna, fl. 1343-68) などが挙げられる。タレンティらが登場する以前の工事の進捗状況については、1342年ころに制作されたとみられるビガッロ Bigallo (Compagnia della Misericordia が創設した孤児救済のための慈善施設。洗礼堂の南向かいにある) 内のフレスコに描かれたフィレンツェ市街図中の聖堂の様子が、それを示すものと考えられ、それには洗礼堂とそれと向かい合う未完の聖堂ファサードと鐘楼が描かれている。それらがアルノルフォの計画によるものなのかあるいはジョットーないしアンドレア・ピサーノによるものなのかは分からないが、その後聖堂の幅について変更がなされた様子はなく、工事はこの既存部分を活かしながら進められたと考えられる。1355年から67年の間の計画変更での最終的な煉瓦の模型はタレンティが作成したものであったが、その決定に至るまでには多くの工匠たちの議論が重ねられており、どこまでがタレンティの案であったかは不明である。

7. この身廊の延長案には、それと接する8角形内陣の4隅の大柱 pier が、その上に載るクーポラの重量を支えるには弱すぎるとの考慮が関わっており、そしてそれらの pier を大きくすることは、必然的に8角形内陣全体をそれに合わせて拡大することにつながったとみられる。この模型製作の段階でクーポラ建造の技術的可能性がどこまで検討されていたかは不明であるが、ザールマンはこの模型にはクーポラの内側に仮枠を組むアイデアも含まれていて、ブルネッレスキ案による仮枠なしでの建造が可能と判断された段階で、不要として取り壊されたのであろうとしている。なおこの案を審議するために選出された市民代表委員の中には、ブルネッレスキの父も加わっていた (Battisti, p. 329)。

8. この当時のフィレンツェの「ブラッチォ」braccio (「1ひろ」。複数形 braccia) は 1 braccio = 0.5836 m。これらの数値は、それまでに着工され一部出来上がりつつあった身廊と側廊の幅から、ほぼ自動的に割り出されるもので、高さ方向についての寸法もこれらの数値と関係づけて決定されており、ドラム基部までの高さは 72 braccia で、ドラムとクーポラの高さ (ランターン=頂塔は含まず) を合わせた数値も 72 braccia となっている。曲率を "quinto acuto" と定めたことによりクーポラの高さは 54 braccia となり、ドラムのせいは 18 braccia となる。ゴシック期のアーチの多くは、これよりやや立ち上がりの急な "sesto acuto" (スパンの 5/6 を曲率半径とする) となっているのだが、

"quinto acuto" はおそらくこうした建物全体の数値比例を保持する目的から採用されたものであろう。
9. Saalman, 1980, p. 249, doc. 57 & 64.
10. Saalman, 1980, p. 248, doc. 46. これ以前にブルネッレスキが大聖堂の工事と関わった件としては、1404年に内陣に取り付く礼拝堂外側のバットレスのやり直しに関して、他の多くの人々（ギベルティを含む）とともに、「オペライ」から諮問を受けていた（1406年まで委員となっていた。Battisti, p. 329）ことや、1409年7月には、おそらく建造中のドラムの補強策について提案を求められていたことなどがある（Saalman, 1980, p. 246, doc. 18. 同じ年の11月にはギベルティが同じ件で報酬を受けている）。1417年の件については内容が不明であるが、報酬がかなり高額であることや、その後公開競技が発表されるとほとんどすぐに、大量の煉瓦や石灰などの資材がブルネッレスキの模型のために供給されているところなどから見ると（Saalman, 1980, pp. 249-250, doc. 60 & 61, 63）、後に正式採用となるブルネッレスキ案は、すでにこの時点から製作が着手されていたものと考えられる。ヴァザーリによれば、このときブルネッレスキは作成していた模型をわざと「オペライ」には提示せずしばらくフィレンツェから姿をくらましてしまい、1420年になってようやくフィレンツェに戻ったとしており、それはこの模型を見せてしまうと他の者たちがそれを剽窃してしまうことを懼れたからだとしている（Vasari-Milanesi, II, pp. 343-344）。しかし1418年以後の模型製作のための資材供給状況などから見て、あり得ない話である。なお、当時のフロリン金貨は3.5gで、近年の金価格（22k, 1g≒¥3,200）に換算すると¥11,200となる。当時は5フロリンあれば1年間暮らすことが出来たというから、おそらくこの数10倍の価値があったと考えられる。
11. ブルネッレスキとギベルティのものの他には、1418年12月から1419年8月までの間に10件ほどの模型に対する代価支払があり、1420年3月にも1件の支払がある（Saalman, 1980, p. 250, doc. 71 & 72 ; p. 253, doc. 97）。なおこの最後の1420年3月の支払は、ジュリアーノ・ダッリーゴ Giuliano d'Arrigo, detto il Pesello（1367-1446）という画家に対するもので、彼はギベルティとも協働したことがあり、かなり発言力を持つ存在であったらしい。1420年にブルネッレスキとギベルティが工事監理者に指名されたときには、彼はその補欠的地位を与えられていたという（Saalman, 1980, p. 69）。彼の伝記はPeselloの名でVasari-Milanesi, III, pp. 35-40 及びMilanesiによる補遺 pp. 41-43に見え、近年ではサン・ロレンツォ聖堂旧聖器室の祭室天井の天空図（後出の「VI. サン・

ロレンツォ聖堂旧聖器室」の章を参照）が彼の手になると認定されているが、その詳しい事蹟はあまり知られていないようである。ヴァザーリ（Vasari-Milanesi, II, p. 344）は、この競技設計にはトスカーナ周辺の工匠たちのみならずアルプス以北の工匠たち（"maestri oltramontani"）までが参加していたとしているが、ピサやシエナ、ピストイアなどの工匠たちがいたことは確認されるものの、イタリア外からの参加があった形跡は見られない。なお約束されていた最優秀案への賞金200フロリンは結局、誰にも支払われた形跡はない。

12. ナンニ・ディ・バンコ Nanni di Banco (c. 1385-1421) は当時ドナテッロと列ぶ彫刻家として認められており、大聖堂北側入口 Porta della Mandorla 周りの彫刻やオルサンミケーレの彫刻などを手がけた。アルガン（*Brunelleschi*, 1955）は、彼の作風が、まだゴシック風をのこしていた初期の Porta della Mandorla から後期の純古典風のオルサンミケーレの彫刻（聖エリギウス立像 *Sant'Eligio*, 1417-21 など）へと変わったについては、ブルネッレスキからの影響が強かったとしている。彼とドナテッロへの報酬支払は1420年2月と4月に行なわれている（Saalman, 1980, pp. 252-3, doc. 91 & 101）。

13. クーポラの工事仕様とみられる文書は、おそらくブルネッレスキの模型の説明として書かれた12項目からなる説明文（日付なし、1418年？ マネッティはこれが公式に認められた1420年のものとして扱っている）と、1422年のクーポラ重量軽減策の短い指示、さらに1426年の8項目からなる指示（クーポラ基部外側のギャラリィの設置や煉瓦の矢筈積み、仮枠なしでの施工方針の再確認など）を含むもので、マネッティもその一部を利用していたが（Manetti-de Robertis, pp. 85-88）、全容は19世紀に「オペライ」の古文書係を務めていたチェーザレ・グァスティ Cesare Guasti (1822-89) による史料集（*La cupola di Santa Maria del Fiore illustrata con i documenti dell'Opera secolare ...*, Firenze 1857）によりはじめて紹介された。これらのもとの文書は1966年のアルノ河洪水で失われてしまったため、グァスティが刊行したものが唯一の典拠となっている。ザールマン（1980, pp. 70-77）はそれを再録し英訳を付している。

14. ブルネッレスキ案については、その模型製作の過程から「オペライ」は強い関心を示しており、製作のための大量の資材や職人まで提供し、幾人かの工匠を指名して製作の現場を視察させたりしている。これはかなり大きなもので、細部まで入念に表現されたものであったらしい。ザールマンはおそらく1/16のスケールであったろうとしている（Saalman, 1980, p. 67）。この模型は1432年まで「オペライ」の事務所そばに置かれていた。ギベルティの模型に

ついては、それが「小さな日干し煉瓦」"mattoni picholini crudi"で造られたものであったという以外には記録がない（Saalman, 1980, p. 68, & p. 250, doc. 62-2）。なお1420年3月から6月にかけての支出記録には"novo et ultimo modello"という文言が幾度か出てきており、ザールマンはこれはクーポラ内部の明るさなどを検証するために別に造られたドラム部分だけの模型を指していて、1/8という巨大なものであったろうとし、この模型のためには特別の覆屋が造られたという（Saalman, 1980, p. 65 & p. 252, doc. 95, 96）。このドラム部分だけの巨大模型が造られたのは、かねてからフィレンツェ大学教授ゲラルド・ディ・プラト Gherardo di Prato (c.1360-1446) がブルネッレスキ案に対抗して、特にクーポラ内部の採光法について異議を提起していたことから、それを検証するためもあったと考えられる。ゲラルド・ディ・プラトはその後も「オペライ」に対しかなり強い発言権を持っていたようで、様々な折に意見を提起していた。彼の著作の一つに"Paradiso degli Alberti"と題するボッカッチョ風の物語（未完）があり、これはアルベルティの一族のアントーニオ Antonio（？-1415c.）が市の南郊に営んでいたヴィッラを舞台としたものであった。1423年からはブルネッレスキに対しては、"inventori et ghobernatori maiori Cupole"という肩書きで、年俸100フロリンが給されることが定められているが（Saalman, 1980, p. 262, doc. 190）、ギベルティは1420年以来、月額3フロリンのパート・タイム勤務のままであった。ギベルティへの俸給支払は1436年6月以降は見当たらない。

15. 前記の注13で触れたごとく、「仕様書」の最初のもの（日付なしの分）の末尾には「いかなる仮枠も用いない」*senza alcuna armadura* と明記しているほか、1426年の追補第8項でも、「仮枠は用いないことを、重ねて主張する。これは決して建物の強度を弱めたりその美を減じたりしようというのではない。すでに仮枠なしの方針で着工している以上、仮枠を造るとすれば、それは当初かくあるべきとしていた建物を別な形としてしまうことになるからである。云々」としていた。
16. Manetti-de Robertis, p. 93；Vasari-Milanesi, II, p. 355.
17. Vasari-Milanesi, II, pp. 359-60.
18. それらの状況については Margaret Haines, "Brunelleschi and Bureaucracy; The Tradition of Public Patronage at the Florentine Cathedral", *I Tatti Studies: Essays in the Renaissance*, vol. III, 1989, pp. 89-125 を参照。
19. ネッリ Giovan Battista Nelli（1661-1725）は1688年以来フィレンツェ大聖堂の技師となり、大聖堂の実測調査に専心していた。彼の実測図はその死後に2

II. フィレンツェ大聖堂クーポラ

度にわたって銅版図集として刊行されており、その仮枠足場の図は彼の息子が編纂した2度目の図集 *Piante e alzati interiori ed estrani dell'insigne Chiesa di S. Maria del Fiore, Metropolitana fiorentina*, Firenze 1755 に収録されている。これは1585年にサン・ピエトロ聖堂クーポラ内面のモザイク工事のためのに作成された足場であったが、ネッリはこれと同様なものがフィレンツェ大聖堂でも用いられたと推察した（Saalman, 1980, pp. 16-21）。

20. サンパオレジはこの構法を重視して、その先例が古代ペルシアに見られることを指摘し、そうしたものの知識が何らかのかたちでブルネッレスキにまで伝わっていた可能性があることを示唆しているが、小規模での例なら、ヨーロッパ各地に見られたはずである（Piero Sanpaolesi, "La cupola di Santa Maria del Fiore ed il Mausoleo di Soltanieh. Rapporti di forme e struttura fra la cupola del Duomo di Firenze ed il mausoleo del Ilkhan Ulghiatu a Soltanieh in Persia", *Mitteilungen des Kunsthistorischen Institutes im Florenz*, XVI, 3, 1972, pp. 221-260）。

21. エウジェニオ・バッティスティはフィレンツェ大学在職中にそのスタッフたちとともにクーポラの調査を行なっており、その結果、工事手順についてこうした推測に到達していた（cf., Battisti, pp. 166-167, etc.）。ザールマンと彼に協力していた構造学者のメインストーン Rowland J. Mainstone による考証（"Brunelleschi's Dome of S. Maria del Fiore and some Related Structures", *Transactions of the Newcomen Society*, XLII, 1969-70, pp. 107-126 ; *Developments in Structural Form*, London and Cambridge, Mass., 1975 ; "Brunelleschi's dome", *The Architectural Review*, CLXII, Sept. 1977, pp. 158- 166）もほぼそれと同様な結論を導いている（Saalman, 1980, p. 78 sgg.）。吊り足場についてはアルベルティが簡潔な記述を遺していて（Alberti, *De re aedificatoria*, III, 14）、おそらくそれは彼がフィレンツェ大聖堂の工事現場を見た経験に基づくものと考えられる。

22. Manetti-de Robertis, p. 98.

23. Saalman, 1980, p. 191.

24. Saalman, 1980, p. 265, doc. 216.

25. Mariano di Jacopo, detto il Taccola（1381/2 - c. 1453?）。シエナの人で、土木工事の指揮や様々な仕事に関わっていたらしいが、そのかたわら1420年前後から *De ingeneis*（動力機械論）の著作に取りかかり、1449年頃までかかって4書からなる図入りの手稿本を書き上げ、更に続いて *De machinis*（器械論）も著している。「タッコラ」（コクマルガラスの意）は綽名で、とがった鼻の持ち主であったことからつけられたものという。彼は一時期、彫刻家ヤーコポ・

デッラ・クエルチアのアトリエで働いていたといい、そこで絵の修業を積んでいたらしい。*De ingeneis* には直接的に築城や都市に関する提言はなく、水力の利用や火器に関する記述が大半を占めるが、明らかにフランチェスコ・ディ・ジョルジオやレオナルドらのアイデアのもととなったと考えられる挿図を多数含んでいる。これらは近代まで不完全な写本を通してしか知られていなかったが、1960年代になって、オリジナルの手稿本がフィレンツェとミュンヘンの図書館に所蔵されていたことが確認され、再び注目を集めることとなった。時期ははっきりしないが、彼は晩年のブルネッレスキと会ったことがあり、軍事技術などについて意見を交わしていたとみられる。

26. Francesco Maurizio di Giorgio Martini（1439-1501/02）はシエナ出身の画家・建築家で、ウルビーノの領主やナポリ王、ミラノ公などに軍事建築の専門家として奉仕するかたわら、1480年前後から、建築や都市建設に関する浩瀚な著述を始めており、それはアルベルティ、フィラレーテに続くルネサンス期の建築理論書として重視されているが、軍事技術についてはおそらくタッコラから影響を受けたと考えられている。ミラノでは、当時その地に滞在していたレオナルドとも親交を深め、互いに影響を与え合ったとみられる。彼の「建築論」には現在数種類の写本が伝えられているが、多くは断簡で、まとまったものとしては、トリノ王立図書館 Biblioteca Reale di Torino 蔵の *Codice Torinese Saluzziano 361* と、フィレンツェの国立図書館 Biblioteca Nazionale Centrale di Firenze 蔵の *Codice Magliabecchiano II, I, 141* がある。これらは内容が重複する箇所も多いが、図がかなり異なっており、それぞれ独立したソースに基づくものと考えられる。それらのファクシミリ版は Corrado Maltese 監修、Livia Maltese Degrassi 編で、*Francesco di Giorgio Martini, Trattati di Architettura Ingegneria e Arte Militare*, Milano 1967, 2 voll. として収録されている。

27. レオナルドについては「ルネサンスの巨人」として有名で、改めて説明するまでもないだろう。

28. Giuliano da Sangallo（Giuliano Giamberti, detto da Sangallo, c.1443-1516）。フィレンツェ市街北部のサンガッロ地区の木工職人の一族出身で、1470年代末以後、ロレンツォ・デ・メディチ Lorenzo de' Medici（"il Magnifico", 1449-92）にとりたてられ、建築家として活動を始める。ブルネッレスキの死からブラマンテ Donato Bramante（1444-1514）が登場してくるまでの間の最も有力な建築家として活躍し、ブラマンテの「盛期ルネサンス」に至る建築の「古典主義」化への道筋を拓いた人物とされる。弟のアントーニオ Antonio da Sangallo il Vecchio（1455-1534）や甥のアントーニオ Antonio da Sangallo il Giova-

ne（1484-1546）も建築家としてブラマンテと同時代に重要な役割を果たしている。

29. Buonaccorso Ghiberti（1451-1516）. ロレンツォ・ギベルティの甥で、その「覚え書き」 *Zibaldone* は一部は伯父ロレンツォと父ヴィットーリオから受け継いだものを含むとみられ、ウィトルウィウスの部分的翻訳（cfr., Gustina Scaglia, "A Translation of Vitruvius and Copies of Late Antique Drawings in Buonaccorso Ghiberti's 'Zibaldone'", in *Transactions of the American Philosophical Society*, 69, n. 1, 1979, pp. 3-30）をはじめ様々な技術的な着想を描きとめたものとして注目されている。

30. 「オペライ」の文書では "Edificio" と表現されている。この後も別種の edificio が製作されており、研究者はこの大ウィンチは "Edificio I" として区別している。タッコラの図は *De ingeneis*, Pt. III, p. 13（*Cod. Palatino 766*, p. 13, Biblioteca Nazionale Centrale di Firenze）所収。フランチェスコ・ディ・ジョルジオのものは *Cod. Urb. lat. 1717*, f. 127, Biblioteca Vaticana にある。レオナルドのスケッチは有名な「アトランティコ手稿」 *Codice Atlantico*, f. 391 v（Biblioteca Ambrosiana, Milano）に見える。ジュリアーノ・ダ・サンガッロのスケッチは *Tacuino di Giuliano da Sangallo*, Biblioteca Comunale di Siena（*Taccuino Senese*）にある。ギベルティの図は *Zibaldone*, Ms. Br 228, fl. 102 r, 102 v, Biblioteca Nazionale Centrale di Firenze のもの。

31. ブルネッレスキの器械についての研究は、特許権を扱う弁護士であったプレージャー Prager によって新たな展開を見せ（Frederick. D. Prager, "Brunelleschi's Patent", in *Journal of Patent Office Society*, XXVIII, 1946, pp. 109f.; Id., "Brunelleschi's Inventions and the Renewal of Roman Masonry work", in *Osiris*, IX, 1950, pp. 457-554）、次いでクラウトハイマーの指導の下にスカリア Scaglia がそれらとタッコラやフランチェスコ・ディ・ジョルジォ、ブオナッコルソ・ギベルティらの図との関連を明らかにし（Gustina Scaglia, "Drawings of Brunelleschi's Mechanical Inventions for the Construction of the Cupola", *Marsyas*, X, 1960-61, p. 41 sgg.）、更にレティ Reti の *Codex Atlanticus*（*Codice Atlantico*）の詳細な検討（Ladislao Reti, "Tracce dei progetti perduti di Filippo Brunelleschi nel Codice Atlantico", in *Leonardo da Vinci, Letture Vinciane I-XII*, Firenze 1974, pp. 89-122）により、それらの働きや正確な名称などが解明された。ザールマンはそれらに基づいて、大聖堂クーポラの建設現場の様子を具体的に復原してみせている（Saalman, 1980, pp. 148-172）。

32. Manetti-de Robertis, p. 66.

33. Vasari-Milanesi, II, pp. 375-378. ヴァザーリは日付を記していないが、1439年から43年にかけて、フィレンツェで東西教会融合を目指す宗教会議の間に行なわれたとみられる。その詳しい考証はブルーメンタール Arthur R. Blumenthal, "Brunelleschi e il teatro del Rinascimento", in *Bollettino del Centro Internazionale di Studi di Architettura Andrea Palladio*, vol. XVI, 1974, pp. 93-104 を参照。
34. "Badalone" という呼称は反ブルネッレスキ一派が付けたもの。これについては Battisti, pp. 365-366 を参照。
35. Battisti, pp. 386-387. ただし大聖堂工事に関わる彼の器械製作や対ルッカ戦での工事などに関しては、定められた俸給とは別にかなり多額の製作費（材料費を含む）が支払われていた。
36. *De Ingeneis* の付録。cf. F. D. Prager & G. Scaglia, *Mariano Taccola and his Book De Ingeneis*, Cambridge-London, 1972, p. 11.
37. このクーポラのモデルとしては、大聖堂隣の洗礼堂が挙げられることが多く、おそらく1367年の模型もそれを強く意識して造られていたと考えられるし、構造方式についても、ギベルティとそのグループの人々は、それを範とすべきことを主張していた。また「仕様書」の1426年の追補条項には「モザイクなどの仕上げのための足場」(Saalman, 1980, p. 75, "Item 1") という記述があり、この時点では洗礼堂と同様な内部装飾が考えられていたとみられる。このことから、ブルネッレスキが洗礼堂と同様なロマネスク的（当時の人々の認識からすれば初期キリスト教的＝古代ローマ的）な空間をイメージしていたのではないかとの推測も可能であるが、内部装飾はブルネッレスキの生前に着手されることはなく、彼が眼にしていたのは無装飾の幾何学的大空間であったはずで、それは彼にとって一つの啓示であったと考えたい。
38. アルガンはその著「ブルネッレスキ」の中で幾度もそのことを強調しており、また *The Renaissance City*, New York 1965, p. 14 (中村研一訳、「ルネサンス都市」、井上書店、1983) でも、同じ趣旨の発言がある。
39. Saalman, p. 275, doc. 286-1～4. クーポラの献堂式はこれとは別にフィレンツェ大司教の手によって同じ年の8月30日に行なわれている (Saalman, *Ibid.*, p. 276, doc. 289-3)。
40. Guillaume Dufay (1397-147) はいわゆる「ブルゴーニュ楽派」の中心的音楽家で、イタリアに新たなポリフォニィを導入した作曲家として知られる。*Nuper rosarum flores*（「咲き初めしバラの花よ」）は代表作の一つとされる。
41. 頂塔のモデルとなるべき形はすでに1367年の模型にもあったはずで、それはサンタ・マリーア・ノヴェッラ修道院の「スペイン礼拝堂」のフレスコに見

るような、簡素な小振りのものであったとみられる。しかし1432年の段階では、「オペライ」はそれでは満足できなくなっていたとみえ、ブルネッレスキに「彼の望む形に従って」（"modello della Lanterna chome a lui pare"）模型を造るよう命じていた（Saalman, 1980, p. 138 & p. 272, doc. 262-1）。ただこの時点ではまだ頂塔をその上に載せるクーポラ最上部の開口 occhio を枠取るリングの大きさが最終的に決定しておらず、翌年になって当初10ブラッチャの口径であったものが9 2/3ブラッチャに縮小する決定がなされ（Saalman, 1980, p. 138 & p. 272, doc. 258-5）、それに合わせて改めて意匠の検討がなされることとなったのであった。

42. Saalman, 1980, p. 272, doc. 262-8.
43. ミケロッツォ Michelozzo di Bartolomeo（1396-1472）。当初ギベルティの助手として洗礼堂扉の仕事に携わるが、1425年ころからはドナテッロと共同してアトリエを構え共同制作を行ない、そこでは主に彫刻的な部分を担当していた。その一方では1420年代にはメディチ家の庇護のもとに建築家として活動をはじめてもいた。彼は自他共にブルネッレスキの後継者として認められていたようで、ブルネッレスキの多くの未完の作品を継続する工事に関わっている。ザールマンは、彼が工事から外された理由としては、彼が本来彫刻家で、こうした大きな工事の経験が浅かったこともあるが、後述のチャッケリが陰で動いていたのであろうとしている（Saalman, 1980, pp. 205-212）。しかし彼は完全に大聖堂工事と縁が切れたわけではなく、1459年にはドラムの外装化粧貼りの件で報酬を受けていた。
44. チャッケリ Antonio Manetti Ciaccheri（1405-60）は1432年の頂塔模型の製作を担当していた大工であるが、1419年にはすでに「オペライ」の支払文書に彼を指すと思われる名前が見えている。1436年の模型製作の際にも、彼はブルネッレスキの模型を製作したほか、自身のデザインによる模型も提出していた（Saalman, 1980, p. 139 & p. 272, doc. 262-5）。伝記作者のマネッティによればこのときブルネッレスキは、「〔自分でも別のものを造りたければ〕まずそれを造って、それから私のを造れ」と命じていたという（Manetti-de Robertis, p. 113）。マネッティは直接的にチャッケリの名を挙げることはせずに「ある大工」としていて、この人物がブルネッレスキの名声を妬んで、自分が capomaestro になったときブルネッレスキのデザインをねじ曲げたのだとしており（Manetti-de Robertis, pp. 111-118）、また、ルカ・デッラ・ロッビアがこの人物の仕事について、ブルネッレスキの名声を損なうものであるとして厳しく非難していたことを伝えている。彼はその後も、おそらくコージモ・

デ・メディチに用いられて、ブルネッレスキ作品の多くの工事を引き継いでおり、チャッケリに対するマネッティの批判の言葉は、ほとんどのブルネッレスキ作品についての記述にも現れている。チャッケリについては Isabelle Hyman, "Towards Rescuing the Lost Reputation of Antonio di Manetto Ciaccheri", in S. Bertelli, G. Ramakus, ed., *Essays Presented to Myron P. Gilmore*, II, Firenze 1978, pp. 261-280 という論文があるというが、筆者は未見。

45. Bernardo di Matteo Gamberelli, detto il Rossellino（1409-64）. ミケロッツォとともに初期ルネサンスにおいて通俗的な「古典主義」技法の普及に大きな役割を果たした建築家。ブルネッレスキ作品やアルベルティの建築の施工に関わり、またピウス二世が建設した「理想都市」ピエンツァ Pienza（1462-）の建築家として有名。

46. Saalman, 1980, p. 293, doc. 375. ヴェッロッキオ Andrea del Verrocchio（Andrea di Michele di Francesco de'Cioni, detto il Verrocchio, c.1435-88）は画家・彫刻家として、レオナルドの師であり、またミケランジェロらに影響を与えた、初期ルネサンス第2世代を代表する芸術家。

47. Museo dell'Opera には頂塔の木製模型が保存されていて、これは現存の頂塔とは高さが異なる（実施された頂塔では開口アーチ上部のコーニスと尖塔屋根を支えるコーニスとの間にかなり背の高い壁面がある）ほかは、ほぼ同じ意匠である。この模型がいつの時点で造られたものかはっきりせず、しかもこの模型自体が17世紀以来幾度か修理された形跡があり、更に1966年の水害で被害を受けて当初の様相が失われている可能性がある（水害前までは、"1673"の銘があったという）。マネッティの批判はかなり細かい様相について言っているもので、バットレスの肩に取り付いたスクロールの曲線が不連続であるとか、開口アーチがそれを支える円柱の柱頭とうまく収まっていないなどというもので、これはブルネッレスキが他の工匠たちによる意匠盗用を防ぐため、わざとそうした細部を模型で表現しなかったため、彼の死後にその建設に当たった工匠が間違えてしまったのだとしている。これらの様相は現存の模型からもある程度確かめられるので、とすればこの模型はブルネッレスキの用意した模型とは異なるものであるということになるが、それが誰の手になるものかは不明のままである。

48. アルガンはこの頂塔について、「それまでなされてきたクーポラのすべての仕事を翻訳したもの」と評している（Battisti, p. 259に引用されているものによった。その引用元は未確認）。

49. Arnaldo Bruschi, "Brunelleschi e la nuova architettura fiorentina", in *Storia dell'*

architettura italiana, Il Quattrocento, Milano 1998（a cura di Francesco Paolo Fiore), p. 83. 私見ではブルスキのブルネッレスキ解釈は、その *Palladio* 誌上に連載していた初期の一連の論考（参考文献目録を参照されたい）以来一貫して、「古典主義」や「ゴシック」といった「様式」的先入観に囚われない最も即建築的な見方をとっており、信頼に足るものと言える。ただしブルスキはここではこのモティーフについては「装飾的役割とともに、バットレスと8角形との空間的関係を新しいやり方で解決した」という以上の説明はしていない。

50. ブルネッレスキの古典的モティーフの扱い方については、この時期、実際の遺構調査に基づく古典建築手法の研究がまだあまり進んでおらず、ビザンティン建築などのそれとの区別がついていなかったために、様々な「誤用」があるという説明がなされることが多い。確かに、そうした古代遺跡のきちんとした実測調査は、遺されているスケッチ類などから判断するかぎり、ジュリアーノ・ダ・サンガッロ以前にはあまりなされた形跡はないし、マネッティらが伝えるブルネッレスキとドナテッロの古代遺跡調査についても、おそらく不完全な形でしか遺っていない遺構の断片を検討する以上のことはできなかったと考えられ、知識が不足していたであろうことは否定できない。しかしそれだけにかえって、それらの古典的モティーフの断片を自らの建築に採り入れる際には、それらにどのような建築的役割を担わせるかについては、熟考を重ねていたはずであり、古典建築からみれば「誤用」であるとしても、それらはブルネッレスキの作品の中では明確な意図を持っていたはずであって、「誤用」ではなく「転用」と言うべきであろう。

51. これらの建物については後で取り上げるが、サンタ・マリーア・デリ・アンジェリ修道院の「ロトンダ」Rotonda della S. Maria degli Angeli は1435年に着工して未完のまま終わったもの。サント・スピリト聖堂 S. Spirito は1434年に工事契約が結ばれたとみられるが、着工は1441年になってからのことであった。

52. ブルネッレスキがこうしたプラスティックな造形を着想するについては、大理石の使用ということが大きなきっかけとなっていたのではないかと思われる。ブルネッレスキはそれまでこれほどの規模で大理石を使用する機会はなく、頂塔が初めての経験であった。彼はこのため幾度か大理石の採石場に赴き、そこでこの素材が発揮する類い希な面的特質を実感したと思われる。彼の初期の作品では、壁は柱やコーニスなどの部材の間を埋める単なる空白に過ぎなかったが、この大理石という素材を得て、壁が建築の中ではじめて積

極的な役割を担うこととなり、こうしたプラスティックな面の構成を発想することができたのであろう。

53. "tribuna morta" ＝ blind tribune. 全く窓開口を持たないことからそのように呼ばれる。
54. Saalman, 1980, p. 135 & p. 277, doc. 296.
55. この部分の工事に関しては1470年代にも工事がなされていたことを示す史料があり、完成はかなり遅れたと考えられる（cf. Saalman, 1980, p. 295, doc. 380）。
56. おそらくこの工事と関わるとみられる工事契約が、1442年から43年にかけて、ベルナルド・ロッセッリーノ他の工匠たちと結ばれている（Saalman, 1980, p. 280, doc. 309）。

III. 透視図法

fig. 31　フィレンツェ大聖堂前のサン・ジョヴァンニ洗礼堂

III. 透視図法

　ブルネッレスキの事蹟の中で避けて通ることができないのが、「透視図法」の発見という問題である。以下、マネッティの「ブルネッレスキ伝」から、その発見の手順（あるいはその実験公開の手順）を記したくだりを、やや長いが引用してみる[1]。

「同様に、あるとき彼が決心し自らの手で試してみようとしたのが、こんにち画家たちが『透視図法』と呼ぶところのものであるが、それというのもこれはある学問分野の一部で、事物がその遠近に従って人間の目に大きく見えたり小さく見えたりするのを、よりよく表現しまたその原理を示そうとするものだからである。家並みや平原、山、あらゆる種類の土地、あらゆる場所やものの形、その他諸々は、その見え方により距離が分かるのである。そして彼によってその法則が生み出されたのであり、それは今日に至るまでに創り出されたもののなかでも最も重要なものである。これは非常に難しいものであって、何百年も昔の画家で優れた巨匠と信じられていた人とか、あるいはかつて優れた彫刻家であるとされていたような人々がそれを知っていて、道理に適ったやり方でそれを使っていたかもしれないということはあるだろう。しかし彼らがたといきちんとしたやり方でそれを用いていたのだとしても、無論、彼らのなしたことはとうてい理論に基づくものとは言えないし、しかも彼らは何百年も前に死んでしまっていたから、誰も彼〔ブルネッレスキを指す？〕に教えることなどできたわけがない。そのような記録は見当たらないし、見つかっていたところで理解できなかったろう。しかし勤勉さと明敏さによって、彼はそれを再発見し、ないしはそれの発明者となったのである。それのみか、多くの事柄でその後幾世代にもわたって受け継がれるようなものを先んじて見出しながら、それを誇ったり、宣伝したり、何か他のことで自慢したりすることも、一言たりとも自賛したりすることもなかった。そのかわり、何かの機会が訪れたときには、それを行動で示したのである。そしてそのときでもこれ見よがしにはしなかったのであって、そのような行ないは恥ずべきものであり軽蔑さるべきものと考えていたのであったし、決して怒ることはなく、友人たちに対しては優しく、それに値すると思

われた者に対しては賞讃を惜しまず、その教えを望む者やそれを受け入れようとする者には喜んで教えていた。そしてそうした場合には実に懇切で行き届いた説明をしていた。

　これは透視図法の場合でも同様であって、彼が最初にやって見せたことは、半ブラッチャ四方の板にフィレンツェのサン・ジョヴァンニのお堂の迫真的な絵を描くことであり、それはサンタ・マリーア・デル・フィオーレの入口を3ブラッチャほど中へ入ったところから眺めたときの外観であった。それは白と黒の大理石の色に至るまできわめて入念かつ自然に仕上げられていて、いかなる細密画家でもこれを凌ぐことはできないだろうと思われるほどであった。そこに描かれた画面には、広場の一部の眺めも含まれていて、ミゼリコルディア[2]の裏側からペコリ[3]の角のあたりまで、またサン・ゼノビの奇跡の柱[4]からカント・アッラ・パリア[5]までなど、遠く離れた場所も表されていた。空の表現については銀色に塗り上げられていて、建物の壁面が空と際立つようになっており、そこに実際の空や風に吹かれて天空を動いて行く雲が映し出されるのであった。この絵は、画家が場所を描くことだけに意を用いるべく、描かれるものの高低がその距離に従って間違いなく眼に見え、場所によって違って見えてくるのを確かめるためであって、彼はその絵が描かれている板のサン・ジョヴァンニのお堂の絵の中に穴を開け、サンタ・マリーア・デル・フィオーレの正面入口の中から、つまりその絵を描いている場所から見たその方向に穴が向くようにした。その穴は画面の側ではレンズ豆ほどの小さなもので、その裏側では女性の麦藁帽子のようにピラミッド状に広がっていて、1ドゥカート金貨大かそれより少し大きいぐらいになっていた。そしてこの穴を裏側にして、その大きい方を見ようとする方に向け、片手でそれを目に近づけ、もう一方の手で平らな鏡をその後ろに支えて、描かれたものがそれに映るようにする。鏡ともう片方の手との間の距離は、ほぼそれを描いた場所からサン・ジョヴァンニのお堂までの実際の距離を縮尺した分だけとなっており[6]、そうしておいて覗くと、例の銀色に塗られたその周りや広場なども、真に迫って〔鏡に映って〕見えるのである。私もあるとき、自分でそれを手に取り、幾度も見ているので、それをはっきり

III. 透視図法

と証言することができる。

　フィレンツェのパラジォ・デイ・シニョリ[7]の広場の透視図の描き方は、それを眺める場所が広場の外、もっと正確に言えばサン・ロモロの聖堂[8]正面の並びで、カリマーラ・フランチェスカ[9]の角から広場の方を向いてオルト・サンミケーレ[10]の方へ少し寄ったところにあり、そこからパラジォ・ディ・シニョリの方をその2面、つまり西の面と北に向いた面とが一緒に見えるようにしたのである。それは非常に素晴らしい眺めで、その場所にあるすべてのものがそこに描き分けられていた。そこでパゴロ・ウッチェッロ[11]やその他の画家たちがそれを模写したりそれに倣おうとしたりしたのであった。そうした例を私は一度ならず眼にしているが、どれもこれより良くできたものはなかった。次のようなことが言えるかもしれない。どうして同じ透視図なのに、これにはサン・ジョヴァンニのお堂の絵の場合のように穴を設けなかったのか。その理由は、この大きな広場の絵では非常に沢山のものを描き分ける必要があり、サン・ジョヴァンニのときのように片手でそれを顔に当てもう一方の手で鏡を支えるというわけにはゆかないのであって、それというのも人間の腕はそれほど長くなく、そんなに遠く離して鏡を支えることはできないし、またそれを支えられるほど丈夫ではないのである。他の画家たちが描いた絵で見かけるようなやり方で描き分けようとすると、いつもその視点が分からなくなってしまう。サン・ジョヴァンニのときの銀色に塗ったところは、家並みの上の輪郭で切り取ってあった。これでもって見ると、家並みの上に自然の空が見えるのである。」（引用中の〔　〕内は筆者注。以下同様。）

　分かりにくい説明だが、要するにこれは、一定の場所に陣取ってブルネッレスキの描いた絵を上のように操作すると、絵がその地点から実物を眺めた時の光景と重なり合い一致して見えるということを示そうとしたものである。それにしても、出来上がった絵をそのまま見せればそれで済むはずのものを、鏡を使ったり、空を切り抜いたり、ずいぶんまわりくどいやり方で披露したものである。これは例の *La Novella del Grasso* から読み取られるようなブルネッレスキ一流の悪戯[12]のパフォーマンスの一つであっ

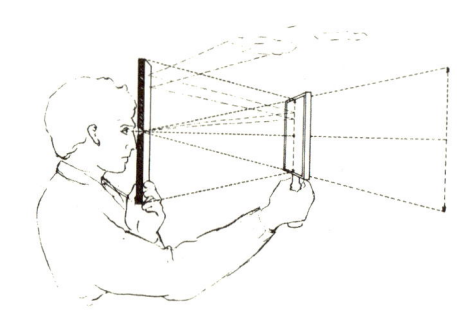

fig. 32　ブルネッレスキの実験方法推定図

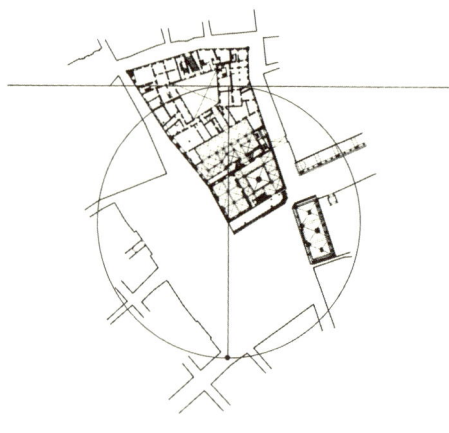

fig. 33　ピアッツァ・デッラ・シニョリアの透視図作成の場合の視点位置推定図

たのか、あるいは透視図法という全く新しい科学的成果を公開するには、その途中の手続きを説明するよりは、結果の方を先に示すことが重要だと考えたものでもあろうか。

マネッティも、おそらくそれを下敷きとしたヴァザーリも、このパフォーマンスが行なわれた時期、ないしそれらの板絵[13]が作成された時期は明記していない。とすればマネッティの証言をそのまま受け取り、ブルネッレスキが透視図法の最初の発見者であるということを前提として、それが実際にこの時代の美術に応用された最初の例がどれかという間接的な証拠から、その時期を推察するしかない。ブルネッレスキを透視図法の第一発見者であるとするマネッティの記述は、明らかにギベルティ一派への対抗意識から書かれたものと思われる。ギベルティが1425年から制作を開始した洗礼堂東側の扉（「天国の門」Porta del Paradiso）は、すべて透視図法を駆使したものとなっており、ギベルティは自分こそが透視図法の創始者ないし普及者であると考えていたようで、*Commentari*（Terzo Libro）では、彼自身が系統づけたアリストテレース以来の光学(サラセンの学者 Al-Hazen, 965-1039/40にもとづく)[14]の歴史的発展を述べ、それがジォットー

Ⅲ. 透視図法

を経てルネサンスに至ったもので、自分はその正統を引き継いでいるとの自負を記していた。おそらく彼の透視図法はブルネッレスキの「科学的」なそれとは違って、中世以来おもむろに進展してきた自然主義の経験の積み重ねの結果であったと考えられる。そして実際のところ、ウッチェッロやピエロ・デッラ・フランチェスカなどの少数の例外を除けば、15世紀の絵画における透視図法の多くは、そうした「経験主義的」なものであったと言って良く、その意味ではギベルティが透視図法のもう一方の創始者であったと言えなくもない。そしてこれら2つの異なる透視図法の流れを統合し、ルネサンス絵画に新たな展開をもたらすこととなるのがレオナルドであった。

fig. 34 ギベルティの洗礼堂東側扉（「天国の門」──「エサウとヤコブ」）

　初期ルネサンス絵画で透視図法を完璧に使いこなした例としては、マザッチォによる「三位一体」[15]が挙げられるが、この画家とブルネッレスキとの親密な関係から察して、この建築的構図はブルネッレスキからの示唆によるものであろうとされている。そうした関係を裏付ける傍証としては、ポンテ・ヴェッキォ南東袂のサンタ・フェリチタ聖堂内バルバドーリ家礼拝堂（1419年ないし20年頃にブルネッレスキが設計）[16]の空間構成と、この絵に描かれた礼拝堂空間とがよく似ていることなどが挙げられており、建築の手法のみならず透視図法の描き方も、ブルネッレスキの示唆によるものであったことが考えられる。絵の正確な制作年代は史料がなく不明であるが、この天折した天才画家の短い活動期間から推察して、1425～26年ころとされており、それに従うなら、ブルネッレスキの板絵の制作時期はこれより

fig. 35　サンタ・マリーア・ノヴェッラ聖
　　　　堂内　マザッチォの「三位一体」

は降らないことになる。

　一方、微かな兆候に過ぎないものではあるが、ドナテッロがオルサンミケーレ外壁のニッチに1417年ころ制作した聖ゲオルギウスの立像台座の浮彫[17]にも、透視図法的表現が認められ、現在のところ、これがルネサンスにおける透視図法的表現の最初の例とされている。これが制作される前後、ブルネッレスキとドナテッロは仕事の上で非常に緊密な関係にあったと言われ、ブルネッレスキの実験がこの浮彫の制作に何らかの影響を与えていた可能性も否定できない。もしそうだとすれば、その実験（パフォーマンス）はそれより少し早い時期であったとすることになる。近年の研究者たち[18]がブルネッレスキによる透視図法の発見を1416年、あるいは1413/15年ころとしているのは、こうした考慮から出たものとみられる。

　しかし時期の問題は、それ自体としてはさして重要ではなく、ブルネッレスキが「発見」したとされる透視図法の成り立ちがいかなるものであったのか、それが何をもたらし、またブルネッレスキ自身がどのように認識していたかの方が問題である。

　ところがマネッティの文には、それらの元の絵がどのようにして作製されたのかは、一切述べられていない。もしヒントになるような点があるとすれば、洗礼堂の絵の場合は、絵にあけられた穴の位置を実物の方の同じ

III. 透視図法

位置と重なり合うようにした、つまり視軸を一致させたということであり、またピアッツァ・デッラ・シニョリアの場合には、絵の空の部分を家並みの輪郭に沿って切り落としたものを、実物の風景に合わせるようにしたということである。これから分かることは、少なくともブルネッレスキは、透視図を作成するために不可欠な視点 station point と視心 visual center、消点 vanishing point の位置は定めていたということである。また当然のことながら、広場全体の正確な平面図ないし配置図、それに立面図は準備していたことであろう。しかし問題はその後の作図方法である。

　洗礼堂の場合は、視心と消点が一致する「一点中心透視」であり、また建物の平面が正8角形ということで、問題はかなり単純化できる。正8角形は正方形の4つの角を45°に切り落としたものとして考えれば、平面に関するかぎりはすべて正方形の問題として扱ってゆくことができ、視点の高さと対象への距離が分かっているのだから、初歩的なユークリッド幾何学

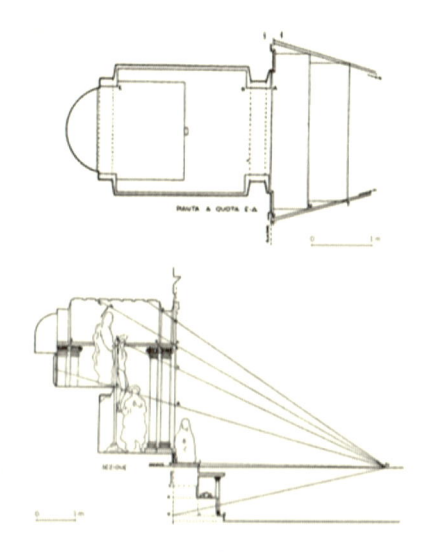

fig. 36　マザッチオ「三位一体」の空間推定図

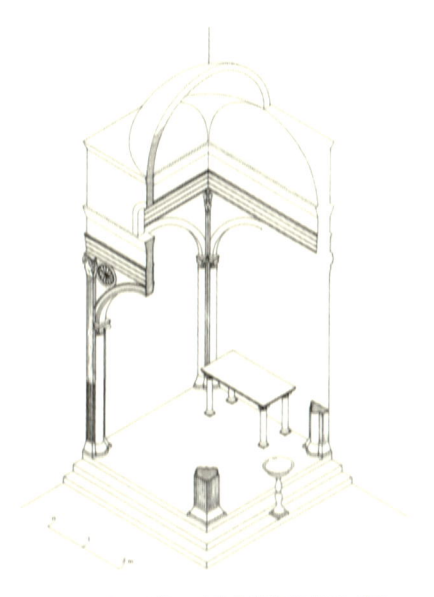

fig. 37　バルバドーリ家礼拝堂復原模式図

fig. 38　ドナテッロ、オルサンミケーレの「聖ゲオルギウス像」台座浮彫

を用いるいわゆる "costruzione legittima"（「正統作図法」、現在の図法幾何学でいうところの「直接法」）[19]によって描くことができる。ブルネッレスキの描いたものは鏡に映さないと正しく見えない、つまり左右反転した画像であったが、作図の手順によってはこうした左右反転は起こりうることであるにしても、なぜわざわざ反転させなければならなかったのか、ここから様々な疑問、憶測が生じてきてしまう。

　意地の悪い見方をすると、もしかしてブルネッレスキは、そうした幾何学的作図法などはとらず、中世末期以来経験的に用いられていた手法を用いていたのであって、あるいはガラス枠を通して見た図をなぞったとか鏡に映った像をそのままなぞったりすることで、こっそりとそうした絵を作っていたのであり、人々を驚かすためにそれをわざわざ鏡に映してみせるというパフォーマンスをしたのではなかったか、などといった疑惑も出てくる。そしてまたこの疑惑を更に強めるようなこととして、このまもなくあと、初めて透視図法の幾何学的成り立ちを解明しようとしたアルベルティの《絵画論》にも、またその後を承けたピエロ・デッラ・フランチェスカの著作にも、このブルネッレスキの実験のことは全く触れられていないのである。これらのことから、ブルネッレスキは一般に言われているような、後の幾何学的作図法と結びつく発見などはしておらず、持ち前の負けず嫌いの性格から、当時関心を集め始めていた透視図法についても、自分が創始者であるかの如くみせようとしたのではないか、というような憶説がいまだに後を絶たない[20]。

III. 透視図法

　ブルネッレスキの目的は、作成した板絵の構図が実際の風景と重なり合うものであることを検証するためであって、その図は、単一の視点（単眼）から発する直線的な視線の広がり（アルベルティはそれを「視錐」 piramide visiva と表現した[21]）が、その対象に向けて置かれると仮定されたある面（画面）と交差するという前提で作成されたものであるのだから、それを見るためには作図の過程と同様に両眼ではなく片目で見る必要があり、しかもその視軸を固定するために、小さな穴を通して覗く必要があった。そして視点の位置を合わせるには、画面そのものを移動させるよりは、絵が映った鏡を前後にスライドさせることによって微調整するのが最も簡便・確実な方法であったからに過ぎない。それは必要な実験手続きであって、彼の生来の悪戯好きがそこに加わっていた可能性はあるにしても、特に奇を衒うような意図があったとまで忖度する必要はないと思われる。

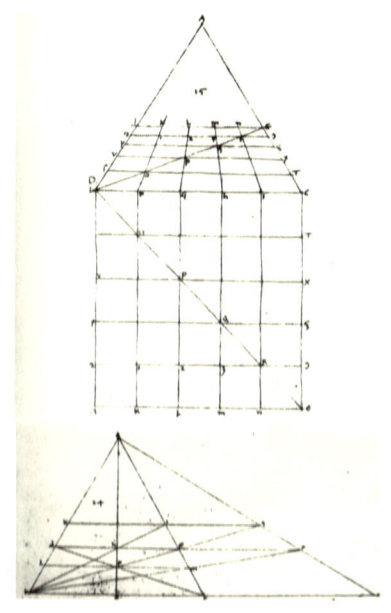

fig. 39　ピエロ・デッラ・フランチェスカ、「正統作図法」from *De Prospectiva pingendi*

　しかし彼はその後、この実験から導かれる視覚的ないし絵画的効果を、自分の作品に応用するようなことは一切していないし、画家たちのそれへの関心や熱狂からは距離を保っていたように見える。一方、アルガン以来のブルネッレスキ評価は、透視図法の発見者ということに大きく依拠した形でなされてきている。つまり、人間の眼の高さでとらえられた建築空間の表現が、中世以来の俯瞰的な都市の見方を変え、ブルネッレスキはそのような見方にふさわしい新しい建築を創り出したのであって、彼の建

築的業績はすべてこの透視図法と関わって評価されなければならないというのである[22]。アルガンは大聖堂クーポラまでも透視図法の成果として位置づけており、8角形ドラムから立ち上がるリブの *quinto acuto* のアーチは、クーポラの頂点（透視図法の消点）に向かって上昇する透視図法的効果を目指したものだという。ある意味ではゴシックの残滓と取られかねないこのクーポラの形態が、「透視図法」という概念を最大限に拡張解釈することにより、ルネサンスの空間的シムボルにまで仕立て上げられるわけである。この牽強付会とも言うべきレトリックは、しかし透視図法こそはルネサンス人文主義の最も重要な成果であるという強固な認識——それにはパノフスキィの有名な論文、「象徴形式としての透視図法」が大きく与っている——に支えられており[23]、それなりの説得力を持つものとして受け止められてきた。アルガンのブルネッレスキ批評の前提[24]となっているのは、ルネサンス＝人文主義＝古典復興＝ネオプラトニズモ＝透視図法といった様々な諸概念が、いわば網の目状に結びついてかたちづくられた文化構造の認識であり、互いに強固に結びつき切り離すことができない。

　しかしブルネッレスキに関するかぎり、その事蹟を冷静に見つめ直すなら、透視図法の実験は、空間を幾何学的に記述し、それを建築によって表現するという彼の大きな目標追求の過程での、一つの挿話に過ぎなかったように見える。透視図法は建築家にとっては、空間の幾何学の中の一つの特殊解であって、透視図法自体が空間組織化のユニヴァーサルな手段となるわけではない。もとより、透視図法による空間表現の獲得が当時の人々にとってきわめて大きな出来事であって、一旦獲得されたそうした視覚の枠組みがその後の西欧における人々のものの見方を規定し、逆にそこから空間が発想されるような現象が、とりわけ15世紀末から16世紀の建築に見られたことでもあるし、ブルネッレスキがそのブームのきっかけを創り出した透視図法が、ルネサンス文化を考えるうえでの一つの重要なキィワードであることまでを否定するつもりはない。だがブルネッレスキの建築の再評価に当たっては、いまはこうした先入主から一旦離れて、白紙状態で眺め直すことが必要なように思われる。透視図法にかかわるブルネッ

III. 透視図法

fig. 40　作者不詳「都市広場の図」Walters Art Gallery, Baltimore

レスキの位置づけについて、様々な憶測が提起されている状況からしても、こうした見方をとってみることにも何らかの意味があるはずだと考えたい。

　私見では、もし強いてこの透視図法を建築の問題と結びつけなければならないとすれば、それは視覚認識の変革というような観点からではなく、むしろ建築を取り巻く周囲の空間をも——その多くは都市空間であるが——建築を見るのと同様な見方で、つまり幾何学的尺度によって、とらえる可能性をそれが指し示した、ということであるように思われる。建築をその周囲の空間と同時に構想して行くこと、そのことがやがて「盛期ルネサンス」のブラマンテに至って、建築的課題の中心に据えられるのであり、透視図法はそのための道筋を指し示すものであったのだ[25]。

注

1. Manetti-de Robertis, pp. 55-60. 訳は筆者。なお、「透視図法」prospettiva（*Engl.*, perspective view）は美術史の分野では「遠近法」と訳されている場合が多いが、建築分野では「透視図法」とするのが慣例となっているので、それに従う。

2. Chiesa（Oratorio）di Misericordia＝洗礼堂を囲む広場 Piazza S. Giovanni の南側に位置していた（その後東側のジョットーの鐘楼の向かいに移っている）。広場の東南角には慈善団体 Archiconfraternità della Misericordia が建てた Loggia del Bigallo（14世紀半ば）があり、おそらくこのロッジアのことを指した

71

ものであろう。
3. Via de' Pecori ＝ Piazza S. Giovanni の西南角から西へ向かう街路。
4. Colonne di S. Zenobi ＝洗礼堂の北側に位置する。4世紀から5世紀のフィレンツェ司教聖ゼノビの記念柱。
5. Canto alla Paglia ＝広場の北西角から西へ向かう Via de' Cerretani の北側の1郭。
6. バッティスティは、大聖堂入り口を3ブラッチァ入ったところから洗礼堂までは60ブラッチァなので、画面の大きさや腕の長さを考慮すると、この縮尺率は1/75であったろうと推定している（Battisti, p. 104）。
7. Palagio dei Signori ＝パラッツォ・ヴェッキォ Palazzo Vecchio を指す。
8. S. Romolo；広場 Piazza della Signoria（o dei Priori）の北西側から北へ延びる Via dei Calzaiuoli 入口東角にあった。1769年に広場拡張のために取り壊された。
9. Calimala Francesca ＝現在の Via Calimaruzza を指す。Via dei Calzaiuoli の一つ隣の通り。かつてフランス人商館があったことからそのように呼ばれていたものという。
10. Orto Sanmichele ＝ Orsanmichele.
11. Pagolo Uccello ＝ Paolo Uccello（Paolo di Dono, detto il Uccello, 1397-1475）。ウッチェッロが熱心に透視図法の研究に打ち込んでいたことはヴァザーリが詳細に記しているところで、夜遅くまでアトリエで仕事をしている彼に、妻が寝るように言いに来たとき、「この透視図法というのはなんと可愛い奴だろう」"Oh che dolce cosa è questo prospettiva !"と言ったという（Vasari-Milanesi, II, p. 217）。
12. 本書「I. 建築に向かって」を参照。
13. これらの板絵が実在したことは、メディチ家（ロレンツォ・デ・メディチ＝ロレンツォ・イル・マニフィーコ）の所蔵品目録のなかにそれらを指すとおぼしき絵が挙げられていたことからも、裏付けられる。
14. アル・ハゼン Abū Alī al Hasen, or ibn al-Haytham。11世紀はじめころ、アリストテレスの「光学」*Opticē* をもとにした光学理論書を著していた。それはすでに12世紀末ころにはラテン語に翻訳され西欧世界に紹介されていたらしい。おそらくギベルティはその写本を見る機会があり、それを利用したのであろう。これが公刊されるのは16世紀に入ってからのことである。
15. *La Trinità*, in S. Maria Novella, Firenze. この絵は聖堂入り口を入って左手側廊3番目のベイを占めるもので、幅317 cm、高さ667 cmもあり、描かれた礼拝堂と聖堂内の建築空間と一体化するようなものとして構想されていた。この絵は1570年にこの場所にヴァザーリの手によってカッポーニ家のための祭壇

がつくられることとなり、取り外されてしまっていたが、1950年になって元の場所に戻された。1999年から2001年にかけて入念な修復が行なわれている。この絵の透視図法の成り立ちについては多くの論考があるが、当面の理解のためには、バッティスティ（Battisti, pp. 110-113）の簡にして要を得た解説が適当であろう。描かれた空間再現の試みとしては、P. Sanpaolesi, *Brunelleschi*, Milano 1962（p. 52）、それを批判した H. W. Janson, "Ground Plan and Elevation in Masaccio's Trinity Fresco" in *Essays in the History of Art presented to R. Wittkower*, London, 1967, p. 83 sgg. がある。

16. Cappella Barbadori, S. Felicità, Firenze（Manetti-de Robertis, p. 102）。この礼拝堂は16世紀になって、ヴァザーリがウッフィツィからパラッツォ・ピッティまでの空中回廊 "Corridoio" を造った際（1565）、それが聖堂をかすめることとなったためかなり改変を受けており、完全な復原は困難で、聖堂入口を入ってすぐ右手にあるこの礼拝堂は、現在はその身廊に面する側の開口が狭められてしまっているが、マネッティの記述（Manetti-de Robertis, p. 102）によれば、もとは入口側と同様で完全に2面が開いた形であったらしいし、また天井や細部などは必ずしもマザッチォの絵の空間と同じではない。しかしその規模やコリント式の付柱、アーチを支えるイオニア式円柱などは、それへのヒントとなったと考えられている。ブルスキ（Bruschi, 1998, pp. 56-58）は、この礼拝堂と、同じ頃に造られたと考えられる同様な形の、サン・ヤコポ・オルトラルノ聖堂 S. Jacopo oltr'Arno 内のスキァッタ・リドルフィの小礼拝堂 Cappelletta di Schiatta Ridolfi（Manetti-de Robertis, pp. 83-85. その後取り壊され現存せず）を、サン・ロレンツォ聖堂旧聖器室への前哨戦となる作品として重視している。マネッティによれば、このスキァッタ・リドルフィの礼拝堂は、後のサン・ロレンツォ聖堂旧聖器室に用いられたアムブレラ・ドーム（"a creste ed a vele"）の最初の試みであったという。

17. 建物北の Via Orsanmichele 側の西端のニッチにある（現在そこに置かれているのはレプリカ、オリジナルはバルジェッロ美術館の方に移管）。制作年代については諸説があり、1413/15年ころとするもの、あるいは1420年ころとするものなど様々である。台座の浮彫は聖ゲオルギウスが悪竜を退治して王女を助ける場面を表したもので、右手に立つ王女の背後にアーチの連続した建物が透視図法的に描写されている。しかしそれが構図全体の空間的奥行きの表現に貢献しているとは言い難く、ブルネッレスキからの影響とまで言いうるかどうかは微妙である。少なくとも彼がシエナの洗礼堂の洗礼盤周りのブロンズ浮彫（「ヘロデの饗宴」1425-27）で見せたような、奥行の深い建築

空間の表現はまだここには見られない。一方、1413-15年ころにかけて、ブルネッレスキはドナテッロに協力して、オルサンミケーレの他の彫刻（聖マルコ立像や聖ペテロ立像など、1410/13年前後）のためのニッチの意匠に協力したとの言い伝えがあり（ただし、完成したそれらにはブルネッレスキの手が入っていたような形跡は認められない）、また1417年の大聖堂クーポラ模型作成にはドナテッロが協力していたから、この時期2人の親密な関係があったことも確かである。

18. たとえば最近の評伝、Elena Capretti, *Brunelleschi*, Firenze 2003, p. 26は1416年説をとっている。

19. この作図法を最初に明確に示したのはピエロ・デッラ・フランチェスカ Piero della Francesca（c. 1416-92）の著作 *De prospectiva pingendi*（c. 1470/80. *ms. Codice 1576* Biblioteca Palatina di Parma；Biblioteca Ambrosiana di Milano, *Codice. C. 307*）。前者はイタリア語、後者はそれをラテン語訳したものの手写本。刊本としては色々あるが、最近のものとしては、Massimo Mussini, Luigi Graselli, *Piero della Francesca. De Prospectiva Pingendi*, Hoepli, Milano 2008がある）の中の Lib. III（teorema XVI）であるが、この方法自体は、すでにアルベルティの《絵画論》の中で、図示はされていないものの、その骨子が述べられていたものである。アルベルティがなぜこれに関わってブルネッレスキの名を挙げることをしなかったのかは分からないが、その《絵画論》をブルネッレスキに献呈していたのは、ブルネッレスキと透視図法との関わりを意識してのことであったと考えるべきであろう。図法の中身はともかく、ブルネッレスキが透視図法の創始者であることを明確に記しているのがフィラレーテで（Antonio Averlino, detto il Filarete, c.1400-70, "Trattato di architettura", ms. *Cod. Magliabecchiano*, Biblioteca Nazionale Centrale di Firenze.）──「フィレンツェのリッポ・ディ・セル・ブルネッレスコはこの方法を展開してゆくべき手続きを確立したのであって、そこには明敏なる創意と見事な工夫が盛り込まれており、それを彼は鏡に映った像を読み取る如く、道理に従って（*con ragionevolezza*）発見したのである」としていた。一方、ピアッツァ・デッラ・シニョリアの絵の方は、しかし広場平面が不整形であるため、この "costruzione legittima" では描けない。これは2つの消点を設定した「二消点法」（「成角透視図法」*prospettiva per anglo*）に拠らないと正確な作図は不可能なはずである。これまでのところ「成角透視図法」の幾何学的作図法を最初に示したのは、ガリレオの友人の数学者グィドバルド・デル・モンテ侯爵 marchese Guidobaldo del Monte（1545-1607）の *Perspectivae libri sex*, Pisa 1600であったとさ

れており、16世紀までの透視図法理論もまた絵画表現も、ほとんどが一点中心透視図によるものであった。ブルネッレスキがどのようにしてこの広場の図を作成したのかは、謎とせざるを得ない。なおフィラレーテの刊本としては、*Filarete's Treatise on Architecture: Being the Treatise by Antonio di Piero Averlino, Known as Filarete*. Originally composed in Milan c.1460-c.1464. Translated by John R. Spencer. Facsimile ed. 2 vols. New Haven: Yale University Press, 1965 ; *Antonio Averlino detto il Filarete, Trattato di architettura, testo a cura di A. M. Finoli e L. Grassi*. Introduzione e note di L. Grassi, Milano 1972, 2 voll. などがある。

20. クラウトハイマーがこれを直接鏡に描いたとした（Krautheimer, *Lorenzo Ghiberti*, 1956, p. 240）のをはじめ、アルンハイムが "Peepshow" と呼んでいるし（Rudolf Arnheim, "Brunelleschi's Peepshow", in *Zeitschrift für Kunstgeschichte*, vol. 41, 1978）、その他、John A. Lynes, "Brunelleschi's perspectives reconsidered", in *Perception*, 9 (1), 1989, pp. 87-99 や Nicholas Pastore, "Brunelleschi's trick ─ a myth", in *Journal of the History of the Behavioral Sciences*, vol. 24-2, 1988, pp. 183-190 ; Michael Kubovy, *The Psychology of Perspective and Renaissance Art*, New York 1986 など、枚挙にいとまがない。クラウトハイマーは別としても、他の著者たちがいずれも「認知心理学」の研究者たちであるのは興味深いところで、彼らはヴァザーリによるブルネッレスキの狷介な性格を示すあまり根拠のない逸話を楯にとって、ブルネッレスキが実際には "costruzione legittima" に基づく作図はしていなかったのに故意にミスティフィケーションを行ない、自分をその第一発見者であるがごとくに見せようとしたとか、ないしはそれに近い趣旨の主張をしているのである。視点と視軸を固定したうえで鏡に映った像をなぞるのが不可能なことは言うまでもないし、他の描法によってすでに描かれた絵の上で視点や視軸を定め、それを現実の風景と重なり合うように見せるのが困難であるのも同様である。この当然の事実を無視してそうした憶説に固執するのは、心理学者たちの関心がユークリッド幾何学による透視図法（それは人間の視覚にとっては一つの約束事にすぎないし、おそらくブルネッレスキはそのことを意識していた）の成り立ちそのものではなく、ただちに絵画表現手法の問題と結びつけてそのイリュージョナルな心理的効果の方に重点を置いてしまうからであろう。こうした「批評」がなされるのは、創作の契機とその享受のあり方とを混同してしまうことに由来している。

21. Alberti, *De Pictura* (in Cecil Grayson, ed., *Alberti. Opere volgari*, vol. III, Bari 1973), p. 21.

22. アルガンがブルネッレスキに取り組んだ最初の論文は "Brunelleschi and the origins of perspective theory in fifteenth century", in *Journal of the Warburg and Courtauld Institutes*, IX, 1946, pp. 96-121であり、当初から透視図法がその関心の中心となっていたことが知られる。
23. Erwin Panofsky, "Die Perspektive als 'symbolische Form'", *Vorträge der Bibliothek Warburg*, 1924/25.（邦訳、細井雄介訳「芸術学の根本問題」、中央公論美術出版、1994所収。これ以外にも多くの訳がある）。この論文がその後の透視図法研究やルネサンス美術研究に与えた影響は計り知れないものがあるが、しかし現在から見ると、彼が依拠した歴史的事実認識には多くの問題があり、またあまりにも観念的な概念操作には、再検討の余地が残されているように思う。なお15世紀から18世紀までにわたる透視図法の歴史については、これまで厖大な数の研究論文が蓄積されており、特に近年はコンピューター・グラフィクスとの関連で新たな関心を集めているようであるが、既存のルネサンス観に変更をせまるようなものは見当たらないように思う。私としては、透視図法の問題はこの後のブルネッレスキ作品の再検討作業とは切り離しておきたいと考えているが、参考までに現在の研究の基礎になったとみられる代表的なものだけを挙げておく。—— Decio Gioseffi, *Perspectiva artificialis, spigolature e appunti per la storia della prospettiva*, Trieste 1957；John White, *The Birth and Rebirth of Pictorial Space*, London 1957；A. Parronchi, *Studi su la dolce prospettiva*, Milano 1964；S. Y. Edgerton, Jr., *The Renaissance discovery of linear perspective*, New York 1975. 日本語で書かれたものとしては、横山正著、「空間の発見1. ヴィアトールの透視図法1505」、リブロポート、1981があり、これはフランス・ルネサンス期の透視図法理論家ヴィアトール Jean Pélerin Viator（c.1435/40-1524）の著作の翻訳注解であるが、ルネサンス以後の透視図法の歴史が紹介されている。
24. アルガンの概念装置の成り立ちを（肯定的に）分析してみせたもので私の目に触れたものとしては、Stefana Marchioni, "Ideale umanistico e neoplatonismo nella cultura artistica del'400 a Firenze", in AA. VV., *Il Pensiero critico di Giulio Carlo Argan*, Roma 1985, pp. 65-88を挙げておく。
25. 図40に掲げた「都市広場の図」は、ウルビーノのマルケ美術館蔵の「理想都市の図」とともに初期ルネサンスの透視図法による都市空間描写の好例としてしばしば取り上げられるものであるが、これらについては別の機会に改めて考察することとしたい。

IV. オスペダーレ・デリ・インノチェンティ

fig. 41　オスペダーレ・デリ・インノチェンティ

IV. オスペダーレ・デリ・インノチェンティ

　1419年、ブルネッレスキの加盟していたフィレンツェの絹織物業組合は、それが運営する孤児養育施設「オスペダーレ・デリ・インノチェンティ」Ospedale degli Innocenti [1] の建設のため用地を取得し、その年の後半には基礎工事などを開始している。敷地は、大聖堂から東北に延びるセルヴィ通り Via dei Servi 突き当たりのサンティッシマ・アンヌンツィアータ聖堂 [2] に向かって右手、間口72 m、奥行き60 m ほどの土地で、アンヌンツィアータ聖堂前の広場に面する側は、9つの半円形アーチを連続させたポルティコ（むしろ「ロッジャ」と呼ぶべきか）と、その両端に付柱で区切ったやや幅広い壁面を配して左右対称の立面を構成するという計画であった。ロッジャの天井はリブのない鍋底状の球面ヴォールト（「セイル・ヴォールト」sail vault と呼ぶ）を連ねたものとなっている。ブルネッレスキがこれに関与していたことは、1421年に「付柱や梁形、入口枠」などの設計料として報酬を受け取っていることから確認される [3]。すでにこのときまでには、ポルティコのアーチを支える柱が4本まで立ち上げられていた。
　この立面構成のモデルであるかの如くしばしば取り上げられるのが、フィレンツェの西南方ラストラ・ア・シーニャの村にあるサンタントーニオ施療院で、これは1411年に同じ絹織物業組合が創設したもので、7つの半円形アーチが連続するポルティコをそなえている [4]。こうした施設が建物前面にポルティコを取り付ける例はロマネスク期から見られるもので、フィレンツェ市内のサン・マッテオ施療院も同様なポルティコをそなえている。ブルネッレスキがそうした伝統に敬意を払ったことはあったかもしれないが、しかしこのことから、ブルネッレスキの建築手法が中世の建築様式を引き摺るものだとまで主張するのはいかがなものであろうか。問題はブルネッレスキがそこにどのような革新を盛り込んでいたかということであって、表層的にとらえられた建築様式の相似によってその歴史的位置を云々しようとするのは、この大きな文化的枠組みの転換（あるいは切断）の契機を、しかもその契機を創り出した当のブルネッレスキの働きの意義を見失うこととなりかねない。
　これはブルネッレスキが初めて委嘱された公共建築であると同時に、最

fig. 42　ラストラ・ア・シーニャの施療院

fig. 43　フィレンツェの旧サン・マッテオ施療院

初に姿を現した「ルネサンス建築第一号」であり、その後の建築に大きな影響を及ぼしたとされるのだが、彼がどこまでを設計したかは判然としない。彼は1427年まで工事監督を務めるが、その後はフランチェスコ・デッラ・ルーナ[6]という人物が引き継ぎ、1445年には一応主部が完成して施設の使用が開始されている[7]。ブルネッレスキは、1420年以後はフルタイムで大聖堂クーポラの工事に従事していたし、また市当局からの要請で軍事施設の補強工事に関わったり他都市からの出張要請などもあって[8]多忙を極めていたから、工事現場を訪れる機会は少なく、指示は書面や口頭で行なわれることが多かったとみられる。そのため必ずしもブルネッレスキの計画通りには進まなかったようで、マネッティは出来上がった建物には多くの誤りがあると主張している[9]。

　「……そうした〔ブルネッレスキが設計を引き受けた世俗建築の〕中でも、私が思うに、フィレンツェにおいてその最初となるのが、ポルタ・サンタ・マリーアの組合〔Arte ed Università di Porta Santa Maria ＝ Arte della Seta〕が所有し運営していたオスペダーレ・デリ・インノチェンティのポルティコを造るよう依頼された件である。このポルティコについては、木の模型なしで、図面だけで済ませ、実施された。そして〔その後に？〕要請されたのが、ポルティコの上に

IV. オスペダーレ・デリ・インノチェンティ

くる壁面のことや、ポルティコ両端には溝彫りを施した硬い石材による2本の付柱に挟まれた壁面を造るということであった。それらは微細なところまで縮尺図で示されたが、その図は今も組合の会議室に遺されており、それには様々な見事な工夫が盛り込まれていて、ほとんど非の打ち所のないものであった。それらの事柄については、口頭でも石工や彫刻師たち、それに組合の役員たちや工事責任者たちに伝えられていた。それというのも、彼は他所へ出かけなければならなかったからである。戻ってみると、ポルティコは現在あるような形に造られてしまっていた。これはフィリッポには全く気に入らず、というのは、工事担当者のうちの誰かが、不遜にもフィリッポと同等の権限があるかの如くに思い込み、フィリッポが引き立ててくれているだろうことを頼みにして、実は彼を褒めていたわけではないのに、自分を擁護してもらえると考えて、多くのことをやってしまっていたのである。フィリッポがそれを非難していることについても、彼らのうちの一人は（いちばん間違いをしていた者だが）抗弁しようとしたのである。フィリッポが見逃してやった間違いの主なもののうち非常に明白なのは、注意すれば今でも見ることができる。その一つは、ポルティコのアーチ群の上のフリーズにある。もう一つはアーキトレーヴに見られる。つまり、二つの窓と小さい付柱の部材についてはそれらはコーニスの上に来るべきで、そのコーニスは窓のための窓台とならなければならないし、〔それらの付柱でもう一つの〕コーニスを支えるのでなければならない。そのコーニスとは現在の屋根の軒のところにあるべきものだったのだ。南側に建て増された壁で、ポルティコの並びの外側になる部分では、その間違った増築をしたうえに、ブルネッレスキの定めた比例から外してしまっている。またアーキトレーヴの一つが下向きに折れ曲がって建物の基壇のところまで降りてきている。要するにこれらすべての欠陥の拠ってきたるところは、自分の権限をかさに着たうぬぼれ以外の何ものでもない。その抗弁を聞いてやった上で、フィリッポは彼にすっかりその誤りを覚らせたのであり、これは誠実と言う他ないことだが、それが誰の仕業であったか名前を挙げることはしていないのである。……」

(Manetti-de Robertis, pp. 99-101)

ポルティコ上層の壁面手法などについては、ブルネッレスキが口頭でも指示を与えてあったらしいが、彼が工事から手を引く1427年ころには、ポルティコの南端に1スパンの増築が決定されており、以後の工事はブルネッレスキの設計案を無視するかたちでなされ、おそらくブルネッレスキの当初案を眼にすることができたマネッティからすると、承服しがたいものであったのかもしれない。実際、明らかに奇妙な細部があり、増築された南端部では、付柱に対応するアーキトレーヴ（梁形）が建物の端で折れ曲がり、付柱の外側を下向きに降りてきて、台座の部分のところでまた内側に折れ曲がりそこで途切れているというような「ゴシック的な」収まりなどは、マネッティの言うところを裏付けている。下から見上げていてはコーニスの張り出しに隠れて見えない部分だが、実は上層の窓の縦枠も、窓台を兼ねるコーニスにそのまま突き当たるのではなく、コーニスの上端で同様に内側に折れ曲がり、窓開口で断ち切られるという手法をとっており、同じ人物の仕業と考えられる。

　これ以外のマネッティの言う「誤り」は、現状からでは何を指しているのかよく分からないが、それらはおそらくブルネッレスキの図面[10]にはあったが実施されなかったものを指しているとみられ、上層壁面には下の付柱の位置とそろえて付柱が取り付けられる予定であったらしいし、また上層壁面と下のアーケードの間のフリーズには、サン・ロレンツォ聖堂旧聖器室フリーズに見られるのと同様な、小さな円形飾りを連続させたものが取り付けられるはずであったとみられる。この他、アーチの間にある円盤の中のテラコッタ製幼児の浮彫は、1487年、アンドレア・デッラ・ロッビアの作成になるもの[11]で、当初のブルネッレスキの案ではくぼんだ空白の円盤であったらしい。16世紀半ばにはこのファサードの北端にさらに1スパンの増築がなされ、その隣となったかつての北端のスパンと、当初の南端のスパン、つまり1427年以後に増築された南端の一つ内側のベイ壁面にはアーチが重ねられたし、その後も19世紀に至るまであちこちに改変の手が加えられた。

IV. オスペダーレ・デリ・インノチェンティ

fig. 44　オスペダーレ・デリ・インノチェン
　　　　ティ　増築部南端部の収まり

fig. 45　オスペダーレ・デリ・インノ
　　　　チェンティ　ポルティコ南端

　このように、必ずしもブルネッレスキの指示によるとは言い難いものが混在しているにもかかわらず、この建物が最初に姿を現し始めたとき(おそらく1435/6年頃)[12]のフィレンツェ市民たちの新鮮な驚きは、大聖堂クーポラのそれに劣らぬほどのものであっただろう。絵画や彫刻の援けによらない、しかも高価な大理石のような素材を一切用いない質素な造りで、純粋な建築的手法だけによって出来上がったこの構築物は、都市空間のイメージを一変させた。不規則で自然発生的な、それゆえ人間の手によってはコントロールできないかに思われていた中世都市の中に、初めて純粋に「人工的な」空間が、明確な造形意図とともに創り出されたのである。この建築が都市空間に対して与える効果について、ブルネッレスキ自身がどのような見通しを持っていたのかは知るよしもないが、その後これが面するピアッツァ・サンティッシマ・アンヌンツィアータが整備されてゆく過程[13]を見るなら、その衝撃の大きさのほどが察せられる。そうした都市広場の

83

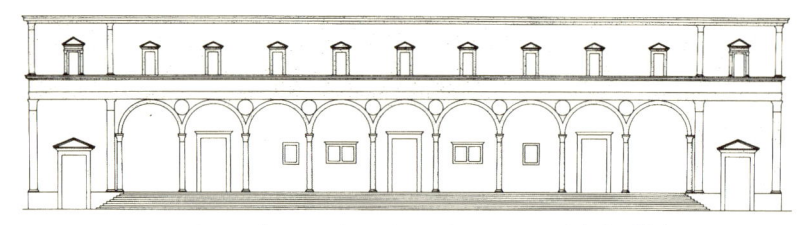

fig. 46　オスペダーレ・デリ・インノチェンティ　当初立面推定図

光景は、画家たちの「透視図法」によって絵画作品の中で予見され、また1480年代以後に盛んとなる古典劇上演のための背景描割として表現されて、近世西欧都市における公共空間のモデルとなってゆくのである[14]。

　一見して分かることは、この建物を構成する数値比例が、きわめて単純な整数比（正方形と円）を基本にしているということである。ポルティコの柱間寸法（9 1/6ブラッチァ≒5.5 m）は円柱の台礎から柱頭までの高さ、ロッジアの奥行きに等しく、またロッジア床面から上層の窓台を兼ねるコーニス上端までの高さはちょうどその2倍となっている。こうした「モデュラー・プランニング」は建物全体に行き渡っていて、中庭を囲むアーケードの柱間は正面ポルティコの柱間の半分であるし、聖堂や寄宿舎部分などすべての室配置はその寸法に基づく正方形グリッドの上にのせて計画されているのである。

　マネッティはこの建物について、ブルネッレスキの関与があたかも前面のポルティコ部分だけであったかのように記しているが、これはおそらくそれらポルティコより背後の部分がブルネッレスキが現場を離れて以後に実施され、その意匠などが必ずしもブルネッレスキの意図を反映していないとの考えから、意識的に触れなかったものとみられる。しかし建物全体は地上部分とほぼ同じ平面配置による地下室の上に建ち上げられたもので、それら地下部分はサーヴィス用やサーキュレーションのための重要なスペースとなっており、これが最初に着工されていたものであることは明らかで、その計画がブルネッレスキによるものであったことは疑いない。このことは、ブルネッレスキの「空間の幾何学」が、単なる視覚的な効果の

Ⅳ. オスペダーレ・デリ・インノチェンティ

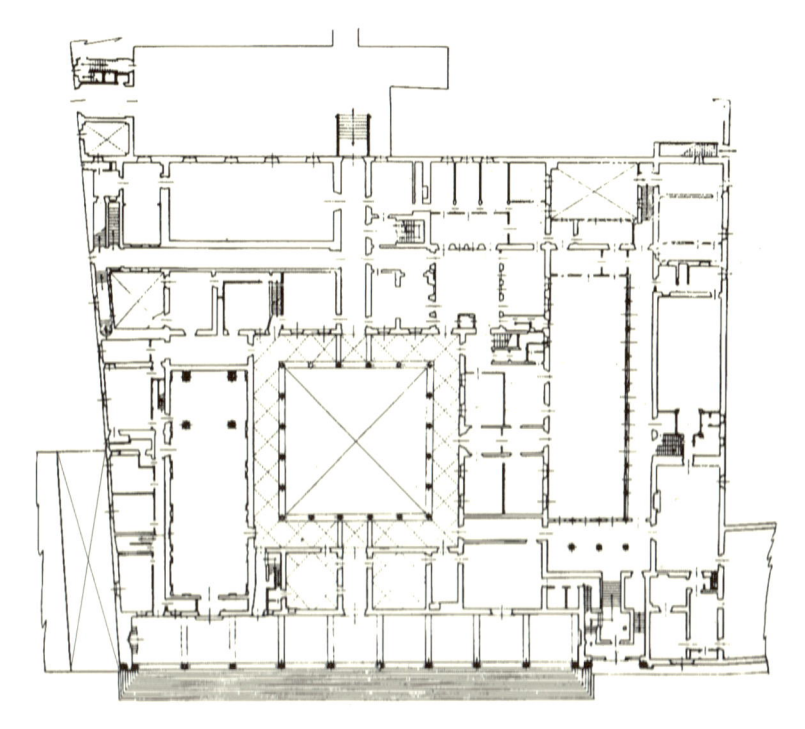

fig. 47　オスペダーレ・デリ・インノチェンティ　平面図

ためのものではなく、建築空間全体を統合し、また空間がそれに従って自己展開を遂げて行くための計画指針として用いられていたことを示している。

　こうした厳密な幾何学性へのこだわりは細部にも表れており、たとえばアーチを支える円柱のコリント式柱頭は、これは多くの研究者たちによって初期ロマネスクないしビザンティンのそれをモデルにしたものと見なされ、ブルネッレスキの「前ルネサンス」的部分を示すものとされるのであるが、しかしそれらは必ずしも中世的な職人仕事の伝統をそのままなぞったものではなく、コンパスと定規によって幾何学的に整理し直されているのである[15]。ブルネッレスキにあっては、すべての建築創作の伝統的プロ

fig. 48　オスペダーレ・デリ・インノチェンティ　中庭

fig. 49　オスペダーレ・デリ・インノチェンティ　ポルティコ柱頭

セスは、空間を把握するための新しい見方、すなわち幾何学によって一旦白紙化され、そこからもういちど新たに再構築されなければならないのであった。そしてこうした白紙化は、中世的残滓に対してだけではなく、後のルネサンス建築家たちがその模倣に狂奔する「古典様式」に対しても、同様に仕向けられるのであり、彼が目指す幾何学的空間秩序のためには、古典建築を成り立たせてきた多くのコンヴェンションは容赦なく無視され、その意味を剥奪されてしまう。そうした手法は、建築を「様式」を通してしか理解することができない美術史家たちからは古典様式に無知ゆえの「誤り」としてしか評価されない[16]ことになるのだが、それはブルネッレスキの建築的方法に対する無理解のなせるわざと言わざるを得ない。

　ブルネッレスキがここで試みていたのは、柱や梁形、アーチなどの部材を、その構築的役割と同時に、それらが用いられている建築各部の、建築全体の中における位置づけ、つまりヒエラルキィを表現するための記号として用いるということであった。それは連続アーチを支える円柱とファサード両端に配された付柱といった使い分けにも表れている。構築的なヒエラルキィをこうした一種の「記号的手法」で表現しようという努力は、ロマネスクの建築にも一部見られた現象であるが、ブルネッレスキはそこ

IV. オスペダーレ・デリ・インノチェンティ

fig. 50 オスペダーレ・デリ・インノチェンティ　ポルティコ内部

fig. 51 ポルティコ内側壁面のアーチ受け柱頭

に厳格な幾何学と古典建築のモティーフを導入したのである。古典的モティーフが選ばれたのは、何よりもその明確に分節化された性格のためであり、中世建築の場合のような彫刻と見分けの付かない不定形なモティーフは排除されなければならなかった。

　ブルネッレスキがその後一作毎に、古典建築についてのヴォキャボラリィを増やし、それらを駆使して独自の建築語法の構築に努めていたことは確かであり、そのことが彼に追随しようとしたミケロッツォをはじめとする他の建築家たちの「古典主義」熱を煽る結果となったのも、否定できない事実である。しかしそれらエピゴーネンの「古典主義」が、新しい建築語法の開発というよりは、考古学的正確さや帝政期ローマ建築の豪奢な装飾的効果を採り入れることに入れあげ、寡頭的政治支配体制を確立しつつあった都市貴族のための権威誇示の道具、つまり"decorum"を創り出すことに努めていたのに対し、ブルネッレスキはそうした動きから離れたところで、頑固に自己流の建築語法の発見を貫こうとしていたのである。それは既成の権威や伝統、あるいは政治的要請に縛られることのない、自立

fig. 52　オスペダーレ・デリ・インノチェンティとピアッツァ・サンティッシマ・アンヌンツィアータ

した「科学」としての建築技術を模索する姿勢であった。

　とはいえ、ブルネッレスキのこうした建築的探求を可能にしていたのは、実はエピゴーネンらが奉仕しているのと同じ寡頭的支配の社会体制だったのであり、ブルネッレスキはその体制の中に在りながら、その社会の欲求を拒絶するような方向を選びとっていたことになるわけだが、しかしそうしたブルネッレスキの姿勢を、支配階層はその新しさゆえに、またその技術が彼らの目指すプラトーン的社会建設のために役立つことを期待して、支持することになるのである。それは「ルネサンス人文主義」の矛盾に他ならないのだが、ブルネッレスキの活動はそうした二重の矛盾の中で開始されることとなっていたのである。

　考えてみれば、このオスペダーレ・デリ・インノチェンティの建築自体が、この時代の矛盾を体現するような存在であった。孤児とはいっても、この時代のそれは、その多くが貧困ゆえに出来したものではなく、むしろ

IV. オスペダーレ・デリ・インノチェンティ

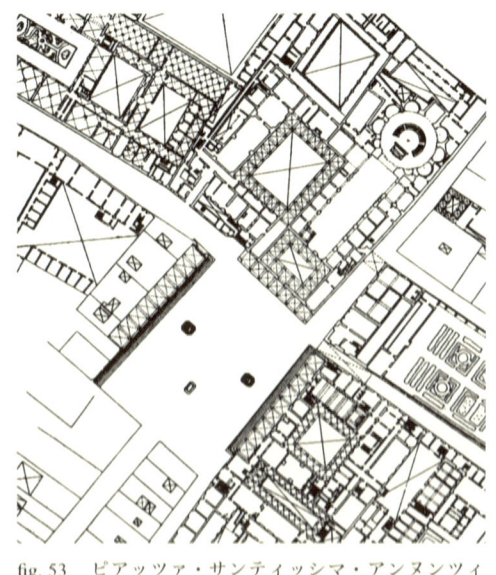

豊かな世俗社会が爛熟し退廃した末の現象であって、体面上親を名乗ることをためらう市民らが産み落とした子供たちを、彼らに代わって養育し社会に参加させるための施設であり、むしろ社会の恥部であるはずのものなのだが、それが「聖母受胎告知」を讃える聖堂(サンティッシマ・アンヌンツィアータ聖堂)に隣り合って建設され、新しい都市空間のあり方を

fig. 53 ピアッツァ・サンティッシマ・アンヌンツィアータ配置図

予告することとなるというのは、皮肉としか言いようがない。そうした矛盾を背負いながらこの建築が生き延び、いまなお新鮮な感動を与え続けているというのは、「奇跡」とすべきものであって、その奇跡をもたらしたもの、それがブルネッレスキの求めた「建築」の力だったのではなかろうか。

注

1. 絹織物業組合 Arte della Seta はすでに1294年からこうした孤児養育施設の運営を市から委任されていたが、自前の施設は持っておらず、永く市中の修道院などが運営する施設を借りて活動していた。しかし1410年にプラトの富裕な商人フランチェスコ・ダティニ Francesco Datini から多額の寄付を受けたことから、施設の建設に踏み切ったものであった。これには、当時市政の実権を握っていたアルビッツィ Rinaldo degli Albizzi (1370-1442) の強い後押しがあったとみられる。アルビッツィ家は14世紀の「チオムピの叛乱」を抑えて以後、フィレンツェの実力者となるが、台頭しつつあったメディチ家と

89

対抗するため、対外拡張政策とともに、内政ではこうした福祉施策で市民の人気を確保しようとしていたのであった。ブルネッレスキの父が重用されていたのは、こうしたアルビッツィ支配下のフィレンツェ政界においてであり、フィリッポが建築家として活動を開始できた背景には、こうした政治状況の援けがあったことも否定できない。アルビッツィは1434年にはメディチとの抗争に敗れ、追放されている。

2. この聖堂 SS. Annunziata はマリア奉仕修道会 Serviti di Maria の礼拝所として1250年に創設されたもので、当時はこの場所はまだ市壁外であったが、多くの崇敬を集めるようになり、その後まもなく Via dei Servi が新設され、市門 Porta di Balla があった場所は聖堂前の広場となって、聖母受胎告知祭 Festa dell'Annunciazione の儀式などに用いられていた。ブルネッレスキがオスペダーレのポルティコ全面に階段を設けていたのは、そうした祝祭のための一種の観覧席＝劇場的空間を意識していた可能性もある（このことについては、I. Danilova, "La rappresentazione dell'Annunciazione nella chiesa della SS. Annunziata...", in AA.VV., *Filippo Brunelleschi. La sua opera e il suo tempo, Atti del Congresso Internazionale del 16-22, ottobre 1977*, 2 voll., Firenze 1980, p. 173 sgg. を参照）。聖堂と付属する修道院は1444年からミケロッツォにより増改築工事が開始され、聖堂内陣背後に「ロトンダ」が計画される。その後アントーニオ・マネッティ・チャッケリが工事に関わっていた（この「ロトンダ」については「XI. サンタ・マリーア・デリ・アンジェリ修道院ロトンダ」の章で後述する）。現在聖堂正面にあるポルティコは16世紀末、オスペダーレ・デリ・インノチェンティのそれを模して造られたもの。また広場のオスペダーレと向かい合う側には、Confraternità dei Servi が1516年からアントーニオ・ダ・サンガッロ・イル・ヴェッキォの設計によって、オスペダーレのそれを模したロッジア Loggia della Confraternità dei Servi が造られ、現在の広場 Piazza SS. Annunziata の形が出来上がった。

3. オスペダーレ・デリ・インノチェンティの工事経過は、工事事務所の記録に基づく詳細なものが Morozzi, G. & Piccini, A., *Il restauro dello Spedale di Santa Maria degli Innocenti, 1966-1970*, Firenze 1971 にまとめられているというが、これは限定版で入手不可能であったため、ここではバッティスティが抄録しているものによった（Battisti, pp. 345-348）。この1421年の支払はブルネッレスキが提出した木製模型（製作は Giovanni d'Agnolo）に対するものであった。

4. Spedale di Sant'Antonio, Lastra a Signa. フィレンツェのサン・マッテオ施療院 Ospedale di San Matteo は富裕な銀行家 Lemmo Balducci の寄進により、1385-

IV. オスペダーレ・デリ・インノチェンティ

1400年ころピアッツァ・サンティッシマ・アンヌンツィアータの西北にあるピアッツァ・サン・マルコに面して建設され、両替商組合 Arte del Cambio が管理・運営を任されていた。この時期、フィレンツェの Arte は競ってこうした福祉施設の運営に手を貸しており、オスペダーレ・デリ・インノチェンティの建設もそのような動きの一環をなすものであった。なおこのサン・マッテオ施療院は18世紀末まで存続していたが、その後は美術アカデミィに移管され、その図書館として使用されている。

5. たとえば、L. Heydenreich & W. Lotz, *Architecture in Italy, 1400-1600*, Harmondsworth, 1974, p. 7 ; Peter Murray, *The Architecture of the Italian Renaissance*, London 1969〔3°ed.〕, p. 38 ; H. Klotz, *Filippo Brunelleschi : The Early Works and the Medieval Tradition*, London 1990（これは1970にベルリンで刊行されたものの英語版）など。

6. あとに引用しているマネッティの文の中で「いちばん間違いをしていた者」とされている人物を、ヴァザーリはこのフランチェスコ・デッラ・ルーナ Francesco della Luna であるとしている（Vasari-Milanesi, II, pp. 366-7）。一方、バッティスティによれば、このフランチェスコは政治家で、1418年には "gonfaloniere di Giustizia" を務めたことのある人物であって、工事には直接関わらない事務責任者であったろうとしている（Battisti, p. 345）。しかしヴァザーリはこの他にもこのフランチェスコが、ブルネッレスキの関わったグェルフ党会館 Palazzo di Parte Guelfa 広間の工事を引き受けて幾つかの誤りを犯し、その後始末をブルネッレスキが引き受けたと書いており（Vasari-Milanesi, II, pp. 379-380）、マネッティも例によって人物名を挙げずにその経緯を記しているところから見ると（Manetti-de Robertis, pp. 104-105）、フランチェスコが素人建築家であった可能性も否定できない（Palazzo di Parte Guelfa については後出の「VII. パラッツォ・ディ・パルテ・グエルファ」の章を参照）。

7. この年を最後にフランチェスコ・デッラ・ルーナの名は史料から姿を消す。工事はまだあちこちで続いていたようで、1457年にはベルナルド・ロッセッリーノがポルティコ前面階段の工事などを依頼されていた。1467年にはこの施設は、のべ600人の孤児たちの養育を手がけ、保母やその他の従業員は200人を数えたという。

8. 1423年にはピストイアに招請されているし（おそらくその地の古い施療院 Ospedale del Ceppo の補修と関わるもの）、1424年には城壁工事に関してピサに出張、また1424年から26年にかけてはラストラ・ア・シーニャの城壁の建造に関わっている。1427年以後は、大理石の輸送などのために採石場との

91

間を往復することが多くなっていた。
9. マネッティはその父のトゥッチオもともに Arte della Seta に加盟しており、父は1426年にはオスペダーレの「会計係」 ragionieri を務めていたといい、またアントーニオ自身も1466年には建物の工事に関わっていたから、この建物の工事経過は彼にとっては自らの経験の一部でもあったのだろう。その意味で彼のこの建物に関する記述は、今となっては意味不明のところもあるが、貴重な一次史料ということができる。なお、アーキトレーヴを下向きに折れ曲がらせて建物角部を収めるやり方は、洗礼堂などに見られるロマネスク的な手法とみられる。
10. マネッティの言う「図面」は、ヴァザーリの時代にはすでに紛失してしまっていたらしい（Vasari-Milanesi, II, p. 367）。
11. Andrea della Robbia （1435-1525)、有名なルカ・デッラ・ロッビアの甥に当たる。
12. ブルネッレスキが退いた1427年の段階では、初層部分は両端の付柱で区切られた壁面まで含め、ほぼ出来上がっていたが、ポルティコの上層部の壁面はまだ立ち上がっておらず、ロッジアのセイル・ヴォールトの上には仮の屋根がさしかけられていただけであった。ポルティコの背後では、方形の中庭とその北側に位置するこの施設の付属聖堂 S. Maria degli Innocenti がほぼ出来上がっていたが、中庭南側の子供たちのための宿舎部分はまだ屋根がかかっていなかったようである。1429年から32年ころにかけては、ルッカなどとの戦争のためもあって、フィレンツェは深刻な経済不況に陥っており、工事は半ば中断状態にあったようで、上層壁面の工事はおそらく1430年代半ばになってようやく進んだとみられる。ファサードが前面階段を除いて完成した姿を見せたのは1439年といわれているが、おそらくそれよりかなり前から、そのあらましの様子は人々に知れ渡っていたとみられる。
13. 前出の注2参照。
14. 「透視図法」が初めて具体的に建築空間創出の手がかりとなるのは、こうしたプロセスに於いてであって、無前提に透視図法が建築空間の発想を援けたわけではない。その意味でこの建築の意義を透視図法的なりたちから説き明かそうとするアルガン以後の言説は、原因と結果を転倒させたものと言わざるを得ない。正確な透視図法を用いて都市広場の風景が描かれるようになるのは、1470年代以後のことと考えられる。透視図法と劇場舞台背景との関わりについては、拙著「建築と劇場――十八世紀イタリアの劇場論」、中央公論美術出版、1991、第1章第2節「建築に表われた劇場的特質――ルネサンス」（pp. 12-59）参照。

IV. オスペダーレ・デリ・インノチェンティ

15. バッティスティが採録している Riccardo Pacciani による柱頭実測結果に基づく注記（Battisti, p. 350）を参照。
16. バッティスティはオスペダーレ・デリ・インノチェンティを扱う章の冒頭に、皮肉をこめて、クラウトハイマーによる次のような評言を引いている（Battisti, p. 46）——「古典建築ないし古典まがいの要素が、脈絡もなく、紛う方なき後期ゴシックの形態とごちゃ混ぜになっている。しかもそれら個々の部分は柱頭や柱身、台礎、梁形、等々は考古学的な手本に忠実に従っているくせに、全く筋道だったシステム、つまりオーダーに従っていないのだ。骨組みと壁とのあいだにも、支えるものと支えられるものとのあいだにも、どこにもしっかりとした関係づけが見られない。構造体の計画全体を強固に引き締めるべきグリッドが不在なのだ。」——クラウトハイマーほどの碩学がこうした粗雑な見方をするとは信じられないのだが、筆者は怠慢にしてこの引用元を確認していないので、これがどのような文脈で言われたのかは分からない。しかしウィトルウィウス的「オーダー」という先入観で見てしまうと、このようなことになってしまうのであろう。

V. サン・ロレンツォ聖堂

fig. 54　サン・ロレンツォ聖堂俯瞰——大聖堂鐘楼からの遠望
　　　　聖堂背後の巨大な8角形の建物は17世紀初めに計画されたメディチ家のトスカーナ大公たちのための礼拝堂 Cappella dei Principi. 聖堂から直角に左手にのびている建物はミケランジェロによるメディチ家の図書館 Biblioteca Laurenziana. Cappella dei Principi と図書館との間に挟まれて小さな円錐屋根が見えるのがブルネッレスキによる旧聖器室。

V. サン・ロレンツォ聖堂

　サン・ロレンツォ聖堂はフィレンツェ随一の古い由緒を誇る聖堂で、4世紀末に聖アムブロシウスにより献堂式が執りおこなわれたと言われる。11世紀には聖堂が建て替えられ、それが15世紀まで存続していた[1]。1418年、その前年に着任したばかりの修道院長マッテオ・ディ・バルトロメオ・ドルフィニ Matteo di Bartolomeo Dolfini は、老朽化した聖堂と修道院の整備拡充のため、土地買収に取りかかることを決定し、近隣の地主や聖堂の檀家となっている有力者たちに協力を呼びかけている[2]。しかし直ちに計画に着手した様子はなく、1421年になってようやく定礎の儀式が執り行なわれるが、当の修道院長ドルフィニは同じ年のうちに死去してしまう。この時点までに建物の計画がどのていど進んでいたのかは分からないが、既存の聖堂の西側と南側に敷地を拡張しようとしていたようで、既存の聖堂は取り壊さずに、新しい聖堂は古い聖堂裏手に新しく確保した土地に、まず内陣と翼廊を造るところから始めようとしていたのであろう。聖堂の工事関係史料の中には、これ以前にも以後にも、ブルネッレスキの名前は一度も現れてこない[3]。

　マネッティによれば[4]、この聖堂近隣の住人で有力な檀家の一人であったジョヴァンニ・デ・メディチ、通称ビッチ[5]は、この機会にブルネッレスキにまず聖器室とチャペル（新しい聖堂の南側翼廊に設けられるもの）の一つを設計するように依頼し、その出来上がる様子を見た上で聖堂全体の設計を委ねることに決定したのだという。この「聖器室」というのは、聖堂南側翼廊に取り付いた正方形平面の建物で、現在は「旧聖器室」Sagrestia Vecchia と呼ばれており（後にこれと対称の位置にあたる北側翼廊にミケランジェロによって「新聖器室」Sagrestia Nuova が造られたためそのように呼ばれる）、メディチ家の墓所を兼ね、聖堂からは独立した空間として計画され、ブルネッレスキの作品中、最も整った傑作とされているものである。クーポラ頂塔に1428の刻銘が発見されていることから、少なくとも躯体は1428年までには仕上がっていたことになる（旧聖器室については次章にて後述）。しかしこのときまでに聖堂本体部分がどのていど出来上がっていたか、またそれらの部分がブルネッレスキの手になるものかどうかは不明のままで

ある[6]。ブルネッレスキが聖堂本体の計画に関わることとなったのがいつの時点であったのかもはっきりしないが、もしマネッティの言うとおりであるとすれば、それは旧聖器室があるていど形をなした段階で、かつビッチ・デ・メディチが没する1429年より以前のことでなければならない。バッティスティはそれを1424年頃であろうとしている[7]。このあと1442年ころまでの20年間近くは、聖堂本体の方の工事の様子はほとんど分かっていない。ビッチの死後、コージモ・イル・ヴェッキォの代になっても、フィレンツェは1429年ころからの数年間は不況に見舞われ多くの公共工事がストップしていたし、また1433年にはコージモが権力闘争に敗れて一時ヴェネツィアに亡命するというような事件もあって、工事はあまりはかばかしいものではなかったようである。

fig. 55　1450年以前のサン・ロレンツォ聖堂 *Codice Rustici*　鐘楼左に見える円錐形屋根はブルネッレスキによる旧聖器室

　しかしこの間、ちょうどコージモが亡命しているころ、1434年5月、フィレンツェ市議会がサン・ロレンツォ聖堂周りの広場整備についての審議を行なっている[8]。それは聖堂北側（現在の Piazza S. Lorenzo 北側にあたる場所）にあった細民の住居群（売春婦やいかがわしい者たちのたまり場になっていたという）を除却し、聖堂周りの環境美化を図るという趣旨で、近隣の市民たちからの要望を受けたものということになっていた[9]。そしてこの工事

V. サン・ロレンツォ聖堂

を担当するのは、大聖堂のcapomaestroとその指揮下にある工匠たちを充てるというのであった。この時期の大聖堂の責任者と言えばブルネッレスキが想起され、とすればブルネッレスキは聖堂の工事のみならず、広場整備にまで関わっていたということになるが[10]、この決定を受けて1435年4月ころまでには一部の住居群が除却されたものの、そこでブルネッレスキがどのような役割を果たしたのかは何も伝わっていない。

fig. 56　サン・ロレンツォ聖堂の東北に位置するパラッツォ・メディチ

fig. 57　パラッツォ・メディチ中庭

一方、あるいはこのことと関わるかに思われる記述が、16世紀のある文献に現れており、それによると、ブルネッレスキがパラッツォ・メディチの最初の計画に関わっていて、コージモはそれを「立派すぎる」"troppo suntuosa"として却下したという[11]。これまでのところでは、ブルネッレスキがパラッツォ・メディチの計画に関わったということには疑問視する意見も多いが、その記述の具体性のほどからして、全く事実無根の作り話とは思われないところもあり、それによればブルネッレスキは、聖堂前をふさいでいた建物群を除却しVia Larga（現Via Cavour. パラッツォ・メディチ前を南北に通る）まで達する広場を造り、新しいパラッツォ・メディチの敷地をそこにもってきて、聖堂の正面に置くように提案していたというのである。この広場整備の件はコージモの留守中に審議されていたことではあったが、彼

の意向が働いていた可能性があり[12]、ブルネッレスキがこの機会を利用してそうした提案を行なっていた可能性も考えられなくはない。もしそれが事実であるとすれば、ブルネッレスキにとってはパラッツォそのものの計画よりは、メディチ家の力を利用して新しい都市空間を創り出すことの方に関心があったと考えるべきで、同じ頃に依頼されていたアルノ河南岸のサント・スピリト聖堂の計画[13]の際にも、聖堂からアルノまでの間の百数十メートルに及ぶ地区の建物を除却して壮大な広場を造り、聖堂の方位を逆転させてアルノから聖堂正面が直接見えるような案を提示していたといわれる。これらの逸話は、後に有名なウルビーノのパネル[14]に描かれることとなるような都市広場のイメージを、ブルネッレスキがすでにこの時期に想い描いていたことを示すものであり、彼の建築が常に都市空間のあり方と切り離すことの出来ないものとして発想されていたということなのであろう。しかし生前の彼には、実際にそうした計画を実行する機会は、ついに与えられることがなかった。

　古い聖堂は、この既着工部分からはやや離れた東側にあったから、ブルネッレスキの生前にはおそらく交差部のあたりまでは、それに手を付けずに工事ができたと思われるが、その古い聖堂が取り壊されるのは1465年のことで、それまでは身廊部分についてはほとんど工事が進行していなかったということになる[15]。そしてその後に造られて行く部分については、どこまでがブルネッレスキの計画に従ったものかは、マネッティの説明の分かりにくさもあって、定めがたい部分がある。マネッティは聖堂平面について、ブルネッレスキは当初は側廊全長にわたってチャペル群をとりつける案を主張した（現状はそうなっている）が、出資者たちの反対に遭って不承不承にサイド・チャペルなしの案を認めたとしている[16]。とすれば現存のチャペル群は、ブルネッレスキの後継の建築家の判断によって後から付け加えられたということになり、それ以外の部分についてもブルネッレスキの案に従ったものかどうか確証はないことになってしまう[17]。しかし聖堂全体の平面計画は、オスペダーレの場合と同様に、正方形のグリッドに

V. サン・ロレンツォ聖堂

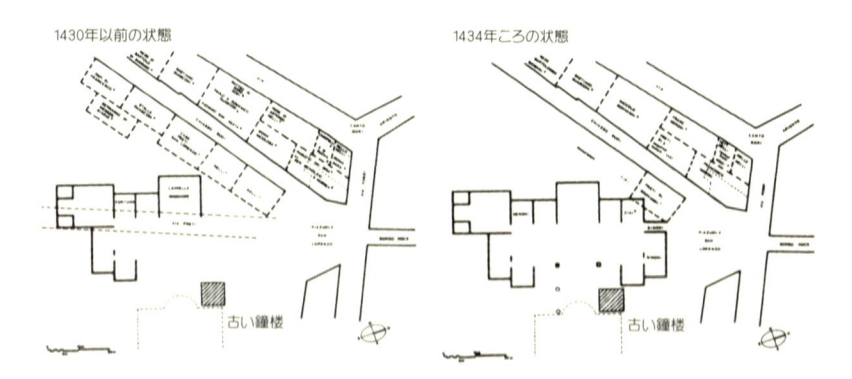

1430年以前の状態　　　　　1434年ころの状態

古い鐘楼　　　　　　　　　古い鐘楼

fig. 58　サン・ロレンツォ聖堂の工事経過

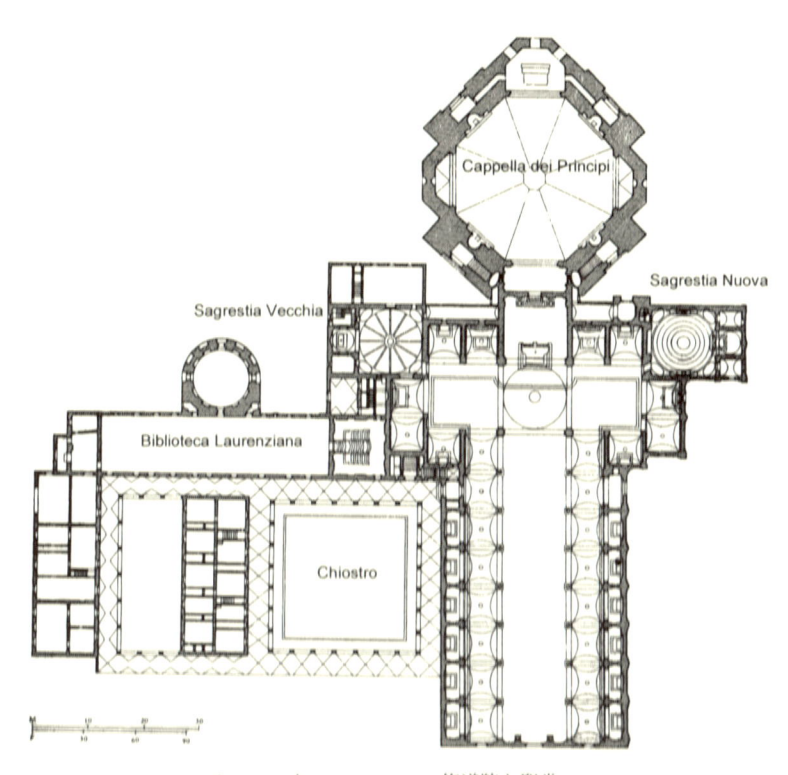

fig. 59　サン・ロレンツォ修道院と聖堂

fig. 60　サン・ロレンツォ聖堂身廊　　　　fig. 61　サン・ロレンツォ聖堂側廊

のった形で組み立てられており、1421年に着工されていたと考えられる内陣の寸法（20 braccia ≒ 11.7 m）を基準としていて、後から付加されたと考えられるサイド・チャペルの形を別とすれば、身廊各部の手法も、ブルネッレスキが後に手がけることとなるサント・スピリト聖堂とよく似ていることから、ほぼブルネッレスキの案に従ったものと考えられている[18]。身廊は格天井となっているが、これはブルネッレスキ没後の仕事で、ブルネッレスキがどのような天井を考えていたのかは分からない。側廊天井はオスペダーレのロッジァと同様なセイル・ヴォールトの連続で、これらはブルネッレスキの案に基づくものであろう。側廊に取り付くサイド・チャペル天井は半円筒ヴォールトとなっている。

　一方マネッティは、名前を挙げることはせずに、ブルネッレスキの死後に大聖堂クーポラ頂塔でブルネッレスキの計画をねじまげた人物（アントーニオ・マネッティ・チァッケリを指す？）が、またもここでブルネッレスキの計画に手を加えたとしている[19]。チァッケリが工事責任者となったのは1450年代半ばで、交差部のクーポラなどの工事を担当していたといわ

V. サン・ロレンツォ聖堂

れ[20]、クーポラは1461年に完成している。これはおそらくチャッケリ自身の案によるもので、鈍いペンデンティヴ・ドームとなっており、聖堂全体のデザイン・スキームとは異質のものである。おそらくブルネッレスキの案は旧聖器室と同様なアムブレラ・ドームで

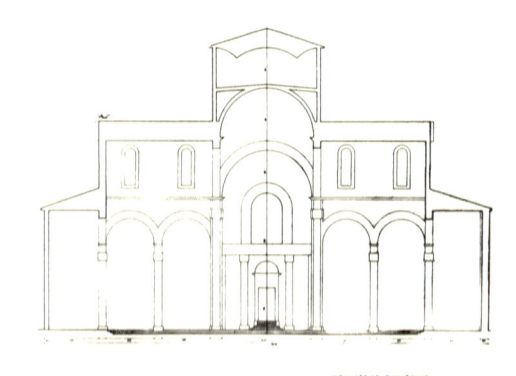

fig. 62　サン・ロレンツォ聖堂断面図

あったと考えられ、ドメニコ・ダ・ガイオーレ[21]という工匠が、1457年にコージモに対し、クーポラをアムブレラ・ドームに造り変えるべきことを進言し、「〔チャッケリのドームを〕壊して造り変えても費用は今より少なくて済むし、また軽く、丈夫で、明るく、フィリッポのやり方での比例も整うから」と言っていたことが知られており[22]、これはマネッティの言を裏書きするものと言える。

　3廊のバジリカ形式で翼廊をそなえた略T字形の平面構成は、ロマネスク期の聖堂やゴシック期のメンディカンティの聖堂などの形式を踏襲したもの[23]ということができ、そのことがまた一部の研究者たちの「ブルネッレスキ＝前ルネサンス建築家」という主張の論拠とされてしまうのであるが、これは当時の教会典礼などとの関連で見て行くべき問題であり、またブルネッレスキがドルフィニの構想していたものを下敷きとして計画を進めざるを得なかったことを考えるなら、その議論にまともに取り合う必要はないであろう。ここではそうした伝統的形式が、オスペダーレの場合と同様ブルネッレスキ一流の「幾何学」によって、前例のない清新な空間に生まれ変わっていることがテーマなのである。

　オスペダーレの場合とは事情が異なるのは、ひとつながりの空間の中に大小のグリッドが同居し、それぞれ大きさの異なる立体的なキューブとして互いに隣接し合っていることで、それらの間の関係をどのように建築的

103

fig. 63　作者不詳の16世紀の図　ブルネッレスキによるサン・ロレンツォ聖堂内陣の計画を描いたとみられる　Uffizi, GDS., n. 212 A

に表現して行くかが新しい問題となっていた。つまり、幾何学的に完結した立体空間同士がどのように組織されているかを表現するための、新たな建築語法を創り出すという課題である。ところが建築の構造体はジャングルジムのごとき単純な立体格子で出来上がるわけではないので、隣接している大きさの異なるキューブそれぞれの完結性を、用いられている構築的部材の違いだけで表現するのには無理があることは明らかである。なぜなら、立体格子の交点ではそれら役割の異なる部材同士が重なり合わなければならないこととなり、中世の教会建築に見られるような「束ね柱」のごとき手法をとらなければならないのであって、それがやがては部材の完結性や単位空間の完結性を曖昧にしてしまう結果となったことは、後期ゴシックの建築を見て行けば明らかなことである。この問題を解決するには、思い切ってキューブ同士を切り離して、それらの間に別の副次的な格子を挿入する以外に方法はないのだが、そうなると建物全体の寸法体系をそれら複数の格子寸法と整合するように調整し直さなければならないし、キューブが連続する明快な空間構成を実現することも難しくなる。それは二者択一の問題であって、建築家がどちらを目標とするかによって対処の仕方が違ってくる[24]。

　これ以後もブルネッレスキは、この課題と格闘してゆくこととなるのであるが、彼にとっては幾何学的明快さこそが至上命題であり、そのためには、場合によっては部材（古典的モティーフ）の断片化ないしはその不整合も

辞さなかったように見える。この
サン・ロレンツォ聖堂の場合、ど
こまでがブルネッレスキの意図に
基づくものかの判断は難しいとこ
ろもあるが、「古典主義者」ならば
とうてい考えられないような大胆
な手法もあり、それらはブルネッ
レスキの指示であった可能性が高
い。

　たとえばアーチは、ブルネッレ
スキにあっては独立した構築的モ
ティーフとは見なされなかったよ
うで、アーキヴォルトは壁を半円
形に切り取るための縁取りといっ
た意味合いで用いられていること

fig. 64　サン・ロレンツォ聖堂身廊・翼廊の交差部

が多く、アーチの上を水平に走るアーキトレーヴ（梁）ないしコーニスは、
一応アーキヴォルト頂部と接してはいるものの、アーチが構造材としてそ
れらを支えているといった積極的な表現は見られない[25]。アーキトレーヴ
はアーチとは別の（上位の）系に属するエレメントであり、連続アーチ端
部に置かれた付柱（「角柱」*columnae quadrangulae* [26]）によって支えられるので
なければならない。それら角柱ないし付柱の位置が建物全体のグリッド・
システムを支配しているのであって、アーチを支える円柱群はそのグリッ
ド上に配置されているのである。したがって連続アーチの端部やアーチが
側壁に突き当たる箇所では、アーチの立ち上がり部は壁や角柱の中に潜り
込んで隠れてしまう形となる。古典建築のようにアーチを独立した構築的
モティーフとして扱おうとすれば、こうした柱・梁によって区画されるグ
リッドの中に別のアーチ専用のグリッドを挿入してやらなければならな
いのだが、ブルネッレスキはそうした副次的グリッドを用いることを嫌い、
単一グリッドで押し通そうとするのである。このため、壁の角柱について

も、それが出隅に置かれている場合には全貌がきちんと表されるが、入り隅の場合（翼廊のチャペルに現れてくる）には、それらは半分以上が壁の中に潜り込んでしまうわけで、まるで日本の茶室の「楊枝柱」のごとくか細い、断片化された記号として表現されることとなる。

　身廊のアーチを支える円柱の柱頭は、コリント式柱頭の上に四角いブロックをもう1段重ねた形となっていて、これは"dado"（骰子様のブロックの意）などと呼ばれることが多く、ブルネッレスキの建築の特徴の一つとされ、オスペダーレ・デリ・インノチェンティにもそれに近い形のものが現れており、ビザンティンの柱頭などに見られる「副柱頭」dosseret に由来するものとして説明されることがある[27]が、サン・ロレンツォ聖堂の場合には、これはもう少し積極的な役割を担っているものと考えられる。身廊の内部立面は、オスペダーレの場合と同様、アーチの上にコーニスを通し、その上に若干の空白（フリーズのつもりか？）を置き更にその上にもう一度コーニスを通して、それらによって複合的なエンタブラチュアを構成するという手法をとる。これと同じ手法は側廊の内部立面にも踏襲されており、側廊の各ベイを区切る横断アーチはそのエンタブラチュアで受ける形となっている。身廊の円柱のせいはしかし側廊の付柱のせいと同じなので、その柱頭で直接側廊の横断アーチを受けるわけにはゆかず、本来の柱頭の上にその側廊のエンタブラチュアと同じ高さの部材を挿入する必要があった。つまりこの"dado"はエンタブラチュアが断片化されたものと見るべきであって、高さ方向での比例体系を保持するための不可欠の要素だったのである[28]。つまりブルネッレスキのグリッドは平面構成だけにとどまるものではなく、立体的な空間をも同時にコントロールすべきものだったのであって、平面グリッドが正方形であるように、立体の空間単位も立方体でなければならず、限られた種類の建築部材を駆使しながら、如何にしてその立方体の組み合わせによる構成を表現して行くかということが、ブルネッレスキがこの建築において自らに課した課題だったのである。

　ルネサンスの建築を話題にするとき必ず触れられなければならないの

V. サン・ロレンツォ聖堂

fig. 65　サン・ロレンツォ聖堂身廊アーケード詳細

fig. 66　サン・ロレンツォ聖堂側廊に取り付くサイド・チャペル

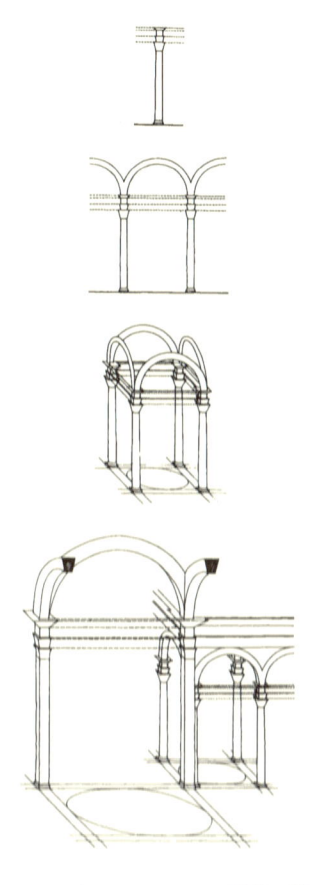

fig. 67　サン・ロレンツォ聖堂の空間システム

　が、「古典」の発見を促す最大のモメントとなったウィトルウィウスの「理論」との関わりであって、すでに中世以来、その *De architectura* の断片の存在は広く知られていたし[29]、1414年には人文主義者ポッジョ・ブラッチョリーニによって完全な写本が発見されて大きな話題となっていた[30]から、当然ブルネッレスキもその存在は知っていたはずだと考えられている。彼をライヴァル視していたギベルティは明らかにウィトルウィウスを部分

107

的ながら読んでいたとみられ、その著 *Commentari* には様々な箇所にウィトルウィウスからの引用ないしそのパラフレーズとみられるものが見出されるし[31]、第2書の末尾ではおそらくそれに基づく建築の理論を展開するつもりであることも予告していた。また第3書の最終部分は比例理論の試みに充てられている。

　アルベルティ以後、古典主義の美術理論の核心は「比例」であるとする考え方が定着し、ウィトルウィウスが紹介しているピュタゴラース流の神秘主義的比例理論が、いわゆる「オーダー」の体系と結びつけられて、それが18世紀に至るまで西欧の古典主義建築理論の中心を占めることとなる。こうした古典主義的比例理論は、全体と部分との関連というよりも、個々のエレメント自体に固有の比例の存在を認める方向へ向かいがちであり、それらのエレメントが完結した形で表現されることが「正しい maniera antica」であるという固定観念が生じてしまう。つまり建築の発想は部分から出発しなければならないこととなる。しかしブルネッレスキの建築の比例システムは、それとは逆の方向から、つまり全体の尺度から割り出されてくるものであり、そのためには時として個々のエレメントの完結性は犠牲にされ、またその構築的な意味を剥奪された形で現れてくることとなるのである。

　こうしたブルネッレスキの手法を、古典建築技法に無知ゆえの「稚拙さ」と見るか、あるいはそれとは別次元での「実験」と見るかで、その位置づけは大きく異なってくることであろう。しかしウィトルウィウス=「古典主義」を唯一の「正しい maniera antica」とするような固定観念によってブルネッレスキをとらえてしまうことには問題があるといわざるを得ない。サン・ロレンツォ聖堂の空間が与える清新な感動は、そうした「稚拙さ」ないしは暴力的な「実験」をもそのまま受け入れた上で生じてくるものであって、一つの原則を守り通すなかで避けがたく現れてくる本質的な矛盾が、我々に建築技術のあり方に対する省察を促すからに他ならない。それはブルネッレスキが我々に向けて発した問いかけであり、アルガン流に言えば「批評」なのであった。

V. サン・ロレンツォ聖堂

fig. 68　サン・ロレンツォ聖堂外観

　繰り返すようだが、ブルネッレスキが自らに課した課題は、未知なる「建築」に形を与えてゆくことであり、それはあらゆる過去のしがらみを白紙化した地点からの再スタートだったのであって、彼の生涯の中だけでは解決出来ないような建築的課題が山積していた。たとえば、キリスト教聖堂建築におけるファサードの問題はその一つであり、ブルネッレスキはここサン・ロレンツォ聖堂でも、またこの後のサント・スピリト聖堂でも、ファサードは未完のまま遺さざるを得なかった。

注

1. 1459年以前の（取り壊される直前の）この聖堂の様子は、*Codice Rustici*（Firenze, Biblioteca del Seminario Maggiore）の絵（fig. 55）に見えるが、前面に初期キリスト教聖堂風のアトリウムをそなえた翼廊なしのバジリカ形式で、古風な造りであった。なおその背後にはブルネッレスキの旧聖器室の屋根が見えている。*Codice Rustici* は Marco di Bartolomeo Rustici（c. 1392-1457）という

109

金銀細工師が作成した水彩によるスケッチ帳で、3部からなり、第1部は80葉からなるフィレンツェの主要な聖堂や構築物の俯瞰的な絵、第2部と第3部は彼が聖地に巡礼した際の記録となっている。このスケッチ帳の正式の題名は "Dimostrazione dell'andata del Santo Sepolcro" となっている。制作年代については不詳であるが、15世紀前半ころのフィレンツェの様子を伝える貴重な史料である。

2. この計画を伝える基本史料は、N. Cianfogni, *Notizie della Chiesa di S. Lorenzo di Firenze, Opera Postumana del Canonico Pier Nolasco Cianfogni*, Firenze 1894 に収録されているものであるが、この1418年の決定に関わるくだりはバッティスティも全文を再録している（Battisti, *op. cit.*, p. 368）。

3. Isabelle Hyman, "Notes and Speculations on S. Lorenzo, Palazzo Medici and on Urban Project by Brunelleschi", in *Journal of the Society of Architectural Historians*, XXXIV, 1975, 2, pp. 98-120 はメディチ家所蔵の工事関係文書を使用した論文であるが、その出納記録は1441年以後のもので、それ以前の初期の様子は Howard Saalman, *Filippo Brunelleschi. The Buildings*, London 1993, pp. 199-207 の考証による。

4. Manetti-de Robertis, pp. 106-110.

5. Giovanni d'Averardo detto Bicci de' Medici（1360-1429）．メディチの全盛期を創り出すコージモ・イル・ヴェッキォ Cosimo di Giovanni de' Medici, detto Cosimo il Vecchio（1389-1464）の父。メディチの繁栄の基礎となる銀行の創始者。ビッチの死後はコージモがサン・ロレンツォの工事を引き継ぎ、1442年にはこの聖堂の大祭壇のパトロンの権利を獲得しており、以後の工事は完全にメディチの主導のもとに行なわれることとなる。

6. ザールマン（1993, *op. cit.*）はこの部分に関してはブルネッレスキの関与は全く認められないとしている。1418年のドルフィニの計画では、聖堂全体の南北長さは111 braccia（"latitudinem centundecem" ＝ 64.46 m）とするとしており、これは現存する南端の旧聖器室から後にミケランジェロにより付加される北端の Sagrestia Nuova（＝ Cappella Medicea）までの長さ（どちらも祭室 scarsella 部分は含まず）とほぼ一致する。従って内陣・翼廊および2つの聖器室の構成についてはこの時点で決定済みであり、それぞれ20ブラッチァの長さが割り当てられていて、ブルネッレスキもまたミケランジェロも、この定められた枠内で仕事をすることとなったものとみられる（Battisti, p. 354）。

7. Battisti, p. 180. また1425年には改めて内陣の起工式が行なわれているという（*ibid.*, p. 332）。しかし工事はその後も遅々として進まなかったようで、特

V. サン・ロレンツォ聖堂

に1429年からの数年間に及ぶ全市を覆った不況や、ビッチ・デ・メディチの死によって牽引役を失い、ほとんど停滞状態であったらしい。ビッチの跡を継いだコージモはまだ権力闘争の最中で、聖堂建設の方にはあまり注意を振り向けることができなかったのであろう。そして1442年以後も、おそらくコージモとブルネッレスキとの関係はあまりスムーズではなかったように見え、ブルネッレスキが直接に工事指揮に当たっていたような形跡は見られない。その後内陣や交差部などについてはコージモがかなり勝手に設計を変更したりしていたようである。

8. これについては Hyman（1975, pp. 105-108）が紹介しているものによった。
9. これにはサン・ロレンツォ聖堂の檀家であるメディチを含む近隣地主たちの意向が強く働いていたとみられる。マネッティはメディチの他に Rondinelli, Ginori, Stufa, Neroni, Marco di Luca, Ciai の6家族を挙げている。この整備によって最も恩恵を受けることとなるのは、聖堂の北側の地所を所有する Stufa 家と Ginori 家であったと思われる。
10. もし史料の文言 "capud magistro et magistris et aliis laborantibus in fabricha et ad Operam Sancta Maria del Fiore" という記述を文字通りに受け取れば、この時期の公式の capudmagister は Battista d'Antonio という工匠で、永年ブルネッレスキの指示に基づいて工事を進めていた人物の方であり、ブルネッレスキは "inventori et ghobernatori maiori Cupole" という肩書きであったから、この広場整備とブルネッレスキとを結びつける根拠は失われることとなる（cfr. Caroline Elam,"Il palazzo nel contesto della città : strategie urbanistiche dei Medici nel Gonfalcone del Leon d'oro, 1415-1530", in *Il Palazzo Medici Riccardi di Firenze*, a cura di G. Cherubini e G. Fanelli, Firenze 1990, pp. 46-47)。しかしこの時期、capomaestro という肩書きがどの程度厳密に用いられていたかは疑問で、ブルネッレスキを capomaestro と呼んだ可能性も考えられなくはない。
11. 通称 "*Il Libro di Antonio Billi*" と呼ばれている著者不明の文献（*Codice Magliabecchiano*, Biblioteca Nazionale Centrale di Firenze, XIII, 89）に見えるもので、これはジョットーやチマブーエ、ブルネッレスキ、マザッチォなどの伝記を集めていて、ヴァザーリも利用していたものである（このパラッツォ・メディチの件は Vasari-Milanesi, II, *op. cit.*, p. 371 にも見える)。刊本としては Cornelius von Fabriczy, *Il Libro di Antonio Billi*, 1891（*Archivio storico italiano*, vol. 7, serie 5. Gregg Press による reprint 版あり）、Karl Frey, *Il libro di Antonio Billi: existente in due copie nella Biblioteca nazionale di Firenze*, Berlin 1892 がある。このビッリの記述は *L'Anonimo Magliabecchiano Gaddiano* と呼ばれる文書（こ

れもファブリツィによる *Archivio storico italiano*, vol, 12, serie 5, 1893 に採録されている。前記 Gregg の reprint 版に併録）に引用され、広く流布するようになったとみられる。なおこのことについてはマネッティは全く触れていない。パラッツォ・メディチは、1440年代半ば以後、Via Larga（現在の Via Cavour）にミケロッツォの設計によって建設されたとするのが定説である（Vasari-Milanesi, II, pp. 433-434. なお、パラッツォ・メディチについては第 XII 章で触れる）。ブルネッレスキ関与説を認める研究者たちの見方としては、コージモがその案を却下したのは、建物の豪華さそのものではなく、それが聖堂の正面に置かれることの方が、市民からの反発を招くという配慮だったのではないかという。

12. この審議を働きかけた近隣地主たちは、亡命中のメディチとも連絡を取り合っていたようであり、ハイマン（*op. cit.*, p. 108）は、1434年4月に Stufa 家の息子がヴェネツィアにいるコージモの息子に（ただしどちらも10代初めの少年）事態の成り行きを書簡で報告していたことを紹介している。

13. 本書「X. サント・スピリト聖堂」参照。

14. ウルビーノのパネル（*La città ideale*, Galleria Nazionale delle Marche, Urbino, in "Salla delle Udienze"）についてはその主題、制作年代や作者をめぐる議論はいまだに決着がついていないが、これをメディチ家の構想したフィレンツェ都市像ではないかとする説（A. Parronchi, "Una Piazza Medicea", in *La Nazione*, 24 Agosto, 1967, p. 3）が提起されたこともあった。しかしクラウトハイマー（R. Krautheimer, "Le tavole di Urbino, Berlino e Baltimora riesaminato", in *Rinascimento da Brunelleschi a Michelangelo : la rappresentazione dell'architettura* [catalogo della mostra a Venezia 1994, a cura di H. Millon e V. Magnago Lampugnani], Milano 1994, p. 234 sgg.）は、フィレンツェとの関わりを否定している。このクラウトハイマーの論文は、かつて彼が発表した "The tragic and comic Scene of the Renaissance: the Baltimore and Urbino Panels", in *Gazette des Beaux-Arts*, XXXIII, 1948, pp. 327-346 の補遺ないし再論として書かれたものである。

15. マネッティは（Manetti-de Robertis, pp. 110-111）、「聖堂の交差部はまだ出来ておらず、その中央の内陣もなかった。そしてその内陣はすべて、内も外も、フィリッポが意図していたものからは大きくかけ離れたものとなった」としている。

16. 側廊の外側に付け加えられたチャペル群については、1465年以後に開始された身廊部分の工事の際、一体として造られたとする説もあるが（Volker

V. サン・ロレンツォ聖堂

Herzner, "Zur Baugeschichte von San Lorenzo in Florenz", in *Zeitschrift für Kunstgeschichte*, 1974, p. 92)、バッティスティはあとから付け足されたものであろうとしている（Battisti, p. 370）。一方ブルスキは（*op. cit.*, p. 110）逆にこれをミケロッツォ案とする方（つまり一体案）に傾いているようである。

17. ハイマン（*op. cit.*）はミケロッツォが後継の建築家であったとしており、彼はちょうど同じ頃（1446年）工事が始まっていた聖堂東北隣のメディチ家の新しい邸宅パラッツォ・メディチと掛け持ちで工事を担当していたのだとしている。一方、ザールマン（1993, p. 107）は、ミケロッツォはブルネッレスキの生前から、おそらくコージモ・デ・メディチとのつながりから、すでに1435年頃からサン・ロレンツォの工事に関わっていた可能性があるとしており、南側翼廊から旧聖器室への入口周りなどはミケロッツォの手になるものだとしている。ミケロッツォは少なくとも1450年代半ばまでは工事に関与していたことは確かなようであるが、その後も果たして「工事責任者」として全権を委任されていたかどうかは、議論の余地を残している。ミケロッツォはコージモ・デ・メディチからの信任が篤かったと言われるものの、彼がコージモの作事にその完成まで関わっていたケースは少なく、工事途中で別の工匠にその地位を譲ることが多々あったようである。彼の構築技術に関わる技倆については疑問を抱かせるようなところがあり、彼が1437年頃から工事を担当しその代表作とされるサン・マルコ修道院では、構造的な配慮の欠如からその図書室のヴォールトが崩壊するという事件もあって（Saalman, 1980, p. 211)、施工に当たっては他の工匠たちの援けを借りざるを得なかったように見える。

18. 上記の注でも記した如く、ミケロッツォらの手によってあちこちに変更が加えられたことは確かで、柱間寸法や床高・柱せいなどに微妙な違いがあることが確かめられている。しかしこれには、施工がかなりの間をおいて断続的に行なわれたため、その時々に用いられた間竿が違っていたことによる部分もあったと考えられ、平面構成についてはブルネッレスキの案がそれほど大きく変更されたとは考えられない。

19. Manetti-de Robertis, pp. 111-112.

20. Saalman, *The Life of Brunelleschi by Antonio di Tuccio Manetti*, Pennsylvania State Univ. Press, 1970, p. 148 n.

21. Giovanni di Domenico da Gai[u]ole (1408-79)。この工匠は大聖堂の工事にも関わっていたようだが、そこでどのような役割を果たしていたのかは不明である。しかし彼は1461年からはチャッケリの後を承けてサント・スピリト聖

堂の工事を引き受け（1471年まで）、また1471年にはマントヴァのゴンザーガに対してサンティッシマ・アンヌンツィアータ聖堂の「ロトンダ」について進言をしたりしていた。この「ロトンダ」の件については、この後の「XI. サンタ・マリーア・デリ・アンジェリ修道院ロトンダ」の章でもとりあげる。

22. これは Giovanni Gaye, *Carteggio inedito d'artisti dei secoli XIV, XV, XVI*, Firenze 1839, I, pp. 167-169 に見えるもの。この進言のために、ドメニコはチャッケリの弟子たちから暴行を受ける羽目に遭ったという。ゴムブリッチもこの一件を引いていて（Ernst Gombrich,"Italian Renaissance Studies. A tribute to the late Cecilia M. Ady", in *Norm and Form*, London 1966 ── 邦訳、岡田温司訳「規範と形式」、中央公論美術出版、1999, pp. 123-124）、コージモがブルネッレスキの計画変更に関わっていた一例として挙げている。

23. マネッティも「サンタ・クローチェ聖堂やサンタ・マリーア・ノヴェッラ聖堂のように」と記している（Manetti-de Robertis, p. 108）。

24. アルベルティによるマントヴァのサンタンドレア聖堂 S. Andrea, Mantova (1470-72) は、b｜a｜b という「凱旋門の柱間リズム」を用いることによって、この問題を解決しようとした最初の例である。こうした問題は、現代におけるいわゆる「ラーメン構造」Rahmenbau の場合にも日常的に逢着することなのだが、現代の建築家たちはほとんどの場合、それを空間の問題としてよりは構造秩序の問題としてとらえてしまっているためか、それに頭を悩ますことはあまりしていないように見える。ルイス・カーン Louis Isadore Kahn (1901-74) はその課題に正面から取り組んだ数少ない建築家の一人であった。

25. 側廊のチャペルのアーチでは、そのキィストーンが持送りの形となってアーキトレーヴを支えているような表現となっているが、これがブルネッレスキの案であったかどうかは不明。旧聖器室の内陣側壁のごく浅いニッチを縁取るブラインド・アーチでは、控えめながら持送り形のキィストーンが取り付けられている。しかしブルネッレスキは、他の箇所では持送りを柱形などとは無関係に、壁から直接張り出してアーキトレーヴを支えるような形で用いていることが多く、これをアーチのキィストーンと結びつける意図がどこまであったかは疑問である。身廊の場合には、キィストーンの代わりに壁面の円柱上部にあたる箇所に持送りを取り付け、それでアーキトレーヴを支えているという表現をとっている。

26. これはアルベルティの用語で（*De re aedificatoria*, Lib. VII, cap. 15）、彼は角柱はアーチを支えるのに用いるべきで円柱はそぐわないとするが、しかし柱頭の上に更に四角いブロックを重ねそれでアーチ基部を支えるなら問題は解決

できるとしている。あるいはこれはブルネッレスキの手法からヒントを得たものであったかもしれない。

27. cfr. Peter Murray, *op. cit.*, p. 38.
28. この点はブルスキも強調しているところであるが（Bruschi, 1998, p. 67）、こうしたエンタブラチュアの断片化という手法は、古代ローマの凱旋門の添え柱 detatched column などに見られるものだが、ブルネッレスキのそれがそうした古典建築の手本から着想されたものかどうかは不明である。私はその可能性は少ないと考えるが、たといそうであったとしても、その建築的役割が全く異なるものとなっていることを重視したい。
29. 9世紀ころのカロリング朝の時代にもそれが知られていたし、イタリア人の場合についても、ペトラルカがその写本を所持していて熱心に研究していたといわれ、またボッカッチョもそれに触れている。cf., L. Ciapponi, "Il 'De architectura' di Vitruvio nel primo umanesimo" in *Italia Medieval e Umanistica*, III, 1960, pp. 59-99.
30. ポッジォ Poggio Bracciolini（1380-59）は教皇庁秘書官の職にあった人文主義者で、教皇に随行してヨーロッパ各地の宗教会議に赴き、さきざきで埋もれていた古典文献の発掘に努めていた。これまでは彼が1414年ころにモンテカッシーノ修道院図書室からその完全な写本を発見したのだとされてきたが、最近ではその時期や場所が疑われており、別の時期でスイスのザンクト・ガレン修道院などであった可能性も否定できない。ともかく彼がその完全な写本を所持していて、それがその後多く書写されて広まり、ウィトルウィウス研究熱が広まるもととなったことだけは確かである。cfr., H.-W. Kruft, *Storie delle teorie architettoniche da Vitruvio al Settecento*, Bari 1988（Id., *Geschichte der Architektur—Theorie von der Antike bis zur Gegenwart*, Köln 1986^2；邦訳　竺覚暁訳「建築論全史——古代から現代までの建築論事典」、2巻、中央公論美術出版、2011）。
31. *Commentari* については第1章の注26参照。またそのウィトルウィウスとの関わりについては Julius von Schlosser-Magnino, *Letteratura artistica*, Firenze & Wien 1964（3° ed.）, pp. 101-106 を参照。

VI. サン・ロレンツォ聖堂旧聖器室

fig. 69　サン・ロレンツォ聖堂旧聖器室、祭室部の見上げ

VI. サン・ロレンツォ聖堂旧聖器室

　「旧聖器室」は、時間的に言えば、聖堂本体に先立って構想されひとあし早く完成しており、本来ならばこちらの方を先に取り上げるべきであったろうが、聖堂の場合とは少し違った建築的な問題を提起していると思われ、また親友とされるドナテッロとブルネッレスキそれぞれの芸術の、目指す方向が全く異なるものであったことを明らかにする建築でもあり、聖堂の問題からは切り離してここで扱うこととした。

　前述のごとく、駆体の完成時期については、クーポラの頂塔に1428という刻銘が発見されている[1]ので、そのころまでには工事は一応の区切りを迎えていたものとみられる。一方、聖器室の南側面に取り付き祭壇を収めている祭室 scarsella 上部の浅いドームに描かれた天空図は、従来の考証では、1422年7月9日のフィレンツェ上空の星座配置を描いたものとされており、それがこの祭壇の聖別の日付を表すものかとされていた。この天空図の意義に最初に着目し考証を加えたのが、いわゆる「図像学」の始祖とされるアビィ・ヴァールブルクで、これはルネサンスにおける「ネオプラトニズム」と美術との関わりに光を当てた最も初期の論考であり、ルネサ

fig. 70　サン・ロレンツォ聖堂旧聖器室、祭室天井の「天空図」

119

ンスにおける天文学と古代的な占星術との関わり、ひいてはルネサンスの科学的精神とされるものと古代神話的ないし魔術的思考との関わりを示す好例として注目され、多くの関連研究を産み出すこととなったものであった[2]。このことから、この聖器室の建築的構成をもそうしたネオプラトニズム思想の産物として解釈するような研究も数多く見られる[3]。しかしこの日付の同定には多くの問題があり、同様な星座配置が見られる可能性のある日付はこれ以外にも無数にある。さらに全く同一の天空図がブルネッレスキの後期の作品、パッツィ家礼拝堂[4]祭壇上部にも見られることからも1422年説は疑われてしまう。

　実際、1984年から86年にかけて行なわれた修復工事の際の調査から、この祭室部分の工事はかなり遅れるものであることが判明し、それに伴い、現在ではその星座配置は、1442年7月4日の様子を表したものであろうと訂正されているようである[5]。いずれにせよこれに特定の日付を付会するためには、何か大きな政治的な事件などと結びつけることとなり、ネオプラトニズム的理念の表現もさることながら、政治的な背景によって説明しなければならないことになる。それによれば、イェルサレム王の肩書きを持つナポリ王ルネ・ダンジュー[6]が、この年の6月、アラゴンのアルフォンソ[7]の侵略から逃れる途上、メディチ家の招待を受けフィレンツェを訪れていたことと関わるものだとされる。この時期、教皇エウゲニウス四世が東西教会の統合を目論む宗教会議を、メディチの後押しでフィレンツェで行なおうとしており[8]、トルコの侵略に脅かされている東ローマ皇帝の要請を受け十字軍を組織すべく、イェルサレム王の肩書きを持つルネをそれに利用しようとしたのだという。この天空図はそうした動きを記念し、占星術的意味合いをこめて描かれたというのである。パッツィの場合には、その先祖が第一次十字軍に参戦していたということと、当主アンドレアがルネと親しい間柄にあったこと[9]が理由に挙げられている。またこれら天空図はサン・ロレンツォ聖堂とパッツィ家礼拝堂のどちらについても、ジュリアーノ・ダッリーゴ[10]という画家が、天文学者・数学者トスカネッリ[11]の指導のもとに描いたとされている。これらの事実は、旧聖器室

VI. サン・ロレンツォ聖堂旧聖器室

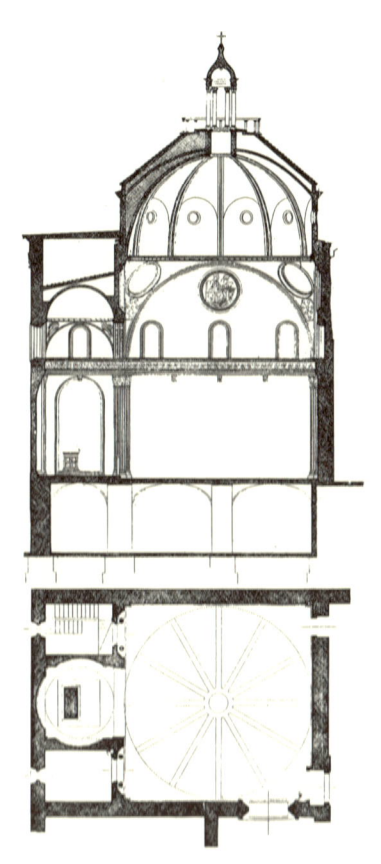

fig. 71　サン・ロレンツォ聖堂旧聖器室
　　　　断面・平面実測図

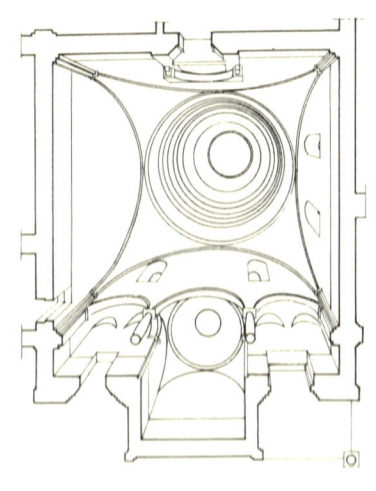

fig. 72　パドヴァの洗礼堂空間模式図

を取り巻く当時の複雑な政治状況を伝えるものとして興味深いが、この天空図が構想されたときにはブルネッレスキはこの建築から手を引いてしまっていた可能性が高く、その建築的コンセプトとは無縁のものであったと考えたい。

　天空図の話題はさておき、聖器室本体とこの祭室の建設時期の問題を別の角度から考えてみることとしたい。ドルフィニの計画によってこの建物に割り当てられていた広さは、南北長さが20ブラッチャ（≒11.7m）ということで[12]、祭室部分を除いた聖器室本体は、20ブラッチャ四方の正方形平面の中に収まっている。この本体はそれと同じ大きさの地下室の上に造られており、祭室部分の地下室は後から付け加えられたものであることが確かめられている[13]。したがってこの祭室部分は、少なくとも建設当初には

121

そうしたものが存在しなかったとしなければならない。

　一方、この旧聖器室は、パドヴァ大聖堂の洗礼堂をモデルとしたものではないかとする説があり、これは正方形平面の上にペンデンティヴ・ドームを冠したその空間構成が似ているということを主たる根拠とするもので、広く支持されているように見える[14]。その洗礼堂にも本体から張り出した祭室があり、宗教的な典礼のためにはこうした空間が付設されるのが普通であるが、旧聖器室の建物の調査からは、この祭室部分が当初からあった可能性については否定的な証拠しか出ていない。しかし祭室におかれた祭壇は1433年までにブルネッレスキの養子のブッジァーノが制作していたもの[15]で、その時点では祭室は存在したはずであり、本体が出来上がった時点(1428年？)から1433年までの間に付け加えられていたとみられる。この増築がブルネッレスキ自身の手になるものかどうかは不明であるが、祭壇について本来は自分が依頼された仕事をブッジァーノに任せたというように記しているところを見ると、祭室もブルネッレスキの指示によって造られたと見るのが自然であろう。

　マネッティによれば[16]、祭室の左右の小部屋入口周りは、その扉のブロンズ製浮彫を含め、コージモ・デ・メディチからドナテッロに依嘱されたものというが、その時期を明確に定める史料は存在しない。この祭室正面のアーチを含む南側壁面は、ほとんど空白に近い他の3面とは全く異質の、イオニア式柱頭のような彫刻的部材を用い、かつ色彩を多用した装飾的なものとなっており、マネッティが、これにはブルネッレスキが不快感をあらわにしたとしているのも、さもありなんと想わせるものがある。このことについてのマネッティの記述は以下の通り。

「聖器室の〔2つの〕出入口については、それらの間には祭室が配されており、〔その内側に〕流し場や水甕を置いたり、あるいは倉庫として蝋燭などを置いたりするところなのだが、それらを木造とするかあるいは現状がそうであるようにそれとは別の材料で造るかは、まだ検討されておらず、壁には開口のアーチ〔枠〕を取り付けるための目印が刻みつけられたまま放置されてい

VI. サン・ロレンツォ聖堂旧聖器室

た。その後、現状のようなブロンズ製で彫像を伴うものとすることが決定され、ドナテッロに依頼されることとなったのであった。彼にこれを造らせるに当たっては、彼の案によって本石で造ることやその他の装飾などもすべて彼に任された。彼のこの仕事のやり方はまことに乱暴かつ傲慢なものであって、フィリッポの意見を聞くことも彼に相談することもしなかったのであり、あたかもそれらの仕事が彫刻やブロンズの大家に委ねられたものであるかの如くに扱ったのである。石材の選び方にはあまり意を用いず、サンタ・マリーア・デル・フィオーレの聖歌隊席[17]やその他同じようなところで石材を使ったときと同様であった。聖器室でのこうしたやり口やその他

fig. 73　サン・ロレンツォ聖堂旧聖器室アクソメ

諸々のどれも、フィリッポの気に入るようなものではなかった。ドナートが目指しまた意図していたところのものは、フィリッポに対する大いなる反発から出たものだったのである。そしてドナテッロは、少々軽はずみな者に唆されたりすると、フィリッポの名声や仕事にあらんかぎりの中傷を加えていた。しかしフィリッポはそれをせせら笑い、そうした言葉をほとんど気にかけなかった。それでもかなり後になって、ドナテッロがまだその慢心を押し通していたにもかかわらず、やがてフィリッポへの疑惑が晴れてきて、例の本石を使ったブロンズの出入口は彼の仕業ではなく、ましてや祭室の角に

fig. 74　旧聖器室と祭室

取り付いた〔半〕円柱の間の出入り口の飾りも、彼の仕事ではないことが知れてくると、フィリッポに例の戯れ唄を作らせることとなったのであって、それは今でも知っている人がいると思うが、それでもってすっかりと疑いを晴らしたのである。」

ともかくこうした追加工事が計画された可能性があるのは、コージモ・イル・ヴェッキォが工事に本腰を入れ始める1440年前後とするのが無理のないところであろう。実際、1984〜6年の修理工事の報告では、これらの部分の工事は1440年代初めになされたとされている。また1442年8月にはサン・ロレンツォ聖堂本体の方の大祭壇の管理権がメディチ家に委ねられたことによって、聖器室のみならず聖堂全体がメディチの庇護下に置かれることとなり、聖器室は参事会室の役割をも兼ねるものとして位置づけられ、壁の周りには木製ベンチが設けられることとなったから、祭壇上部の天空図が1442年7月の夜空とされたのも、そうしたことと関わっての判断だったのであろう。

以上のことから、大まかに言って、この建物の工事時期は3期に分かれていたと言える。第1期(1421-28)に建ち上がっていたのは、祭室部分がない単純な正方形平面の建物で、その時点ではまだ聖堂本体の翼廊とはつながっておらず、半ば独立した建物となっていたと思われる[18]。その内部は、4隅に取り付けられた付柱（L字形断面となっている）やコーニス・窓枠など

VI. サン・ロレンツォ聖堂旧聖器室

のグレイの建築的部材と白い壁以外には、ほとんど装飾を持たない抽象的な純粋幾何学空間であり、それがペンデンティヴにより垂直方向の動きを与えられ、さらにアムブレラ・ドームの12本のリブがその収斂してゆく頂点を指し示すのである。祭室が存在しなかったときの様子は今となっては想像してみるしかないが、そのように純幾何学的空間が自律的な展開を遂げてゆくような建築は、中世にはほとんど見られなかったものである。

fig. 75　旧聖器室アムブレラ・ドーム

　ここに用いられた寸法比例はきわめて単純なものである。正方形平面の1辺の長さを10等分したモデュールによるグリッドが採用されていて[19]、高さ方向もそのモデュールに合わせて決定されており、4隅の付柱

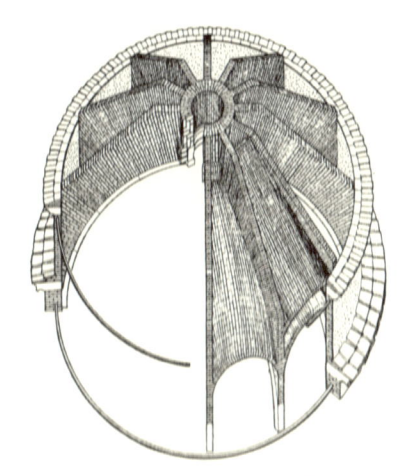

fig. 76　アムブレラ・ドーム構造模式図

ベース上端からペンデンティヴ・アーチを支えるエンタブラチュア下端までが5モデュール、エンタブラチュアせいが1モデュール、ペンデンティヴ・アーチの高さが5モデュール、更にアムブレラ・ドームのリブのアーチの高さが5モデュールという成り立ちである。祭室側壁面と祭室内部については、増築ということもあって、高さ以外は必ずしもこのグリッドにのってこないところがある。しかし全体としては、先に聖堂本体の項でも述べた如く、与えられた全体の規模から基準モデュールを創り出し、それに従って細部まで割り付けて行くという、ブルネッレスキ独特の計画方法

125

fig. 77　ハドリアヌスのヴィラ、「セラピスの神殿」

fig. 78　サンタ・クローチェ聖堂内陣天井

が貫かれていたと言えよう。

　この建築のもう一つのテーマは、「アムブレラ・ドーム」("cupola a creste e a vele") である。この手法は、パッツィ家礼拝堂やサント・スピリト聖堂などでも用いられており（ただし実現したのはブルネッレスキの死後）、その後のルネサンス期のドーム手法に大きな影響を与えたものである。マネッティによればブルネッレスキはすでにスキァッタ・リドルフィの礼拝堂でアムブレラ・ドームを用いていたという[20]が、そのソースとしては、ティヴォリのハドリアヌスのヴィッラの通称「セラピスの神殿」[21]とか、あるいはゴシック聖堂のアプスなどからヒントを得たものではないかなどと言われるが、いずれも決定的なものではない。ゴシック期のものとしては、サンタ・クローチェ聖堂アプスのヴォールトも一部その手法を用いたものと言えるし、パドヴァのバジリカ・デル・サント内陣のクーポラ[22]はイタリア本土で見られる最大のものである。これはゴシックのクロス・ヴォールトの構法によればごく自然に編み出されるものだとも言え、そうしたことから、ブルネッレスキがここで採用した方法はゴシックの伝統的技術を応用したものだとする見方も提起されていたが、もしそうであるとしても、ここにはブルネッレスキ独自の工夫が盛り込まれており、リブが単なる線状の骨組み材ではなく、アーチより上では板状

VI. サン・ロレンツォ聖堂旧聖器室

に広がって円錐形の屋根を支える役割を果たしている。こうした板状のリブの考え方は、大聖堂のクーポラを支えるリブと基本的には同じと言うことができ、これは小規模ながら、大聖堂クーポラのための前哨戦であったとも考えられる。

fig. 79　旧聖器室クーポラ頂塔のオリジナルの笠石

　この旧聖器室は、その後の西欧キリスト教建築におけるいわゆる「集中式聖堂」への肥大した関心の端緒をなすものとして位置づけられてきている。実際のところ、洋の東西を問わず、宗教建築における長堂形式と集中式堂形式との併存は、別段新しい現象ではなく、建築の歴史のごく初めからあったことである。それらの形式それぞれに与えられてきた役割や意味づけも、時代によってそれほど大きく変わっているわけではない。ただ、ルネサンスの人文主義、とりわけその派生現象としての「ネオプラトニズム」がそれに特別なオカルト的意味を与え、近代の歴史家たちがそのことをあたかもルネサンス以後の建築における中心的テーマであるかのごとくに取り上げたことから、そのような「関心の肥大現象」が生まれてきた[23]のであって、ブルネッレスキは、そうした後付けの意味を拡大再生産すべくこの「集中式聖堂」という課題に取り組んだわけではないだろう。彼にとってその形式の純化は、あらゆる建築を自己組織化して行くことのできる万能の自己完結的な空間単位を見出すための試みだったのであり、むしろそうした外側からの意味づけを剥奪し、それによって普遍的な「ユニヴァーサル・スペース」を創出することがその狙いであったと見るべきである[24]。

　一方、こうしたいわゆる「集中式」聖堂の構成やビザンティン的なペンデンティヴ・ドーム、それにどことなく東方的な雰囲気を漂わせるこの建物の表情は、例の「天空図」からの連想を別としても、これがある種のシ

127

ムボリックな役割を担うものとして構想されたのではないかとの推測を誘うものがあることも確かである。特に頂塔の頂部の笠石にサラセン風とも見える渦巻き模様が彫りつけられているのが、その印象を更に強める。この頂塔の形は、後にアルベルティによって、サン・パンクラツィオ聖堂付属のルッチェッライ家礼拝堂内の「聖墳墓」[25]にそっくり採り入れられており、あるいはアルベルティはその東方的な雰囲気を敏感に感じ取って、イェルサレムのキリストの墓である失われた「聖墳墓」復原の試みにそれを採り入れたのであったかもしれない。

　この時期、イタリアでは再び聖地巡礼熱が高まっており、危険を冒してアフリカ経由で巡礼に赴く市民がかなりいたことが知られており[26]、また「ネオプラトニズム」が「聖墳墓」に対する新たな関心を呼び覚ましていたということもある。ブルネッレスキも決してそれには無関心であったとは思われない。しかしこの建築のきわめて単純な整数比による抽象的な内部空間構成には、そうしたことを感じさせるものは皆無である。むしろそうした純粋な抽象性が、かえってある種の普遍的な聖性を感じさせてしまうのであろう。そ

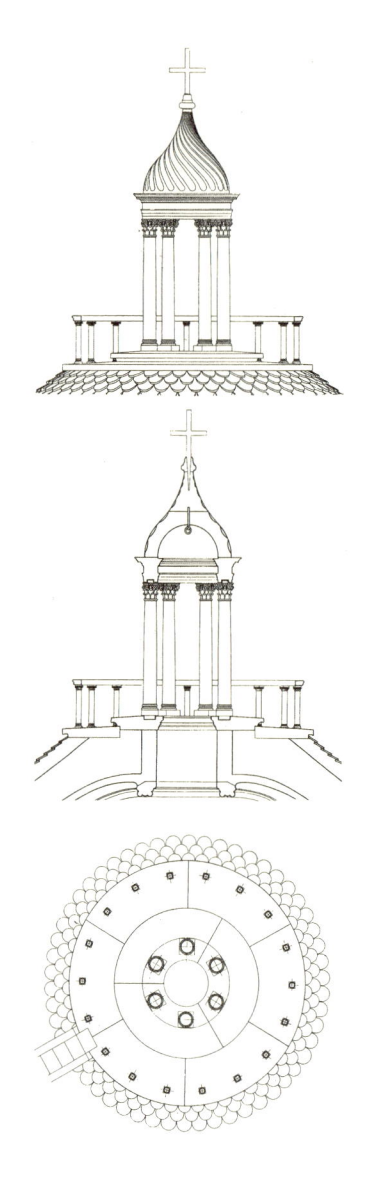

fig. 80　旧聖器室クーポラ頂塔実測図

VI. サン・ロレンツォ聖堂旧聖器室

fig. 81　旧聖器室ペンデンティヴのドナテッロによる装飾

してそのようなあり方こそが建築の「表現性」なのであって、外から与えられた意味づけを既成の権威的 decorum によってあざとくなぞるのは建築の役割ではないということを、ブルネッレスキはこの建築で示したはずであった。しかしそうした「結晶構造」にも似たブルネッレスキの透明な空間は、そのままの形で遺ることを許されなかった。

　1429年2月20日、ビッチ・デ・メディチの葬儀が、一族郎党のみならず、諸国の大使や国王などが列席する中で盛大に行なわれ、そしておそらくその葬礼の規模や列席者の多さが、この聖器室を含む聖堂全体のその後の規模拡大計画につながったとみられ、まず1433年に祭室の増設とそこに置かれる祭壇、ビッチ夫妻の柩の制作がなされるのであるが、それに伴って、それまでほとんど無装飾であった内部空間に、少しずつ装飾的な要素が持ち込まれ始めた可能性も考えられ、ペンデンティヴにメディチ家の金色の紋章が取り付けられたり、フリーズにめぐらされているプッティ（童子）の浮彫のある円盤が、赤と青で彩色されるなどは、この時期になされたものではないかとする推測がある。一方コージモは1433年にヴェネトへ亡命す

129

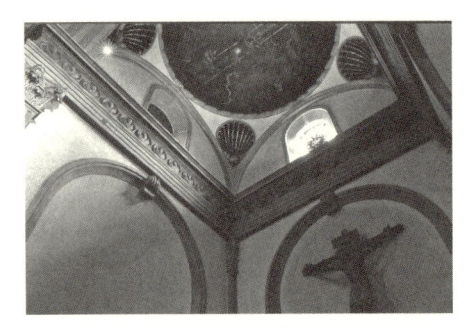

fig. 82　旧聖器室祭室

fig. 83　旧聖器室祭室周壁のニッチ

る際にミケロッツォを伴っていたとされ[27]、そのころからミケロッツォに対する信頼を深め、お抱え建築家として彼を重用することとなり、部分的ながらサン・ロレンツォの工事にも参加させていた形跡がある。そしてまたミケロッツォは1425年ころから1435年ころまでドナテッロと共同で仕事をしており[28]、そのつながりからコージモがドナテッロに対しても注意を向け、有名な裸体の少年ダヴィデ像を注文し[29]、さらに旧聖器室の装飾をも委ねることになったのではないかとも言われる。

しかしこの時期の旧聖器室の様子を伝える史料は乏しく、1440年以前にドナテッロがこれらの装飾に関わっていたという確証はない。おそらくマネッティの記すごとく、「壁には開口のアーチ〔枠〕を取り付けるための目印が刻みつけられたまま放置されていた」[30]というのが、1433年から40年ころまでの状態だったのではないかと思われる。

　1433年以前に付設されていた祭室が、この1440年以後のドナテッロの工事によって変更されることがなかったかどうかが問題となるが、例の天空図を除けば祭室内部にまでそれが及んでいた可能性は少ないと考えられる。祭室の3方の壁面では、アーチで切り取られた内側の壁面がごく浅い弧状のニッチとなっていて、祭室平面は微妙な3弁形をなしている。もしこれがブルネッレスキのオリジナル・アイデアであったとすれば、ルネサンス建築にとっては全く新しい様相である。これはまだかすかな兆候に過

VI. サン・ロレンツォ聖堂旧聖器室

ぎないが、一つの空間的モティーフが自己増殖を遂げて行く可能性を示しているように思われるのである。それはアルベルティを通じて後にブラマンテによって展開されてゆくところの、ルネサンス独自の建築語法の探求へとつながり、古代ローマ（ネロからハドリアヌスに至る）帝政期初期の建築的模索に比肩し得るような成果を産み出すものなのである。こうした3弁形モティーフは古代ローマの建築にしばしば見られるもので、ブルネッレスキが若い時期のローマ遺跡調査の折にそうしたものに着眼

fig. 84　旧聖器室祭室脇入口周りのドナテッロによる装飾

していた可能性は大いにあり得る。しかしそれは古典的な柱頭の形や装飾的な刳型などの新奇さに目を奪われてしまう通俗古典主義とは全く異なる見方であって、ドナテッロ＝ミケロッツォらの彫刻家的建築観とは明確に一線を画するものであった。

　1440年以後のドナテッロ介入後の旧聖器室の様相が、ブルネッレスキのコンセプトとはどれほど異なるものであったかは、多言を用いる必要はないであろう。そして彫刻家ドナテッロの名声のゆえにこれを過大評価してしまうことの危険についても、繰り返すまでもない。ただ注意しておかなければならないのは、そうした建築のあり方を歓迎し推し進めて行くこととなったのが、施主のコージモ・イル・ヴェッキォであったことである。この「ルネサンスの父」とも言われる人物は、おそらくブルネッレスキの新しい建築の意義をほとんど理解できていなかったのであって、少なくとも建築に関するかぎり、それを自らの権威誇示ないし政治的マニフェストの手段としてしかとらえることができなかったということである[1]。もとよ

131

りそれはコージモ一人の問題ではなく、これ以後のすべての建築的企図に切り離しがたくまつわりついてゆくものであって、世俗化したルネサンス社会の中でのブルネッレスキによる「建築」の探求は、その一方で必然的に、それまでは宗教的権威の陰に隠されていた、建築と政治＝権力とのストレートな関わりという問題を明るみに引き出してしまった。「人文主義」や「ネオプラトニズム」は、むしろ建築をそうした世俗権力と結びつける役割を果たしたのであって、そしてそのような、あえて言うなら世俗権力との「野合」の中で、ブルネッレスキの意図とは裏腹のところで、ルネサンス建築は市民権を得、普及して行くのである。

注

1. cfr. P. Sanpaolesi, *Brunellesco e Donatello nella Sacrestia Vecchia di S. Lorenzo*, Pisa 1947. これはサンパオレジ自身が1940年の修復工事の際に発見したもの。なお頂塔は石材の劣化が甚だしいとの判断から、完全に新しい石材に取り替えられた。取り替えられたもとの頂部の笠石は現在、修道院回廊の一隅に保管されていて見ることができる。

2. Aby Warburg（1866-1929）, "Eine astronomische Himmel-darstellung im Gewölbe der alter Sakristei von S. Lorenzo", in *Mitteilungen des Kunsthistorischen Institutes in Florenz*, 2, 1912, pp. 34-36.（B. G. Teubner 編による全集版 *Gesammelte Schriften*, I, 1932, pp. 169-172に再録）。ヴェルフリンとほぼ同世代のドイツの美術史家ヴァールブルクが助手のフリッツ・ザクスル Fritz Saxl（1890-1948）とともにハムブルクに創設した「ヴァールブルク美術研究図書館」Die Kunstwissenschaftliche Bibliothek Warburg は、その後ロンドンに移され、やがてロンドン大学の中の「ウォーバーグ研究所」Warburg Institute として、パノフスキィやウィットコウアーらの多くの研究者を輩出することとなる。

3. 筆者としてはここでその論議にまで踏み込むつもりはないが、参考までにその主なものを挙げておく。F. Saxl, "Astrologie und Mythologie", *Sitzungsberichte der Heidelberger Akademie der Wissenschaften*, 1915；Jean Seznec, "La Survivance des dieux antiques", *Studies of the Warburg Institute*, vol. XI, 1940（英訳 *The Survival of the Pagan Gods, The Mythological Tradition and its Place in Renaissance Humanism and Art*, London 1940 & New York 1953. 邦訳 J. セズネック、「神々は

死なず——ルネサンス美術における異教神」、高田勇訳、美術出版社 1988）；Marco Dezzi-Bardeschi, "Sole in Leone——Leon Battista Alberti：Astrologia, cosmologia e tradizione ermetica nella facciata di Santa Maria Novella", in *Psicon*, 1, 1974, pp. 33-67（Sagrestia Vecchia に関しては、pp. 45-48で触れられている）。

4. 後出の「IX. パッツィ家礼拝堂」の章を参照。

5. cfr., AA.VV., *Donatello e la Sagrestia vecchia di San Lorenzo: temi, studi, proposte di un cantiere di restauro : Firenze, Sagrestia vecchia della Basilica di San Lorenzo, 20 giugno-13 settembre 1986*（catalogo della mostra）；M. Campione, L. Gianlorenzi, "Firenze: il planetario della Sagrestia Vecchia di San Lorenzo", in *'ANAKH*, n. 9, 1995, pp. 84-91.

6. René d'Anjou（「ルネ善良王」"René le Bon", *it.*, Renato d'Angio, 1409-80）。アンジュー公（Duc d'Anjou, 1434-80）、プロヴァンス伯（Comte de Provence, 1434-80）、ナポリ王（Roi de Naples, 1435-42）、イェルサレム王（Roi de Jérusalem, 1438-80）などの多くの肩書きを持っていた。ブルゴーニュ公国との絶えざる抗争や英国との「百年戦争」など、複雑な政治状況の中を泳ぎ回りながら生涯を終える。学芸を愛して文人や芸術家たちを庇護し、民衆からも愛されたことから「善良王」と呼ばれ、中世の騎士道文化を守ろうとした最後の中世宮廷人でもあった。ナポリ王の肩書きは、アンジュー家のナポリ女王ジョヴァンナ（Joanna, *it.*, Giovanna II di Napoli, 1373-1435）から受け継いだもので、彼はアルフォンソによって追われるまでの7年間をナポリで過ごしている。「イェルサレム王」の肩書きは、1291年にサラセンによって聖地が占領されて以後は名目的なものに過ぎなくなっていたが、ナポリのアンジュー家が引き続きこれを名乗ることを許されていたものであった。ナポリを追われて以後は彼はフランスに戻り、晩年はプロヴァンスで過ごしている。

7. Alfonso V d'Aragon（1396-1458）。12世紀に興ったスペイン北東部アラゴンを本拠とするアラゴン王家は、その後地中海一帯に勢力を広げ、アラゴン連合王国 "Crown of Aragon" として君臨する。シチリアもその圏域の一つで、アラゴン王家直系のアルフォンソはシチリア王を名乗っていた。1421年、ナポリ女王ジョヴァンナは、ナポリの領有権を主張する当時の教皇マルティヌス五世（Martino V, 在位 1417-1431）と対抗するため、アルフォンソを後継とする約束でその援助を求めていたが、その後両者の関係は悪化し、約束は破棄され、ジョヴァンナは甥のルイを後継とする。しかしそのルイは1434年に死亡してしまい、ルネが代わって王位を引き受けることになる。これに対しアルフォンソは武力によってサルデーニャをはじめとするナポリ王国領を着々

と手に入れ、1441年からはナポリ攻略にとりかかって1442年6月には完全にこれを占領し、以後ナポリ王として強大な王国を築き上げ、新しいルネサンス文化の導入に努めた。

8. Eugenius IV（Gabriele Condulmer, 在位1431-47）．ヴェネツィア出身で、前任者マルティヌス五世の有能な右腕として頭角を顕し、教皇の生前から後継に指名されていたが、即位後はマルティヌスの出身家系であるコロンナ一族の特権剥奪をめぐって抗争を惹き起こし、更に前教皇が招集していたバーゼル宗教会議と鋭く対立して、1438年には宗教会議側から「破門」を宣告され、宗教会議は対立教皇フェリクス五世（Felix V, 在位1439-49）を擁立するまでとなる。このためエウゲニウスはローマに留まることができず、ボローニャやフェッラーラ、そしてフィレンツェと半ば亡命状態で場所を変えながら、バーゼルに対抗して宗教会議を招集し権威回復を図っていた。フィレンツェでの宗教会議はフェッラーラがペストに襲われたため急遽こちらに移したものであった。その後、辣腕の秘書官エネア・シルヴィオ・ピッコローミニ Enea Silvio Piccolomini（1405-64. 後の教皇ピウス二世）の精力的な外交努力によってようやく宗教会議側との妥協が成立し、1443年にローマに帰還している。なおこのときの十字軍派遣の試みは完全な失敗に終わった。

9. 後出の「IX. パッツィ家礼拝堂」の章を参照。

10. Giuliano d'Arrigo, detto il Pesello（1367-1446）．彼は1420年の大聖堂クーポラの競技設計に参加していた一人であった。第II章の注11参照。

11. Paolo dal Pozzo Toscanelli（1397-1482）．数学・天文学・地理学者として有名で、コロンブスがその航海の際に彼が作成した地図を携えていたことが知られている。彼がブルネッレスキとも親交があって、ブルネッレスキの業績を賞賛していたことは、マネッティも記しているところである（Manetti-de Robertis, p. 70）．

12. 第V章の注6参照。

13. 旧聖器室地下と祭室の地下とは空間的にも切り離されており、前者は修道院の回廊側から出入りするようになっていて、聖器室からは直接アクセスはできないが、後者は祭室脇に設けられた内部階段で通じている。これらが違う時期の建造であることは明らかだという。聖器室本体の地下に設けられている2つの井戸（地盤の確認と水抜きのために設けることが一般的に行なわれていたらしい。Alberti, *De re Aedificatoria*, Lib. III, cap. 3）の位置からして――その1つは祭室の壁の直下にあって、埋められている――当初に祭室の建造を予定していた形跡は見られないという（Battisti, p. 354――*Analisi delle fonda-*

VI. サン・ロレンツォ聖堂旧聖器室

zioni, nota di Emanuela Antoniacci, Andrea Cappelli, Pietro Geraldi)。

14. パドヴァの洗礼堂 Battistero S. Giovanni は大聖堂入口のすぐ右横に建つ13世紀後半の建物で、ペンデンティヴ・ドームを具え、アムブレラ・ドームではないが、ドーム内面のフレスコ（ジュスト・デ・メナブオイ Giusto de' Menabuoi, c.1330-90 による）が12に区分されていることなども、また規模（20ブラッチャ四方）の点でも、非常によく似ている。ブルネッレスキがパドヴァを訪れたという記録は存在しないが、ビッチ・デ・メディチは外交使節としてパドヴァに派遣されたことがあって、その記憶から同様なものを造るようブルネッレスキに要請したのではないかとする推測も提起されている（Howard Burns, "Quattrocento Architecture and the Antique: Some Problems" in R. R. Bolgar, ed., *Classical Influences on European Culture. A.D. 500-1500*, Cambridge, p. 279)。ブルネッレスキとパドヴァの建築との関連については、Lionello Puppi, "Tracce a Padova del Brunelleschi architetto", in AA.VV., *Filippo Brunelleschi. La sua opera e il suo tempo, Atti del Congresso Internazionale del 16-22, ottobre 1977*, 2 voll., Firenze 1980, p. 741 sgg. で触れられている。一方この旧聖器室の計画は、1418年にパッラ・ストロッツィ Palla Strozzi（第VIII章の注2参照）がサンタ・トリニタ聖堂 S. Trinità に建設を開始していた聖器室（1421完成）に対抗する意図があったのだろうとも言われている（これについては R. Jones, "Palla Strozzi e la sagrestia di Santa Trinita" in *Rivista d'arte*, XXXVII, 1984を参照）。

15. 祭壇基部に1432年の刻銘がある（これは当時のフィレンツェの暦によるもので、1432年3月25日から1433年3月24日までの間を指す）。また同じ年の5月（つまり1433年の5月）のブルネッレスキの資産報告には、自分が注文を受けた「祭壇と柩」の制作をアンドレア・カヴァルカンティ（ブッジァーノのこと。第I章の注32参照）に任せその代価を預かっている旨の記載があり、これは旧聖器室の祭壇と聖器室中央に置かれたビッチとその夫人のビッカルダ Piccarda（m.1433）の柩を指すものと考えられる。このときブッジァーノはまだ21歳になったばかりで、これらは養父ブルネッレスキの手を離れ独立して最初の仕事であったはずである。そのようなことから、もしかするとブルネッレスキは親友のドナテッロにその後見を依頼していて、これらはブッジァーノのオリジナルというよりドナテッロとの共作ではなかったかとする見方もある。

16. Manetti-de Robertis, pp. 109-110. マネッティのこれらの記述はかなりブルネッレスキ側に偏った見方であることは明らかだが、この旧聖器室にみるブルネッレスキとドナテッロの作風が大きく異なっていたのは確かで、その違い

についての研究者の大方の見方は、ブルネッレスキの中世的伝統（トスカーナ・ロマネスク）に根ざした「フィレンツェらしさ」"fiorentinità" (Bruschi, 1998, p. 56) に対して、ドナテッロの「ローマ風」(romanità ＝「古典主義」？) ということであるようにみえる。ガブリエッレ・モロッリはこのドナテッロの「ブルネッレスキ離れ」現象を、ドナテッロとアルベルティとの関係で説明しようとしており (Gabriele Morolli, *Donatello : Immagini di Architettura. Un Classicismo cristiano tra Roma e Constantinopoli*, Firenze, 1987)、1432年から33年にかけてドナテッロはローマで仕事をしていて、その折りにアルベルティと接触してその「ローマかぶれ」から影響を受けたのだとしている。しかしこうした見方はやや問題を単純化しすぎているように思われるし、もし旧聖器室におけるドナテッロの仕事がアルベルティからの影響であるとするなら、ドナテッロはアルベルティを完全に誤解してしまっていたのだと言わざるを得ない。ドナテッロは本質的に彫刻家であって、彫刻家の目を通してしか建築が理解できなかったのであり、それはミケロッツォの場合も同様で、そうした彫刻家的建築がブルネッレスキの純建築的探求の傍らで、通俗古典主義を蔓延させる一因となったと考えられるのである。なおマネッティが言っているブルネッレスキ作の「戯れ唄」は、それが本当にブルネッレスキ作であるという確証はないが、上記モロッリの著書に引かれているので紹介しておく。ただし筆者のイタリア語の知識では翻訳不能なので、そのまま掲げる。── "Panni alla burchia e visi barbizechi / Atti travolti, e persona sconnesse / Parieno in tresca come giente basse, / A guise di virtù si rendon ciechi / ... / Altro che ignoranza quivi resse / Cercando per lo ver con gli occhi biechi". (Morolli, p. 54).

17. "Cantoria" (1433-39). もともと大聖堂身廊に取り付けるべく、それより以前に制作されていたルカ・デッラ・ロッビアのもの (1431-38) と対になるものとして造られた。現在は両方とも Museo dell'Opera del Duomo の Sala delle Cantorie に展示されている。

18. もしそのように聖堂本体からは独立して建っていたのだとすれば、入口は現在の祭室に向かい合う北側壁面の中央にあって然るべきなのだが、そのような痕跡は見当たらず、現在東側壁面の北寄りにあるコージモ・イル・ヴェッキォの息子たちの墓のためのニッチ (1472年、アンドレア・デル・ヴェッロッキォ作) が、当初の出入り口の場所であった可能性が高いという (Battisti, p. 354)。

19. この建物についての初期の論考では、Stegmann-Geymüller による不正確な図面に基づいて寸法比例が論じられ、また祭室部分が増築であるというこ

とが知られていなかったこともあって、祭室部分を含めた複雑な比例決定手続きが考えられていた。しかしバルトリ Lando Bartoli の研究 ("L'unità di misura e il modulo proporzionale nell'architettura del rinascimento, Riflessioni su 'I Principi architettonici nell'Età dell'Umanesimo' di Rudolf Wittkower", in *Quaderno n. 6 dell'Istituto di Elementi di Architettura e Rilievo dei Monumenti, dell'Università degli studi di Genova*, giugno 1971, pp. 129-137) はより正確な実測に基づいて、このモデュール構成を明らかにしている。

20. 第III章の注15参照。なお、ドームを支えるペンデンティヴについては、トスカーナ地方ではこうしたペンデンティヴ・ドームをそなえる遺構としては、ピサのS. Paolo a Ripa d'Arno とアレッツォの Pieve di S. Maria ぐらいしかなく、それらがブルネッレスキの手本となったとは考えにくい。

21. Serapeum, Villa adriana, Tivoli. 広大なヴィッラの一番奥にある、通称「カノープスの池」Canopus のための水源となっているもの。丘の中腹にもぐり込んだ形で造られている。ただしブルネッレスキがティヴォリを訪れていたという記録は存在しない。

22. Cupola del abside della Basilica del Santo, Padova, 1307-10. ゴシック期の建物であるが、巨大なクーポラを連ねた構造はむしろビザンティン的なものである。

23. そうした見方を定着させた論考としてはシャステルの「ロレンツォ・イル・マニフィーコの時代におけるフィレンツェ美術と人文主義」(André Chastel [1912-90], *Art et Humanisme à Florence au temps de Laurent le Magnifique*, Paris 1959) がその代表的なものであろう。筆者としては、ルネサンス文化の精神的背景を解明してみせた業績としてこれを高く評価しているが、しかし(アルガンのごとく) ブルネッレスキをはなから「ネオプラトニストの先駆」として位置づけてしまうことは、その建築的探求の道筋を見誤らせる危険性をはらむものと考えている。この「集中式聖堂」の問題については、後出の「XI. サンタ・マリーア・デリ・アンジェリ修道院ロトンダ」の章でもう一度とりあげる。

24. ブルスキはこうしたブルネッレスキの「単位空間」を "ciborio" (キリスト教聖堂における聖体などを収める天蓋ないし屋形の意) と呼んでおり、それが彼の建築の至る所——通常であればクロス・ヴォールトが用いられるような場所、たとえば、オスペダーレ・デリ・インノチェンティのロッジアにおける「セイル・ヴォールト」の連続や、サン・ロレンツォ聖堂側廊の同様なヴォールト架構など——に現れその基本的構成単位となっていることを指摘している (Bruschi, 1998, p. 42)。

25. "Santo Sepolcro" nella Cappella Ruccellai, S. Pancrazio, c.1467. これがキリストの墓とされる「聖墳墓」の復原を目論んだものであることは、銘文から明らかである。新約聖書によればキリストの遺骸はアリマタヤのヨゼフによって洞窟に葬られたとされるが、4世紀になってその場所に聖墳墓聖堂が建設され、墓は聖堂内に設けられた小さな屋形で囲まれる。しかしこの聖堂も屋形も11世紀にファティマ朝のカリフによって破壊され、その後十字軍が再建するが、当初の聖墳墓の形は全く不明となってしまう。その後西欧のキリスト教建築では、言い伝えや空想などからそうしたものを「復原」しようとする試みが幾度も繰り返しなされてきており、西欧建築史における大きなテーマの一つとなっている。いわゆる「集中式聖堂」と呼ばれるものの多くが「聖墳墓」を意識して造られてきたものであることは確かであるが、しかしブルネッレスキがそうしたことを意識していたかどうかは不明である。
26. 第Ⅴ章の注1参照。
27. Vasari-Milanesi, II, (*Vita di Michelozzo Michelozzi*), p. 434.
28. 2人の共同の作品としては、1425-27年のフィレンツェ洗礼堂内の対立教皇ヨハネス二十三世の墓 Tomba del Antipapa Giovanni XXIII（Baldassare Cossa, c.1349-1419）や、1427年頃とされるナポリ、サンタンジェロ・ア・ニーロ S. Angelo a Nilo, Napoli 内のブランカッチ枢機卿の墓 Tomba del Cardinale Rinaldo Brancacci（m.1427）、1429-34年のプラト大聖堂ファサード右手に取り付く説教壇 Pergamo del Duomo di Prato などがある。前2者ではいまだゴシック風を遺す建築的な部分をミケロッツォが担当し、人像などはドナテッロが受け持ったとみられるが、プラトの説教壇ではドナテッロもかなり建築的構成に手を貸していたとみられ、この時期を境にドナテッロも建築に関心を持ち始めたと考えられている（G. Morolli, *op. cit.*, p. 40）。これらについては第 XII 章参照。
29. この裸像のダヴィデについては、制作年代を示す史料は存在せず、その推定は、1430年ころとするものから1450年代とするものまで、かなりの幅がある。ヴァザーリによれば、コージモはこれをパラッツォ・メディチの中庭に置かせたとしているが、そのパラッツォとは、ミケロッツォによって Via Larga（現在の Via Cavour）角に1440年代以後新しく造られることとなる方を指しているのか、あるいは同じ通りのもっと北寄りにあった以前の古い建物のことを言っているのかはっきりしない。もし古い建物の方を指しているのだとすれば1430年説も成り立つのだが、ザールマンとマットックスによる古いパラッツォ・メディチの考証（H. Saalman & Philip Mattox, "The First Medici

Palace", *Journal of the Society of Architectural Historians*, vol. XLIV, n. 4, 1985, pp. 329-345) から見るかぎり、そこにあった中庭はサーヴィス用の裏庭であって、ダヴィデ像を置くほどの整ったものではなかったように見える。近年のドナテッロ研究 (cf. Francesco Caglioti, *Donatello e I Medici: Storia della David e della Giudetta*, 2 voll., Firenze 2000) は遅い年代の方を支持しているように見える。いずれにせよ、この制作年代からドナテッロとコージモ・イル・ヴェッキォとの関係の始まりの時期を推測することは出来ないということであろう。ドナテッロは1443年にはパドヴァでの仕事のためフィレンツェを離れ、1450年ころまで留守にしていたから、ドナテッロが旧聖器室に関わっていたのは1440年から43年までの間と推定される。
30. 前出の注16を参照。
31. cfr. A. D. Frazer Jenkins,"Cosimo de' Medici's Patronage of Architecture and the Theory of Magnificence", in *Journal of the Warburg and Courtald Institutes*, 1970, 33, pp. 162-170.

VII. パラッツォ・ディ・パルテ・グエルファ

fig. 85　グエルフ党会館　テルメ通りから見た外観

VII. パラッツォ・ディ・パルテ・グエルファ

　12世紀末、空位となった神聖ローマ帝国の皇位継承をめぐって起こる教皇派「グエルフ党」Guelfi と皇帝派「ギベリン党」Ghibelini との対立抗争は、ヨーロッパ諸強のみならず、イタリア半島の都市国家群をも巻き込んで、複雑なイデオロギィ＝権力闘争へと展開し、15世紀に至るまで都市国家間の絶え間のない戦乱を巻き起こしていた。ギベリンはどちらかといえば北方の封建領主たちの支配する地域や僭主たちの君臨する都市国家に勢力を張り、グエルフは共和制を護る自治都市群を基盤としていた。フィレンツェはそうした中でグエルフの一大拠点として、ギベリンのシエナと対立し、戦争を繰り返していた。しかしそうした都市毎の色分けは必ずしも固定していたわけではなかったし、同一派内でも対立があったりして[1]、それぞれの都市国家ではそれが門閥抗争とむすびついて拮抗し、勢力地図は目まぐるしく変化していたのであり、シエナでも一時はグエルフが政権を奪取していたことがあったし、フィレンツェがギベリン派の一掃に成功したのは14世紀になってからのことである。

　おおまかに言ってグエルフを支持していたのは、国際的な経済活動を展開し始めていた商人階層であり、彼らは自由な経済活動を保証する教会勢力と結びつき、また自治を守り外部勢力の介入を防ぐという口実のもとに、名目的には共和制を保持しながら、有力市民たちによる実質的な寡頭支配体制を創り上げ、その正統性の論拠として、自らを古代ローマの共和制を引き継ぐものとして印象づけようとしていた。フィレンツェの初期人文主義は、そうした政治的・社会的背景の中で産み出されたものであり、古代ローマ都市文化の継承とエリート市民によるプラトーン的な「哲人政治」を目指すという点において、そうしたブルジョワ寡頭支配のためのイデオロギィとして利用されることとなる。14世紀末から15世紀半ばにかけてフィレンツェの政治・外交の世論を誘導していたのは、コルッチォ・サルターティやレオナルド・ブルーニといった人文主義者たちであった[2]。とりわけレオナルド・ブルーニは、そうしたグエルフ的社会体制を体現するものとしての都市空間のあり方を重視し、すでに1403年には《都市フィレンツェ頌》[3]と題する一文をものしてフィレンツェの都市空間の素晴らし

さを讃え、さらにはその範とすべき姿を古代ローマに求めようとしていたのである[4]。ルネサンス文明がその目標の一つとして掲げていたとされる「理想都市」という観念[5]は、ここからスタートしていたと言えよう。

フィレンツェのグエルフ党は、13世紀までは独自の施設を持たず、ローマ期の市壁西辺の市門に当たる場所にあった古い聖堂、サンタ・マリーア・ソプラ・ポルタ聖堂 S. Maria sopra Porta（後にサン・ビアジォ S. Biagio と改称）を集会所として使用していたが、14世紀初め、聖堂の脇に小さな建物を獲得し、その階上のテルメ通り Via delle Terme の角に当たる一部を集会所として使用していた。グエルフの地位が安定化するにつれ党員数が拡大し、これでは対応しきれなくなったものか、1324年頃にはこの建物の階上すべてを買い取り大広間とする（現在の「暖炉の広間」Sala del Camino）。これがいわゆる「パラジォ・ディ・パルテ・グエルファ」（グエルフ党会館）[6]の中核となった。この建物は当時の多くの市中の建物と同様に搭状に立ち上がり、聖堂に接する北側壁面には階上広間に入るための外部階段が設けられ、大きな尖頂アーチの窓を配し、屋上には城郭風のパラペットをめぐらしていた。同じ頃にはサンタ・マリーア聖堂の北東側でカパッチォ通り Via di Capaccio に面する場所に、絹織物業組合が本部を置いており、聖堂を囲むこのブロックは、その東北に位置するオルサンミケーレ－羊毛業組合のブロックに比肩するような格式を誇る一郭となる。

ギベリンとの抗争の必要が薄れた15世紀フィレンツェのグエルフ党は、

fig. 86　グエルフ党会館　ピアッツァ・ディ・パルテ・グエルファに面する北側壁面

VII. パラッツォ・ディ・パルテ・グエルファ

いまや半ば象徴的な存在として、市の様々な祭礼や記念行事などを主宰する名士・有力者たちの集まりとなっていた[7]のであるが、1420年代前半から30年までにかけてテルメ通り沿いに更に地所を拡張しカパッチォ通り角までを入手して、その北寄りにある絹織物業組合本部とつなげて、ほとんどすっぽりと聖堂を囲い込むような複合体となった。

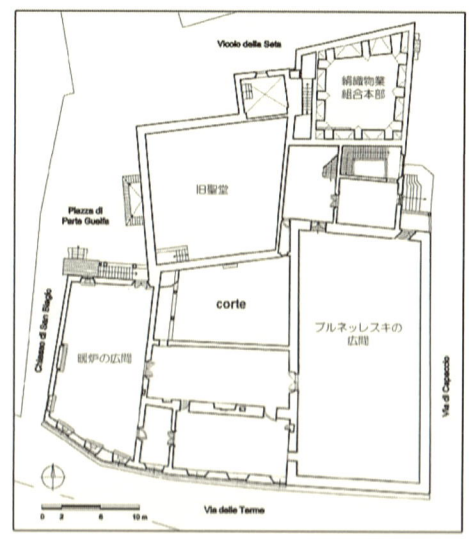

fig. 87　グエルフ党会館のブロック（16世紀ヴァザーリによる増築後）

マネッティによれば、ブルネッレスキはこのテルメ通りとカパッチォ通りの角を占める部分の階上に、新しい大ホールを設計するよう依頼されたという[8]。マネッティは時期を明記しておらず、バルバドーリ家礼拝堂[9]のすぐあとに続けてその記述がなされていることなどから、従来の研究ではかなり早い時期、1419ないし20年ころかという推定も提起されていたのであるが、近年の修復工事や関連史料の調査を通じて、この部分の地所の買収が1430年になってからであることが確かめられ[10]、ブルネッレスキの関与はそれ以後でなければならないことになる。工事がどのように進められたかはよく分からない。もし30年代に着手されていたのだとしても、グエルフ党の財政難のために間もなく中断したと考えられる。1442年にはその大ホールの完成のために予算が計上された[11]ようだが、結局未完のままに終わった。そのことは、現状の外壁が途中から色が変わっていたり、軒下の円形窓の枠が下半分しか出来ていないとか、角部の付柱には柱頭が不在であることなどからも、見てとることが出来る。

fig. 88　グエルフ党会館　カパッチォ通り側ファサード

　ブルネッレスキの関与はいずれにせよ部分的なものだったようで、マネッティは、この部分の地上階から上層の窓台の高さまでは、「きちんとした工匠たち」("maestri ordinari")により着工されていたもので、ブルネッレスキへの依頼はその後のことであったとしている。また、ブルネッレスキが特に意を用いていたのはファサード両端に取り付けられる付柱をきちんと窓台を兼ねるコーニスの上に配置することで、それらはブルネッレスキの生前には出来上がっていなかったものだが、カパッチォ通り側では指示通りに仕上がっているのに、テルメ通りの方では不都合な収まりとなっており、それはある高名な人物が勝手にやってしまったもので、その人物はオスペダーレ・デリ・インノチェンティでも不始末をしていたのだとしている[12]。これは、この新しい部分のテルメ通り側西端が、それ以前に造られていた隣接する建物の窓に半分覆いかぶさるような形となっていることなどを指しているとみられるが、この部分の処置の仕方についてブルネッレスキがどのようなアイデアを持っていたのかは不明で、ファサードの構成についてはカパッチォ通り側についてしか指示していなかった可能性も

VII. パラッツォ・ディ・パルテ・グエルファ

ある。外観に関するかぎりは、カパッチォ通りに現在見えている東側ファサードの上層部分からしか、ブルネッレスキの意図は判断出来ないことになる。

この建築は、ブルネッレスキの作品の中では、オスペダーレ・デリ・インノチェンティのポルティコを除けば唯一、都市空間に対する「外観」

fig. 89 グエルフ党会館 テルメ通り側既存部分との取り合い

を具えたものであり、ブルネッレスキが都市に対してどのように発言しようとしていたのかを窺わせるという意味でも、貴重なものなのだが、それが未完で付柱の柱頭や軒周りがどのように考えられていたのかが不明ということはあるにしても、かなり異様と言わざるをえないものがある。半円アーチの大窓は、枠まで含めると高さ5.5 m、幅は3.9 mという巨大なものであり、その上にある円形窓の径は2.5 mもある。壁面は平坦で目地の表現もなく、コーニスや窓枠、両端の付柱以外には全く装飾らしきものは見当たらない[1]。窓枠の刳型は大振りだし、付柱も溝彫りがなく僅かに壁から張り出しているだけで、ベース（柱礎）があることに気づかないと壁と見分けがつかないほどである。しかし壁と開口部の比例はよく練られていて、枠を含む窓の幅と、同じく窓枠を含む窓の間の壁幅が等しくなるように配置されている。一方、こうした突き付け目地で大きさの異なる石を積んでゆく壁手法は、フィレンツェの都市住宅の伝統的手法であるし、初層と上層の間に帯層のコーニスを入れ窓台を兼ねさせるというのも、古くからあるやり方である。コーニス下端にはアストラガルとデンティルの繊細な刳型が施されていて、それによってかろうじて「ルネサンス建築らしさ」が認められるだけである。

カパッチォ通りの道幅は狭く、おそらくこのファサードが一望できるよ

fig. 90　グエルフ党会館　カパッチォ通り側立面実測図

うな場所はなかったと思われ、そこを通る人の目からは、コーニスの下端と窓の輪郭くらいしか読み取れなかったであろうことも確かである。しかしそうした見え方への考慮がこのような異例の構成をとらせたのだとする確証は存在せず、僅かにここで言えるのは、このフィレンツェにとって最も格式の高いはずの建物に対して、ブルネッレスキが与えたのは、在来の構法によりながら、スケールと幾何学的形態という最少限の手段で建築を表現することだったのである。それはこの後間もなく出現してくるパラッツォ・メディチやパラッツォ・ピッティのような念の入った権威の誇示とは全く異質の、様式感をほとんど感じさせない抽象的な建築のあり方である。この仕事を手がけるに当たっては、既存の部分に合わせ限られた予算のなかで行なわなければならない制約があったにせよ、大胆な試みであったというべきであろう。しかしその試みは、新しい都市建築のタイプを提案するというよりは、旧来のタイプを破壊する、ないしは白紙化するような方向に向けられていたのであって、これがブルーニの期待する誇り高き自治都市フィレンツェの象徴にふさわしいものとして受け取られたかどうかは、疑問とせざるを得ない。

　そうしたなかで注目されるのは角部の手法で、付柱は角部にかぶさるのではなく、壁のエッジから少し外れた内側に取り付けられていて、隣り合

VII. パラッツォ・ディ・パルテ・グエルファ

う側の付柱も同様にエッジから外してあるため、建物の各側面はヴォリューム表現の役割から解放され、付柱はそれぞれの面の幾何学的構成を完結させるための記号として用いられることとなる。これは下層の既存部分の角部にゴシック風の細い円柱が埋め込まれているのとは対照的である。こうした各面を独立したものとして扱う手法は、ブラマンテ以後の建築に採り入れられ、ルネサンス独自の建築語法を創り上げて行く際の重要な手がかりとなったものである。

マネッティは内部の構成については何も記していないし、ブルネッレスキ

fig. 91　グエルフ党会館　角部詳細

の没後に工事がどのように進められたのかもよく分かっていない。1452年にマソ・ディ・バルトロメオという工匠が室内の付柱の製作に関わって支払いを受けていることが知られている[14]だけである。1558年には、この建物の過半が市営の貯蓄銀行 Monte Comune に貸与されることとなり、それに伴いヴァザーリの手によってあちこちに改造や増築がなされる。西側の古い部分は Monte に貸し渡すこととなったため、新しくブルネッレスキの大ホールへのアクセスとして、北側の絹織物業組合の建物との間に玄関兼階段室ホールが設けられ、このため北側壁面にあった窓はブロックされてしまう。大ホールそのものは上下に分割されてその下に格天井が張られる。このため壁上部の円形窓は屋根裏部屋の方に取り込まれ、円頂大窓とは切り離されて大ホール内部からは見えなくなってしまった。室内は四周にベンチが取り付けられ、その背に当たる高さまで腰板が張り巡らされている。そしてこの腰板上端から溝彫りのある付柱を立ち上げているが、それらの

fig. 92　グエルフ党会館　「ブルネッレスキの広間」内部

　付柱は部屋の四隅ではその隅部を外して取り付けられていて、入り隅でそれらがL字型に重なりあうということはない[15]。柱頭はヴァザーリの格天井の下にあるため、これが格天井の工事とともにやり変えられていたことは確かであるが、それらがどこまでの高さで立ち上がっていたのかも分からない。いずれにせよ、これらの様相はブルネッレスキの指示によるものとは考えにくく、マネッティのいう「ある高名な人物」やヴァザーリによる改造の結果と考えるべきであろう。

　建物は18世紀以後、商工会議所や消防署など様々な用途に転用・改造されたが、20世紀初め頃から復原修理が計画され、1923年までに16世紀（ヴァザーリの改造後）の姿に復原されて、現在は様々なイヴェント会場として用いられている。

　ブルネッレスキがこの建物の他に関わった公共的な建築としては、マネッティがパラッツォ・ヴェッキオ内の一部改装工事を挙げているが[16]、

VII. パラッツォ・ディ・パルテ・グエルファ

これはその後メディチによる改造のため、全く痕跡は遺っていない。大聖堂クーポラのようなシムボリックな構造物は別として、ブルネッレスキの場合、一般の公共的な都市建築を通じて都市に働きかけるような機会は、あまり与えられることがなかった。この当時のフィレンツェでは、彼が構想するような整然とした広場に面する都市建築のあり方は、いまだそう易々と受け入れられるようなものではなかったということなのであろう。

注

1. ダンテ Dante Alighieri（c.1265-1321）は、もともとは熱烈なグエルフ党員として、ギベリン派のアレッツォとの戦争でも前線で戦ったことがあったが、やがてグエルフ党自体が「白グエルフ」Guelfi bianchi と「黒グエルフ」Guelfi neri に分裂し、自治を守るためには教皇庁とも距離を保とうとする「白グエルフ」の立場にあったダンテは、その抗争に巻き込まれて、教皇との関係を強めようとする「黒グエルフ」が政権を握ったあと追放され、ヴェローナやルッカなど彼を迎え入れてくれるギベリン派の都市を渡り歩く亡命生活をおくることとなる。その代表作とされる「神曲」La Divina Commedia はそうした亡命者としての悲哀の中で書かれた政治的慷慨の産物であった。フィレンツェ市議会がダンテに対する永久追放令を公式に取り消したのは2008年になってからのことだという。

2. フィレンツェの初期人文主義については Eugenio Garin, *Medioevo e Rinascimento*, Bari 1987（2ᵃ ed.）; Id., *Scienza e vita civile nel Rinascimento italiano*, Bari 1965（5ᵃ ed., 1985）; Hans Baron, *The Crisis of the Early Italian Renaissance*, Princeton 1966（2ᵃ ed.）などを参照。コルッチョ・サルターティ Coluccio Salutati（1331-1406）はキケロに傾倒していた文献学者で、1375年からその死に至るまでフィレンツェ市の書記官長 Cancelliere を務め、教皇庁やミラノのヴィスコンティとの外交交渉などに大きな役割を果たす傍ら、ギリシア人古典学者マヌエル・クリソロラス Manuel Chrysoloras（c.1355-1415）を招請し、ギリシア語古典文献研究の進展に尽力した。彼の教え子の一人、レオナルド・ブルーニ Leonardo Bruni（c.1369-1444）も、1410-11年と1427-44年の2期にわたって Cancelliere を務め、アルビッツィ家支配下のフィレンツェ寡頭政治体制を思想的に支えていた。「人文主義」Umanesimo のもととなった "studia humanitatis" の語は、彼が初めて用いたものと言われ、ブルーニにとって「グ

エルフ主義」は、人文主義を基礎とする新しい政治理念を体現するものに他ならないと考えられていたのだとされる（Baron, *op. cit.*, p. 553, n. 18）。ブルーニは1419年にはグエルフ党のための新しい綱領も起草していた。ブルネッレスキが活躍した時期はほぼブルーニの時代と重なり合っており、多くの研究はそれを結びつけてブルネッレスキの活動の背景（動機）を説明しようとしているが、実際のところはブルネッレスキがこうした当時の支配的イデオロギィについてどのような考え方を抱いていたかは不明である。彼は大聖堂工事の傍ら、アルビッツィ支配体制の許でその政策に沿った軍事施設強化や戦争のための仕事を数多く手がけているが、その一方ではそうしたイデオロギィが敵視していたメディチ家の作事をも平然と引き受けているし、そうした政治的状況には努めて局外者的立場をとっていたように見える。

3. *Laudatio florentinae urbis.* この著作はバロンによってはじめてその全文が紹介された（H. Baron, *From Petrarch to Leonardo Bruni. Studies in Humanistic and Political Literature*, Chicago 1968, pp. 151-171）。こうした都市を賛美する文章（*panegyricus*）は中世以来イタリア各都市の年代記などに現れてくるが、ブルーニの場合は古代ギリシアの政治家アリスティデース Aristides（530-468 BC.）による *Panathenaïca*（「アテネ頌」）を範とし、その文体をなぞりつつフィレンツェを描写しているところに特徴があり、フランソワーズ・ショエ Françoise Choay は、初めて都市を具体的な空間的存在としてとらえたものと評価している（*La règle et le Modèle*, Paris 1980）。

4. バッティスティは、ブルーニの1409年の書簡（*Leonardi Bruni Arretini Epistolarum Libri VIII*）に見えるリミニの古代ローマの橋や市門に対する賞賛の言葉を引いて、そのことを強調している（Battisti, p. 69）。なお、この時代のローマ古代遺跡に対する関心一般については Roberto Weiss, *The Renaissance Discovery of Classical Antiquity*, Oxford 1969. Chaps. 5〜9, pp. 59-130 参照。

5. 実際のところ、「理想都市」*città ideale* という言葉が明確な具体性を持つものとして使用されるようになるのは、ルネサンスも終末期に近づいた1598年、ヴァザーリの甥 Giorgio Vasari il Giovane（1562-1625）が著した *Città ideale del Cav^{re} Giorgio Vasari invent^{ta}, e disegnata l'anno 1598*, Uffizi, Gabinetto dei Disegni e Stampe, cat. dis. 4529-4594（Virginia Stefanelli, a cura di, *Girogio Vasari il Giovane; La Città Ideale, ...*, Roma 1970）の題名が初出とされる。

6. Palagio di Parte Guelfa. "palagio"（= palazzo）は古い用語だが、この建物にかぎっては、最近はわざとこの古めかしい言葉で呼ぶことが多いようである。

7. グエルフ党は1413年に改組され、名実ともにフィレンツェの寡頭支配体制の

VII. パラッツォ・ディ・パルテ・グエルファ

象徴として位置づけられることとなる。これはグエルフ党がその敷地を拡張しようとしていた時期と重なり合う（Battisti, p. 69）。
8. Manetti-de Robertis, pp. 103-105.
9. 第 III 章の注16参照。
10. Sara Benzi & Luca Bertuzzi, *Il palagio di Parte Guelfa a Firenze*, Firenze 2006. この項におけるパラッツォ・ディ・パルテ・グエルファの地所や建物の変遷経過については、この著作に負っている。
11. ザールマン（1993, p. 287）はブルネッレスキの関与はこのとき以後のことであろうとしており、ブルスキ（Bruschi, 1998, p. 79）もそれを支持している。
12. 第 IV 章の注6を参照。
13. 円頂窓のような枠取りの上部に円盤を配するのは、サンタ・クローチェのパッツィ家礼拝堂内部壁面にも見られるもので、後期のブルネッレスキが好んだ手法だったのかもしれない。ブルスキはそうした手法がヴェネツィアのゴシック聖堂サンティ・ジョヴァンニ・エ・パオロ聖堂 SS. Giovanni e Paolo 後陣に見られることを挙げているが、ブルネッレスキがヴェネツィアを訪れた形跡はないし、これをゴシック的とするのはいかがなものか（Bruschi, 1998, 111, n. 77）。ブルネッレスキは壁面にアーチ形開口を設ける際に、古典建築に見られるようなイムポスト impost（アーチ受け）を用いることはなく、アーキヴォルトをそのまま縦枠と連続させてしまう。これは「ゴシック的」手法の名残と見ることもできないではないが、むしろ開口部周りには疑似構築的表現を持ち込まないという彼のこだわりのなせるわざと考えるべきであって、多くの場合何らかの構築的役割をイメージさせてしまう古典的モティーフの使用を避けようとした結果とみられる。それはゴシックとも古典主義とも異なる、ブルネッレスキの前衛的姿勢を示すものであったとみたい。
14. Maso di Bartolomeo (c.1406-56). この人物はドナテッロやミケロッツォ、ルカ・デッラ・ロッビアらとの関わりが深く、あるときはブロンズ鋳造の専門家、またあるときは彫刻家として名前が挙げられており、サンティッシマ・アンヌンツィアータ聖堂内天蓋やプラト大聖堂の説教壇などに関わっていたとされ、またウルビーノやリミニにも招かれ、建築家的な役割まで務めていたようである。ハイマン（1975, p. 112）は彼がコージモ・イル・ヴェッキォに雇われて、パラッツォ・メディチやサン・ロレンツォ聖堂などにも関わっていた事実を挙げている。
15. このように入り隅を避けて付柱を置くという手法は、外観での角部の処理と共通するところがあり、これはブルネッレスキの指示によるものであったか

もしれない。
16. Manetti-de Robertis, pp. 54-55.

VIII. 住宅建築と軍事建築

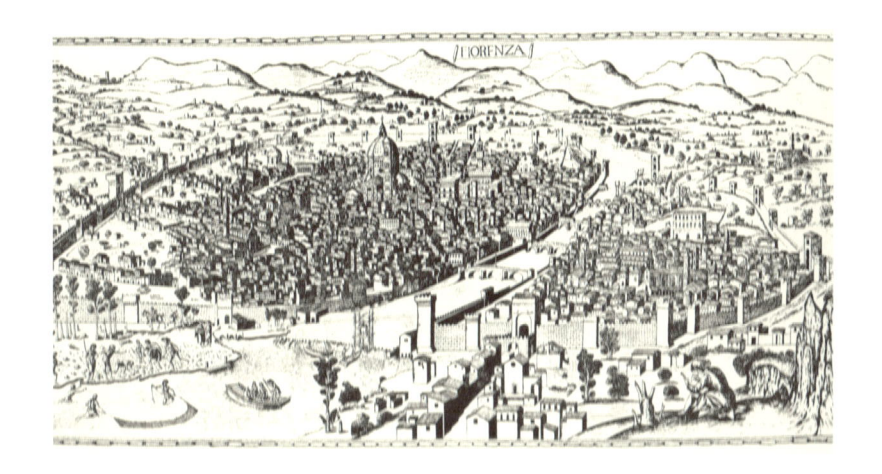

fig. 93　1471〜82年頃のフィレンツェ市街図
　　　　（通称「カテーナの絵図」*Pianta detta "della Catena"*, Berlin, Kupfelstichkabinett）

VIII. 住宅建築と軍事建築

　史料的な裏付けを欠くが、マネッティやヴァザーリ、その他の言い伝えなどによって、ブルネッレスキの名は幾つかの住宅建築と結びつけられている。それらの多くは失われてしまったり改変が甚だしかったりして、その関与を確かめる手がかりは失われているが、彼の建築的活動および影響の広がり、ないし人的つながりを推し量る手がかりの一つとして、またその都市との関連を考えるための材料として、不確かなものも含めて取り上げてみることとする。

　一方、ブルネッレスキが数多く手がけた軍事建築をめぐっては、それを彼の作品系列の中にどのように位置づけるか、またその後のルネサンスにおける軍事建築とどのように結びつくのかといった問題は、いまだ正面から論じられることが少ないように思われる。筆者としてもこれについては未だ何の見通しも立っているわけではないが、今後の課題としてその材料となるものを掲げておくこととする。

ラ・ペトライアのヴィッラ　Villa della Petraia

　マネッティに次のような記述がある[1]──「言い伝えによれば、フィリッポはラ・ペトライアの所有者からその工事について助言を求められ、彼の意見に沿って今あるところの楼閣〔torre〕が造られたという。その楼閣については幾人かの人々から賛辞を聞かされたことがあるが、私は長いことそれを見ていない。その後、工事は家計の状況が変わったために、継続されなかった。」

　このラ・ペトライアのヴィッラというのは、フィレンツェの西郊モンテ・モレッロ Monte Morello の丘の麓にある古い14世紀の搭状の建物 torre を核にした農家で、実はもとはブルネッレスキ家の所有であったが（おそらく

fig. 94　現在のヴィッラ・ラ・ペトライア

157

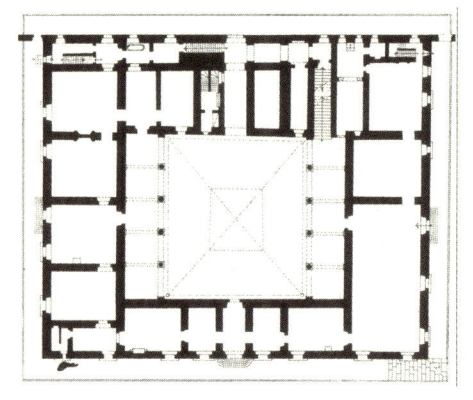

fig. 95　ラ・ペトライアのヴィッラ平面図

小作人に貸与していたものと思われる)、1422年に当時のフィレンツェの有力者で豊かな古典的教養の持ち主であったパッラ・ストロッツィに譲渡されたものという[2]。マネッティの記述からでは、それがブルネッレスキ家のものであったことは読み取れないし、またブルネッレスキの改造がその譲渡前のことなのか、譲渡後のことなのかもよく分からない。建物はその後かなり改造が加えられてしまっており、ブルネッレスキが関与した痕跡を見出すのは困難であるが、バッティスティは、きちんとしたグリッド・プランにのった形で計画され、中庭を方形の柱廊で囲った平面形式が、オスペダーレ・デリ・インノチェンティと共通するものがあると指摘している[3]。ブルネッレスキやストロッツィがこのヴィッラをどのように使用することを考えていたのかはよく分からないが、マネッティの記述から察するに、領地保全のための防御用の単なる砦ではない、教養人のための文化的な住居に改造しようとしていたのではないかと考えられる。

　ローマ帝国の崩壊後の西欧では、しばらくのあいだ田園居住の楽しさは忘れられており、ようやくペトラルカの登場によってそれが見直されるのであるが、しかしまだ中世の修道院での隠遁生活の伝統を引きずるものであった。それがボッカッチョの《デカメロン》になると、中産市民階層が余暇を楽しむための施設としてヴィッラを営むことが定着したもののように見える。しかし14世紀までに遡るようなそうしたヴィッラの遺構は確認されていない。メディチ家がフィレンツェ郊外の古い砦を改造してヴィッラとして使用するようになるのは、1430年代半ば以降のことであり、しかもそれらの形態はまだ中世のいかめしい"torre"の姿を遺したままであっ

VIII. 住宅建築と軍事建築

て、平面構成も不規則な城郭風であった。ラ・ペトライアの平面がもしブルネッレスキの提言によって整えられたものであったとすれば、1480年代以後のルネサンス的ヴィラの先駆けをなすものであったと言えるかもしれないが、これは今後の研究課題とせざるを得ない。

アポローニオ・ラピの家 Casa di Apolonio Lapi

ブルネッレスキ家のごく近い親戚に当たるラピ一族[4]は、市内各所に居を占めていたが、マネッティによれば、大聖堂から2ブロックほど南に下がったところを東西に通るヴィア・デル・コルソ Via del Corso と南北のサンタ・エリザベッタ通り Via Sant'Elisabetta との角を本拠としていたアポローニオ・ラピが、その家の改装をブルネッレスキに依頼したという[5]。その建物は Via del Corso の n. 13 がそれであるとされ、そこに見られる8角形の柱や柱頭は「ミケロッツォ風」であるがその年代を定めるのは難しいと言い[6]、一方では同じ通りの n. 48 にある大きなショッピング・センターがその場所だったのではないかとも言われる[7]。1430年ころはアポローニオはまだこの地所を相続しておらず、また1427年の資産調査 catasto ではアポローニオの父のレオナルドがこれを所有していて、建物は未完であったとされている。それがブルネッレスキの関与による工事のための未完であるのかどうかも確かめるすべはない。これについてはそうした言い伝えがあったのを確認するという以上のことは言えなさそうである。

バルバドーリの家 Casa di Barbadori

バルバドーリ家はアルノ河南岸の通りにその名を遺す旧家で、その一族のニッコロ Niccolò は1427年の資産調査でフィレンツェの筆頭の富豪として挙げられた17人のうちの一人であり、フィレンツェ寡頭支配体制の一翼を担う実力者であった。メディチ家の支配が確立する1434年には追放されてしまうが、マネッティによれば[8]、ブルネッレスキにサンタ・フェリチタ聖堂内に礼拝堂を造らせた[9]他、ポンテ・ヴェッキォの南東袂に自分の邸宅を造らせたという。しかしこの家は未完に終わったが、それはバルバ

159

ドーリが債権者たちをひどい目に遭わせ、また自分も同じような目に遭うこととなったためだとしている[10]。この界隈は第2次大戦のドイツ軍による爆撃のため、その痕跡は全く残っていない。

パラッツォ・カッポーニ Palazzo Capponi delle Rovinate

　アルノの南岸沿いのバルディ通り Via de' Bardi に面するこの建物は、アルビッツィの忠実な盟友であったニッコロ・ダ・ウッツァーノ[11]の住居だったもので、ヴァザーリによれば[12]、ロレンツォ・デ・ビッチ[13]という画家に設計を依頼したものという。16世紀にはメディチ家と親しかった富豪カッポーニ家の所有となり、以後その名で呼ばれている。ロレンツォ・デ・ビッチはゴシック風の聖像画などを遺した二流の画家で、ウッツァーノと関係が深かったらしく、生前のウッツァーノの生き写しの肖像を描いていたとされるが、それは失われてしまっている。建物は、川岸に面する裏側に新しい河岸道路 Lungarno Torrigiani が造られたため斜めに削られてしまい、そこにルネサンス風を模したファサードが19世紀に取り付けられているが、バルディ通り側の正面は当初の姿のままである。もとの平面は長方形の中庭を囲んで略左右対称の平面構成である。ただし初層を粗面の石貼りとし水平のコーニスで上層と区切るといった正面ファサードの手法や、中庭柱廊の柱が8角形となっているなどは伝統的な手法で、過渡期の建築という印象は拭いきれない。もしビッチの設計ということであれば、それは彼の生前、1426年ころになされたと考えられるが、このような早い時点でのこうした整った平面

fig. 96　パラッツォ・カッポーニ

VIII. 住宅建築と軍事建築

構成は珍しく、ブルネッレスキの関与が考えられることとなったものである。バッティスティは「ありったけの推測が許されるなら」と断った上で、これをブルネッレスキが関与した可能性のある物件の一つとして取り上げている[14]。

パラッツォ・パッツィ－クアラテージ Palazzo Pazzi-Quaratesi

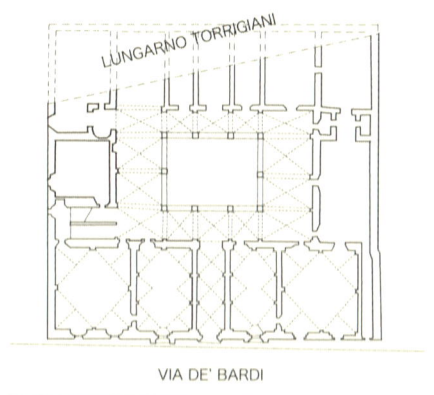

fig. 97　パラッツォ・カッポーニ平面図

　ドゥオモ広場東端から南下してバルジェッロまで伸びるプロコンソロ通り Via del Proconsolo とヴィア・デル・コルソ Via del Corso の交差点南東角に位置するこの建物は[15]、パラッツォ・メディチなどと列ぶ初期ルネサンスのパラッツォの代表とされているものである[16]。一般にはジュリアーノ・ダ・マィアーノ[17]の設計により、1462～72年に建設されたが、その原設計は1430年ころにブルネッレスキが行なっていた可能性があるとされる[18]。その主たる根拠は、このパラッツォの施主であるヤーコポ・デ・パッツィ[19]の父アンドレアがブルネッレスキに一族の礼拝堂カッペッラ・パッツィ Cappella Pazzi の設計を依頼していたからということであるが、これには何ら確証があるわけではない。パッツィ家礼拝堂にはブルネッレスキの死後にミケロッツォも関わっていた可能性があるし、ジュリアーノ・ダ・マィアーノはブルネッレスキと直接に接する機会はなかったが、ミ

fig. 98　パラッツォ・パッツィ－クアラテージ

161

fig. 99　パラッツォ・パッツィークァラテージ中庭

ケロッツォのものとでは幾つかの重要な仕事をしており、むしろミケロッツォの後を引き継いだと考える方が自然なようにも思われる。外観は初層が深い目地をとった粗い肌の石貼り（砂岩系の石材による石積みでフィレンツェでは"pietra forte"と呼ぶ）とし、上層はスタッコ仕上げの平滑な壁面としている。中庭は方形でパラッツォ・メディチと同様な手法である。もしブルネッレスキが関わっていたとしても、ここでも平面計画以上の積極的関与は考えられない[20]。この建物はその後メディチ家に没収され、さらにストロッツィの手を経て、18世紀末にクァラテージの所有となったため、この名で呼ばれている。

パラッツォ・ジュンティーニ　Palazzo Giuntini

ヴァザーリは、ブルネッレスキがアルノ右岸（北岸）のオニッサンティ広場 Piazza Ognissanti に面して銀行家ジュンティーニの家を設計したとしている[21]。それ以上のことは何も分からない。18世紀まではこの一族が保有していたというが、19世紀には全面的に改築されて、「グランド・ホテル」Grand Hotel de la Paix に生まれ変わり、それが5つ星の超豪華ホテルとして現存している[22]。

パラッツォ・ブジーニ－バルディ　Palazzo Busini-Bardi

ヴァザーリによれば、ブルネッレスキはブジーニ家の2世帯のため、その家の模型を造ったという[23]。ブジーニはウッツァーノと比肩される名望家で、一族からは Gonfaloniere di Giustizia を輩出し、また富豪であったといわれる。ヴァザーリの「列伝」編者のミラネージは、その家をオニッ

VIII. 住宅建築と軍事建築

fig. 100 パラッツォ・ブジーニ－バルディ

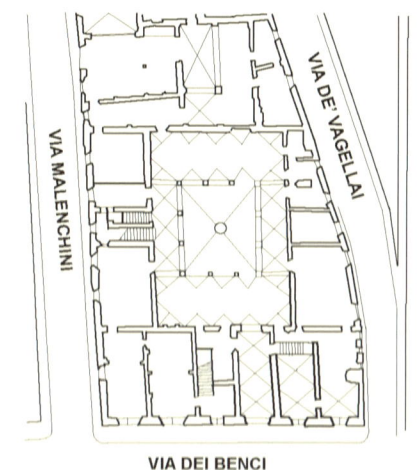

fig. 101 パラッツォ・ブジーニ－バルディ平面図

　サンティ広場に面するパラッツォ・デイ・レンツィ[24]を指すものと推測していたが、現在では市街東部のベンチ通り Via dei Benci, n. 5に位置するパラッツォ・バルディがそれであることが確かめられている[25]。バルディもブジーニに劣らぬ名家として知られていた家柄で、1573年にはこの家を拠点にして先進的な音楽家たちの集まり「カメラータ・デイ・バルディ」が組織され、古代ギリシア演劇の復活を目指し、それがその後のいわゆる音楽劇「オペラ」を創始する母胎となっていたことでも知られる[26]。
　バルディがこの家を入手したのは1482年ころとされ、その後に初層の街路に面して設けられていた店舗などは室内に取り込まれたものとみられる。敷地は3方を街路で囲まれ不整形であるため、平面構成はそれにあわせやや歪んだ平行四辺形となっているが、中庭を挟んで2世帯が生活できるよう巧みな配置となっている。外壁は、平滑なスタッコ塗りの上に絵でもって石積み目地を描く、いわゆる「ズグラッフィト」の手法[27]で仕上げられており、これは15世紀以降のフィレンツェの都市住宅に流行していたものである。中庭も平行四辺形であるが整然としたグリッドに載せて計画され

163

ている。ただしアーケードのアーチは壁を半円形に刳り抜いただけでアーキヴォルトの表現はないし、柱頭にもオスペダーレのような dosseret（副柱頭）は取り付けられていない。

建設年代は1430年前後ということで大方の見方は一致しているようで、少なくとも平面計画についてはブルネッレスキの関与があったことも、定説となっているようである。ジュゼッペ・マルキーニは、階段の持送りや柱頭がフィレンツェでは希有な形で、むしろウルビーノ王宮のそれに似ているということから、それに関わっていたマソ・ディ・バルトロメオがこれを担当したのではないかという説を提起していた[28]。

パラッツォ・ピッティ Palazzo Pitti

ヴァザーリによれば[29]、ブルネッレスキがコージモ・イル・ヴェッキオの代弁者であったルカ・ピッティ[30]のために、サン・ニッコロ門外にあるルシアーノの豪壮なヴィッラ[31]と、フィレンツェはもとよりトスカーナ全体を通じてもこれほど壮大なものはない大邸宅の計画を手がけたとされる。その後者の「壮大な邸宅」というのが、有名なパラッツォ・ピッティを指すものと考えられる。その後の不確かな言い伝えでは、ピッティはパラッツォ・メディチを凌ぐような大邸宅を造ることで権勢を誇示しようと考え、パラッツォ・メディチがすっぽりと入ってしまうような巨大な中庭を計画させたのだといわれる。しかしこの建物とブルネッレスキとを結びつけるような信頼に足る他の証言は存在せず、しかも実際の工事が開始されるのは1458年以後であったことが確かめられており、用地の取得も1451年になってから開始された[32]もので、すでにそのときはブルネッレスキは他界していたから、少なくともこの敷地を前

fig. 102 パラッツォ・ピッティ

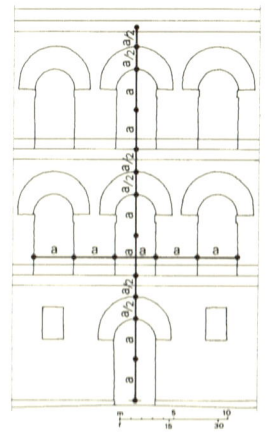

VIII. 住宅建築と軍事建築

fig. 103　パラッツォ・ピッティ立面比例　　fig. 104　作者不明の17世紀のパラッツォ・ピッティ平面図　Uffizi, GDS, n. 2133 A

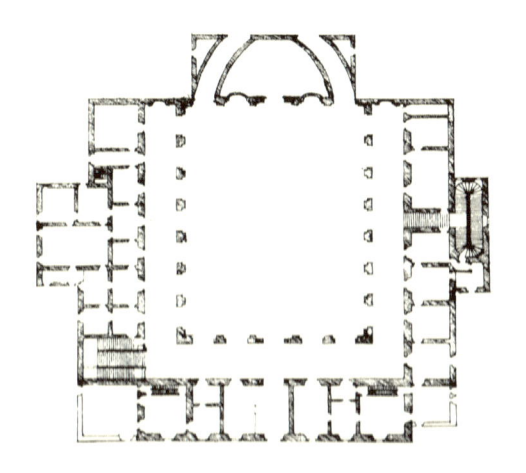

提として計画することはブルネッレスキには不可能だったはずである。

　ただありったけ想像を逞しくするなら、例の「アントーニオ・ビッリの書」[13]の記述を信用して、ブルネッレスキがメディチのためにそのパラッツォを計画して「立派すぎる」として却下されていたということを信用するなら、メディチの側近であったピッティがそれを知っていて、自分の住居のためにその計画案を流用した可能性も考えられなくはない。そうした敷地条件を無視したアイデアの流用は、この時代さほど珍しいことではなかったと考えられる。そしてヴァザーリは、この建物の立面がきわめて明快な1:2の比例で構成されていることを述べており、少なくともそうした基本的なスキームについては、ブルネッレスキ的な手法の影響が見られることも確かである。しかしその一方ではそうした明快な比例の効果を打ち消すような、パラッツォ・メディチ初層と同様な荒々しい石積み（「ブニャート」bugnato[14]という）を全面に用いた手法は、とうていブルネッレスキ風とは言い難い。

　ヴァザーリは、工事を監督していたのはルカ・ファンチェッリという工匠[15]であったとしている。そしてこのファンチェッリは、ブルネッレス

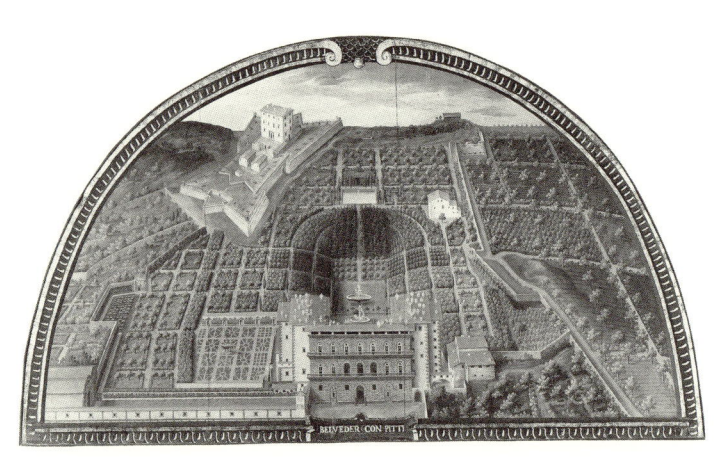

fig. 105　16世紀末のパラッツォ・ピッティと「ボボリの庭園」Giusto Utens（?-1609）によるメディチ家のヴィッラ群を描いたもののうちの1つ（フィレンツェ都市史博物館 Firenze come era）

キの他の作品やアルベルティが介入したサンティッシマ・アンヌンツィアータ聖堂後陣の「ロトンダ」[36]などの工事に参加していたとする。ファンチェッリは1450年以後、おそらくコージモ・イル・ヴェッキオの推挙によって、マントヴァ侯ルドヴィーコ・ゴンザーガの建築家として仕事を始めており[37]、1460年代以後はアルベルティのマントヴァにおける作品、サン・セバスティアーノ聖堂やサンタンドレア聖堂の工事を担当していたことが確かめられているが、ヴァザーリが言うような彼のフィレンツェにおける初期の活動については、確かな史料は存在しない。しかし他の情報が見当たらないことから、パラッツォ・ピッティの建築家をファンチェッリとするのがいまや定説となりかけているように見える。ただ1458年にはファンチェッリはまだ28歳の若さであり、これだけの大工事を一人で計画・指揮ができたかどうかは心許ない。そのようなことから、ブルネッレスキでなければアルベルティが後ろについていたのではないかといった憶測が提起されるのであるが、そうした思いつきがこの建築の理解にさほど資することとなるようには思われない。

　建築家が誰であったかという問題はさておくとして、この建築が後に与

VIII. 住宅建築と軍事建築

えた影響は、ある意味ではパラッツォ・メディチにも劣らぬ大きさを持つものであった。それは半都市的な環境を建築によってコントロールし、都市空間へと繋げてゆく可能性を指し示したということであり、16世紀以降の大規模な建築、特に17世紀以後の宮殿建築の造り方にヒントを与えることとなるものであった。当初の規模は上層の窓7つ分であったが、ここで用いられていたモデュール・システムは容易にそのまま延長してゆくことができ、16世紀から17世紀にかけての増築を導くこととなる。同様にボボリの丘陵を背にした急斜面の敷地は、中庭を媒介にして背後の広大な庭園 Giardino di Bòboli を建物ふところにまで取り込むことを可能にした[38]。そしてこうした可能性は、規模こそ違え、すでにラ・ペトライアの計画の中で──もしそれがブルネッレスキの創案になるものであったとすれば──予見されていたことであり、都市と非都市との間に区別を認めない、「ユニヴァーサル」な空間のとらえ方がそこから産み出されていたのである。

ブルネッレスキの住宅建築との関わりについては、確実なことが言えるものは一つも存在しない。しかしそれらの不確かな対象からおぼろげながら浮かび上がってくるのは、住宅建築を通じて自らの権威を誇示することに入れあげていた当時の有力市民たちの思惑をよそに、ブルネッレスキはもっぱら抽象的な建築空間の自律的システム構築に取り組んでいたらしいということであり、エピゴーネンたちがブルネッレスキのつくりあげたそのシステムの上に様々な "decorum" を施し、「パラッツォ」らしさのタイプ創出に努めている[39]ことには、ほとんど無関心であったように見えることである。もっとも、これは単にブルネッレスキが住宅建築でそうしたことを試みる機会に恵まれなかったということであるのかもしれず、早計は避けなければならないが、少なくとも15世紀におけるフィレンツェ都市住宅のタイプ形成を、ただちにブルネッレスキと結びつけることには問題があると言わなければならないだろう。ブルネッレスキの建築と都市との関わりは、もっと別の観点からとらえ直す必要があるように思われる。

軍事建築

　この時代、フィレンツェ大聖堂の工事に従事する技術者たちは、ほとんど自動的に市が必要とする公共的な工事にも関わることが要求された。そして近隣の諸都市と戦争が絶えなかったこの時期のもっとも緊急を要する公共事業といえば、城壁や城砦の補強・新設であり、ブルネッレスキも1423年以後、ほとんど毎年のようにフィレンツェが属領としている土地に赴いて、そこの城砦の補強や新設工事に関わっていた。

　ブルネッレスキの関与があったと考えられているものには、フィレンツェ西方のラストラ・ア・シーニャの城壁 Mura di Lastra a Signa（1424-25）、その更に西のシーニャの城砦 Castello di Signa（1424）、マルマンティーレの城壁 Mura di Malmantile [40]（ラストラ・ア・シーニャの近傍 1424）、スタッジア・セネーゼの城砦 Castello di Staggia Senese とカステッリーナ・イン・キャンティ城壁 Castellina in Chianti [41]（シエナの北方ポッジボンシ Poggibonsi 近傍 1431）、ヴィコピサーノの要塞 Rocca di Vicopisano [42]（ピサの東方 1436-40）、ピサのチッタデッラ・ヴェッキア Cittadella Vecchia, Pisa（c.1440）、同じくピサのパルラシォ門 Porta del Parlascio, Pisa（c.1436-40）、ピサのチッタデッラ・ヌオヴァ Cittadella Nuova, Pisa [43]（1440）、リミニのカステル・シジスモンド Castel Sigismondo, Rimini [44]（1437-）、ペーザロの港の要塞 Fortezza del Porto di Pesaro [45]（1440）、ミラノのフィリッポ・マリーア・ヴィスコンティのための城砦計画 [46]（c.1430）などが挙げられている。

fig. 106　ラストラ・ア・シーニャの城壁　　fig. 107　マルマンティーレの城壁

VIII. 住宅建築と軍事建築

　ルネサンスは戦争技術においても様々な革新が生みだされた時代である。シエナのタッコラやフランチェスコ・ディ・ジョルジョ、そしてレオナルドといった人々のノートには様々な戦争の道具や城砦のアイデアが描き留められているが、それらの多くはブルネッレスキから触発されたものであったことが確かめられている[47]。こうしたことから、ブルネッレスキと軍事建築の関わりについても特別な関心が寄せられてきている。建築史家たちのルネサンスの軍事建築に対するこれまでの主たる関心は、一つにはその「機能的考慮」、すなわち新しい火器や戦術に対応した計画上・技術上の工夫、またその形態言語的側面――軍事建築の発する独特の威圧的表情やその象徴性、そしてもう一つがブルネッレスキ以後に現れてくる「理想都市」という観念との関連という3つの面に向けられてきた[48]のであるが、果たしてブルネッレスキの軍事建築はそうした関心に応えるようなものであったのだろうか。

　現存している遺構から判断するかぎり、ブルネッレスキが関わったとされる軍事建築の特徴は、不整形の石を積んだ急ごしらえの壁であるにもかかわらず、多くが直角のコーナーを持つマッシヴなヴォリュームで、ほとんど垂直に立ち上がっているということである。すでに中世末以来、ヨーロッパにおける攻城戦では、石の弾丸による大砲で城壁を破壊する方法が広く用いられていて、これに対抗するためには垂直の高い塔や壁は意味がなく、むしろ城壁の傾斜を緩くして弾丸の衝撃を和らげる方が有利であり、また壁の稜角は直角よりは鋭角とすべきだとする考え方が広まりつつあっ

fig. 108　カステッリーナ・イン・キャンティの城壁　　fig. 109　ヴィコピサーノの要塞

たこの時期としては、明らかに時代遅れの手法である。また何らかの意匠的配慮によって「軍事建築らしさ」を演出しようとするような意図は、あまり読み取ることはできない。最も保存がよいとされるヴィコピサーノの城砦では、正方形平面の城郭の一隅に同じくほぼ正方形の塔を立ち上げるというもので、これは実質としては中世のフィレンツェ市内に数多くみられた「塔の家」torreとほとんど変わりはなく、ただ形態の幾何学性だけが時代の新しさを感じさせているのである。

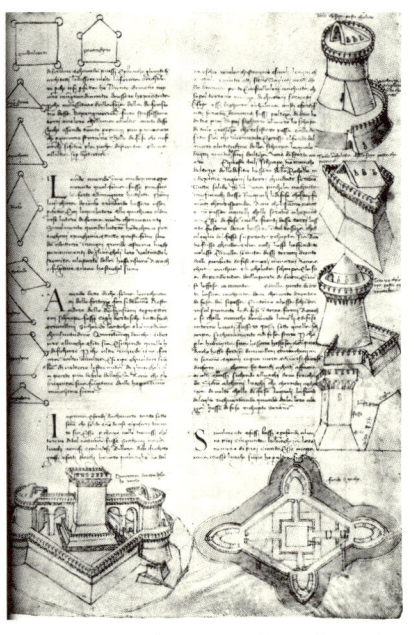

fig. 110　フランチェスコ・ディ・ジョルジオによる城塞都市案 *Codice Torinese Saluzziano*, f. 108, tav. 11

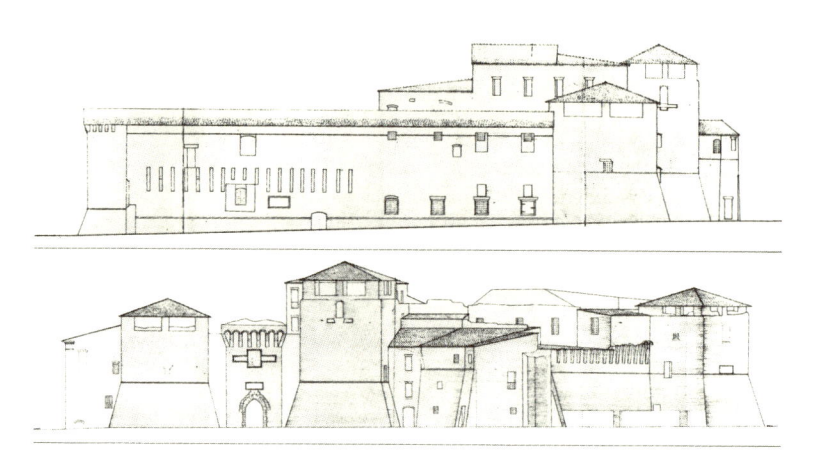

fig. 111　リミニ、カステル・シジスモンド立面図

170

VIII. 住宅建築と軍事建築

　軍事建築に関するかぎり、ブルネッレスキの仕事は中世の伝統を引き摺った過渡期の産物と位置づけられる。ここには中世の城郭建築に見られたような過剰なこけ脅かしの表現もなければ、その一方では、軍事的配慮によって都市の形態をコントロールしようというような、あるいはいわゆる「アントロポモルフィズム」によって何らかの意味づけを行なおうとするような、後のフランチェスコ・ディ・ジョルジョ風の「理想都市」的コンセプトも不在である。明らかに、ブルネッレスキの建築の中には、その後のルネサンスのオカルト的思潮の出現について責任を負わなければならないようなものは一切含まれていなかった。

注

1. Manetti-de Robertis, p. 54.
2. cfr. Ferdinando Chiostri,"La Petraja, Villa e Giardino, Settecento Anni di Storia", *Accademia Toscana di Scienze e Lettere《La Colombara》, Studi, XXV*, Firenze 1972. パッラ・ストロッツィ Palla di Noferi Strozzi (1372-1462) はアルビッツィとともにメディチ台頭以前のフィレンツェ寡頭支配の主役の一人で、1433年にはメディチ追放に成功するが、その翌年にはメディチの逆襲によってフィレンツェから追放され、パドヴァで余生を送ることとなる。「家計の状況が変わって」というのがその追放のことを指しているにしては奇妙な表現で、ストロッツィはパドヴァでも経済的に困窮していた様子はない。あるいはこれは、ブルネッレスキが一時的な経済的理由からこのヴィッラを手放したことの方を指しているようにもとれるが、それを確かめるすべはない。ストロッツィの追放によりヴィッラは没収されるが、その後パッラの息子ロレンツォ Lorenzo Strozzi (1404-52) の妻が1447年にこれを取り戻している。1463年にはアニョロ・ディ・ネローニ・ニジ Agnolo di Neroni Nigi に売却されるが、さらに1544年にはメディチ家が取得し、これに手を入れて庭園を整備した。これは西隣のカステッロのヴィッラ Villa Medicea a Castello とともに、ルネサンス庭園の典型的なものとされるが、どちらも庭園の様相はかなり変わってしまっている。
3. Battisti, p. 68.
4. マネッティによれば、ブルネッレスキの先祖の家系の大部分を占める一族は

"Lapi"と呼ばれていたとしており（Manetti-de Robertis, p. 50）、ミラネージが示す家系図（Vasari-Milanesi, II, p. 389）では、ブルネッレスキの4代ほど前にLapiを名乗る家系が出たことになっている。

5. Manetti-de Robertis, p. 54.
6. Howard Saalman,"The Palazzo Comunale in Montepulciano. An unknown work by Michelozzo", in *Zeitschrift für Kunstgeschichte*, XXVIII, 1965, pp. 1-2.
7. Id., *The Life of Brunelleschi by Antonio di Tuccio Manetti*, Pennsylvania State Univ. Press, 1970, p. 130.
8. Manetti-de Robertis, p. 103 ; Vasari-Milanesi, II, p. 379 & 387.
9. 第III章の注15参照。
10. Manetti-de Robertis, p. 103, n. 2には、ニッコロが預金者の金を着服しておきながら、逆に相手を文書偽造であるとして訴えたというような逸話が挙げられている。マネッティがこの家の工事に関わっては多くの難儀があったとしているのは、おそらく工事に伴って除却されることとなる家々の住民たちとの間にいざこざがあったことを指しているのであろう。
11. Niccolò da Uzzano（1359-1431）．彼は高潔な人物として人々の尊敬を集め、また芸術家を庇護したと言われる。バルジェッロ美術館にあるドナテッロ作と伝える彩色テラコッタ製の彼の胸像は、もとはパラッツォ・カッポーニの中にあったもので、19世紀に美術館に寄贈されたという。ルネサンス期の胸像彫刻の最初のもので、かつ最高の傑作とされる。ただしドナテッロ作とすることには異論があり、またモデルはウッツァーノではなかろうとする説もある。しかし彼がドナテッロと接触があったことは確かであり、またこの胸像頭部のリアルな表現は、彼のデスマスクから再現したものではないかという推測まである。そしてもしドナテッロ作であるとすれば、その制作年代はウッツァーノの死後まもなくの1432年ころであろうとされている。
12. Vasari-Milanesi, II, p. 54.
13. Lorenzo de' Bicci（c.1350-1427）．まだ濃厚なゴシック色をのこした過渡期の作風であったが、当時のフィレンツェではかなり有力な画家として認められていたらしい。ヴァザーリは彼のためにわざわざ1章を設けている（Vasari-Milanesi, II, pp. 49-90）．
14. Battisti, p. 352.
15. もっと正確に言えば、Via del CorsoはVia del Proconsoloの交差点までで、それより東はBorgo degli Albizziとなるので、「Borgo degli AlbizziとVia del Proconsoloの角」とすべきであろう。

VIII. 住宅建築と軍事建築

16. cfr., Leonardo Ginori Lisci, *I palazzi di Firenze nella storia e nell'arte*, Firenze 1972. これにはパラッツォ・メディチ、パラッツォ・ルッチェッライ（アルベルティ設計）、パラッツォ・ストロッツィ（ジュリアーノ・ダ・サンガッロ、ベネデット・ダ・マィアーノ）、パラッツォ・アンティノーリ（ジュリアーノ・ダ・マィアーノ？）、パラッツォ・ゴンディ（ジュリアーノ・ダ・サンガッロ）、そしてこのパラッツォ・パッツィが代表的建築として挙げられている。

17. Giuliano da Maiano（Giuliano di Leonardo d'Antonio, detto da Maiano, c.1431/2-70）. フィレンツェ初期ルネサンスの第2世代として、弟のベネデット Benedetto（1442-97）とともに、ブルネッレスキ風ないしミケロッツォ風を採り入れた「ルネサンス様式」の通俗化・普及にかなりの役割を果たしたと考えられている。彼は1455年頃から「大工」として、主に寄木細工装飾や彫刻を手がけていたが、1460年代からは建築家としても仕事をはじめたようであり、シエナのパラッツォ・スパンノッキ Palazzo Spannocchi（1473-75）はその代表的作品とされている（cf. Quinterio, F., *Giuliano da Maiano 'grandissimo domestico'*, Roma, 1996, pp. 243-258）。1477年から88年まではフィレンツェ大聖堂の capomaestro に任命されていた。1487年からは弟とともにナポリに招かれ、その地で没している。彼についてはヴァザーリも1章を設けているが（Vasari-Milanesi, II, pp. 467-475. ただし彼のフィレンツェにおける建築活動についての言及はない）、その記述にはかなり錯誤があり、またミラネージによるこれへのコメント（*Ibid.*, pp. 479-486）も不十分なものであった。彼の事蹟に関する史料の典拠としては、ファブリツィによる研究（Fabriczy, Cornelius von, "Giuliano da Maiano" *Jahrbuch der preussischen Kunstsammlungen*, 24, 1903）がいまだに基本的なものとされているようである。

18. Giovanni Fanelli, *Firenze; Architettura e città*, Firenze 1973. p. 238. しかし Riccardo Pacciani, "Firenze nella seconda metà del secolo", in *Storia dell'architettura italiana: il Quattrocento*（a cura di Francesco Paolo Fiore）, Milano 1998, pp. 330-371（特に pp. 335-6 & p. 367, n. 25）では、おそらくファブリツィによったものとみられるが、建設年代を1458-69年としている。これについては、ジュリアーノがまだ20歳代で建築の経験が浅かったことを考慮して、もう少し年代を遅らせるのが適切だとする説が提起されており、Fanelli が記す年代はそれを考慮したものであろう。

19. Jacopo de' Pazzi（?-1478）. 1478年に教皇シクストゥス四世やサルヴィアティ家と組んで企てたメディチ家に対するクー・デター "Congiura dei Pazzi" の失敗で捕らえられた——大聖堂内でのミサに出席していたロレンツォ・デ・メ

ディチ（イル・マニフィーコ）とジュリアーノの兄弟を、暴漢たちが襲ってジュリアーノを撲殺する。ロレンツォは窓から脱出して難を逃れ、一時ナポリまで亡命するがその後フィレンツェに帰還して、パッツィ一族をはじめとする首謀者たちを捕らえることに成功した。首謀者たちは激高する民衆たちによって残虐なかたちで処刑され、サルヴィアティはパラッツォ・ヴェッキォの窓から吊され、ヤーコポは一旦はパッツィ家礼拝堂に葬られたが、民衆はそれを掘り出して死骸をアルノ河に投げ込んだという。パッツィ家については、この後の「IX. パッツィ家礼拝堂」の章を参照。

20. Battisti はこの建物をブルネッレスキと結びつけることはしていない。
21. Vasari-Milanesi, II, p. 379.
22. cf. Sandra Carlini, Lara Mercanti, Giovanni Straffi, *I palazzi : arte e storia degli edifice civili di Firenze*, Firenze 2004, pp. 46-48.
23. Vasari-Milanesi, II, p. 366 & n. 2. これは *Il libro di Antonio Billi*（第 V 章の注11参照）によったとみられる。
24. Palazzo dei Lenzi. 1470年ころに建設されたものと推定され、建築家としてはミケロッツォの名前が挙げられることが多い。しかし全く確証はない。外観は「ズグラッフィト」（下記注27参照）の手法で窓枠や柱型まで描かれているが、これは16世紀以後のものと考えられる。
25. Battisti, p. 352.
26. Camerata dei Bardi. これはジョヴァンニ・デ・バルディ Giovanni de' Bardi（1534-1612）が創設したもので、それには作曲家ヴィンチェンツォ・ガリレイ Vincenzo Galilei（c.1520-91. Galileo Galilei の父）らが参加し、1586年にはウッフィツィ内に造られた劇場で、バルディ自身の作曲による喜劇 *L'Amico fido* の上演を行なっている。cfr. Piero Roselli, Giuseppina Carda Romby, Osanna Fantozzi Micali, *I Teatri di Firenze*, Firenze 1978, p. 23 sgg.
27. ズグラッフィト sgraffitto（= graffito）は部分的には中世にもみられた手法であるが、フィレンツェで流行し始めるのは、15世紀半ば以降であったとみられる。16世紀以後はヨーロッパ各地に広まった。
28. Battisti, *ibid.* cfr. Giuseppe Marchini, "Maso di Bartolomeo", in AA.VV., *Donatello e il suo tempo, VII Convegno Internazionale di Studi sul Rinascimento*（Firenze 1966）, 1968, pp. 235-243. マソ・ディ・バルトロメオについては、第 VII 章の注14参照。
29. Vasari-Milanesi, II, pp. 372-375.
30. Luca Pitti（1389-1472）. 1448年と1453年の2度にわたって Gonfaloniere di Giu-

VIII. 住宅建築と軍事建築

stizia を務め、コージモ・イル・ヴェッキォの庇護のもとに絶大な権力を行使していた。1458年には事実上のクー・デターを敢行、多くの粛清を行ない、ほとんど独裁者として振る舞っていたが、コージモの死の1464年ころからは力を失い、最後はロレンツォ・イル・マニフィーコにより反逆者として投獄され、獄死した。

31. Villa di Rusciano（ヴァザーリは "Ruciano" と記している）は、アルノ河南岸でサン・ミニアート・アル・モンテ聖堂より更に東の丘の中腹に位置している。おそらく未完成に終わったとみられ、部分的に15世紀に遡るものが遺る程度で、ブルネッレスキの関与が確認できるような状態ではない。

32. Battisti, pp. 352-353.

33. 第Ⅴ章の注11参照。

34. 英語ではこの手法は「ルスティケーション」rustication という言葉で表されることが多いが、この用語は石肌の仕上げの如何を問わず石積み目地の手法一般にまで拡張されて用いられることが多く、こうした誇張された粗い石肌の表現（必ずしも本石とは限らず、煉瓦下地をはつり、その上に厚くスタッコをかけて石に見せかける場合も多い）を指すのには不適切であるように思われる。もっとも "bugnato" もその用法にはかなりの幅があり、正確には "bugnato rustico" とすべきであろうが、目地手法一般までは拡張されることが少ないようにみえるので、こちらの方をとりたい。日本の石工用語で言うところの「こぶ出し」に近い。

35. Luca Fancelli (c. 1430-dopo 1494). 彼のマントヴァでの活動以外については不明の点が多く、またどのような建築観の持ち主で、その作風の特徴はどのようなものであったかは今後の研究課題とせざるを得ない。ただ彼がアルベルティに心酔し、その計画の忠実な施工者として働いていたことは確かである。彼のマントヴァでの独立した仕事としては、1474年から84年にかけて建設された王宮の新館 "Domus Nova" があるが、これだけから彼の作風を云々するのは難しい。彼は1478年以後はミラノやナポリなどで仕事をしていたようで、1491年にはフィレンツェ大聖堂の capomaestro に任命されたが、1494年以後は彼に関する記録は途絶えてしまう。

36. ミケロッツォが1444年に計画していたもの。工事はマントヴァのゴンザーガ家の出資によって行なわれたが、おそらく工事を担当していたアントーニオ・マネッティ・チャッケリが死亡したあとしばらく中断し、1470年になってゴンザーガはアルベルティに助言をもとめていた。ヴァザーリがルカ・ファンチェッリの関与を示唆しているのは、こうしたゴンザーガやアルベルティと

175

の関係から推測したものとみられるが、これには史料的裏付けは存在しない。

37. 彼のマントヴァにおける活動については、施主のゴンザーガとの間に取り交わされた多くの書簡が遺っており、それらを通じて、彼の実務的能力やアルベルティに心酔していたらしいことなどが窺い知れる。cfr., Vasić Vatovec, *Luca Fancelli — architetto. Epistolario Gonzaghesco*, Firenze 1979.

38. 工事は1464年頃にはピッティの経済的逼塞によって停滞し、その失脚後は未完のまま子孫たちが住み続けていたが、1549年にはメディチ家のトスカーナ大公妃エレオノーラ・ディ・トレド Eleonora di Toledo がこれを買い取り、1558年から77年にかけてバルトロメオ・アムマナーティ Bartolomeo Ammanati (1511-92) により増築がなされ、中庭はその時に完成した。アムマナーティはこの工事の際に、中庭側壁面に1466という刻銘があったのを発見していたという。正面に設けられていた3つの入口のうち、両脇の2つは窓に改造される。さらに1620年からジュリオ・パリジ Giulio Parigi (1571-1635) と息子のアルフォンソ Alfonso Parigi (1606-56) による増築で現在の規模となった。背後の庭園は、最初の計画はニッコロ・トリボロ Niccolò Tribolo (c.1500-50) によるとみられ、その後アムマナーティやブォンタレンティ Bernardo Buontalenti (c.1536-1608) らにより整備され、パリジ父子の時代にほぼ完成したとみられる。なおこの建築に関わった建築家については Piero Sanpaolesi, "Il Palazzo Pitti e gli architetti fiorentini della discendenza brunelleschiana", in *Festschrift Urlich Middleldorf*, Berlin, 1968, p. 124 sgg. を参照。

39. このことについては、F. W. Kent, "Palaces, Politics and Society in Fifteenth-Century Florence", *I Tatti Studies : Essays in the Renaissance*, Firenze, pp. 41-87を参照。なお "Palazzo" (Palagio) の語は、本来は公共的な建築ないし王侯の宮殿に対して用いられるべきものであったが、15世紀以後、メディチをはじめとする有力市民たちの大邸宅にも用いられるようになったとみられる。

40. 「オペライ」の支払記録に見える。ブルネッレスキの名は出てこないが、彼が関わっていた可能性が大きい。

41. 「オペライ」の審議記録による。これらは工事はブルネッレスキの指揮によるべきことが明記されている。

42. Manetti-de Robertis, p. 119 ; Vasari-Milanesi, II, p. 368.

43. Manetti-de Robertis, p. 118 ; Vasari-Milanesi, II, p. 368. 「チッタデッラ・ヴェッキァ」はピサ市街南西のアルノ河北岸にある古い要塞 (cittadella は多くの場合、都市の周辺ないし外側に設けられる要塞を指す)。「パルラショ門」は市街北辺の城壁に設けられていた市門の一つ。「チッタデッラ・ヌオヴァ」は

市街東南部、アルノ河南岸に設けられた要塞。

44. ブルネッレスキは1435年の9月から10月にかけてリミニに招かれている。1438年にもリミニ出張という記録がある。彼がCastel Sigismondoの計画に関わったという確証はないが、城砦内の個々のブロックの直角を基本にしたヴォリューム構成は、ブルネッレスキ的なものと考えられている。

45. Vasari-Milanesi, II, p. 368. これは旧市街東端部にある"Rocca Costanza"（ウルビーノ王宮の建築家ルチアーノ・ラウラーナ Luciano Laurana, c.1420-79の設計とされる）に取り付いていた城壁の小塔（現存せず）を指したものだが、これは刻銘によって1474年着工、1483年竣工であることが知られており、ブルネッレスキ関与の可能性は少ないと考えるべきであろう。しかしその幾何学的構成はこの時期としてはかなり特異なものであることは確かである。

46. Manetti-de Robertis, p. 119；Vasari-Milanesi, II, p. 366. ブルネッレスキのミラノ行きについては、他の史料による裏付けができないため（このことと関わるとみられる史料はトリノの見本市に展示された際に焼失してしまったという）、周辺状況から推測するしかなく、これまでのところは1428年から30年ころにかけてと考えられ、またその主目的はミラノ大聖堂の頂塔 ciborioについての技術的助言であった可能性が高く、城砦の「模型」(?)は副産物であったろう。

47. 第II章の注25～31参照。

48. cfr., J. R. Hale, *Renaissance Fortification: Art or Engineering ?*, London 1977, p. 41.

IX. パッツィ家礼拝堂

fig. 112　パッツィ家礼拝堂

IX. パッツィ家礼拝堂

　ブルネッレスキの代表作の一つとされていたこの建物は、1962年に発表された一つの論文によって、その評価の視点が大きく揺るがされることとなった[1]。それによると、建物中央のクーポラと前面のポルティコはそれぞれ1459年と1461年に造られたものであること[2]、また建物の3方の壁体は13ないし14世紀の古い既存建物のものを利用したものであること[3]、ポルティコの屋根で隠されている前面の壁には大理石の化粧貼りのための下地拵えの痕跡が見られ、ポルティコは当初の計画には含まれていなかったと考えられること、またその壁面には大きな円形開口があったこと（現在はふさがれている）、その反対側の祭室 scarsella 背後の壁面にも同様な開口があって、これも現在の祭室の天井によってブロックされているので、祭室の天井は当初の計画のものではないこと、などが確認されたという。

　とすれば、ブルネッレスキ生前に出来上がっていたのは、アーキトレーヴより下の壁の部分だけということになり、しかもその規模は中世の壁によって決定されていたもので、古い壁の内側に化粧を施したに過ぎないことになる。そして中央部のアムブレラ・ドームや頂塔の形式、祭室の取り付き方などは、サン・ロレンツォ聖堂旧聖器室とよく似ており、両翼部を除けば規模もほぼ同じで、その忠実な「コピィ」であると言ってよいほどである。実際、ブルネッレスキの死後10数年も経ってから造られたクーポラについては、施工者としてはそれを手本とするしかなかったのであろう。一方前面のポルティコの手法は、水平の梁を円柱で支えるという、ブルネッレスキの他の作品には見られないものだし、その上部の2本組みの付柱で壁面を区切るやり方や波形模様のフリーズ、ヴォールト内面の重厚なコファリングなども、ブルネッレスキ風とは明らかに異なる。

　施主のアンドレア・デ・パッツィ[4]は、12世紀以来のフィレンツェの旧家の当主で、先祖には第一次十字軍に参加した騎士がいて「聖墳墓」の破片の石3個を持ち帰ったといわれ、その石を打ち合わせて起こした火が「聖火」としてあがめられ、復活祭の「聖土曜日」にはフィレンツェ中の家々の灯火の種火となっていたといわれる。こうした由緒や金融業で蓄積した莫大な富のおかげで、パッツィ家はヨーロッパ各地の王家や教皇庁とも深

fig. 113　パッツィ家礼拝堂前面ポルティコ

fig. 114　パッツィ家礼拝堂前面ポルティコ内部

いつながりを持っていた。1434年にはアンドレアはルネ・ダンジュー[5]から騎士にとりたてられ、彼が1442年にフィレンツェを訪れていたときには、甥の洗礼の際の名付け親を頼んでいる。おそらくそのことが、前述の如く、サン・ロレンツォ聖堂旧聖器室の祭室天井と全く同じ天空図を採用することとなったものと思われる。メディチ家とも縁戚関係を結び、1413年にはグエルフ党の総裁に指名され、1437年には羊毛業組合の組合長にもなっている。古くからのサンタ・クローチェ修道院のパトロンであり、その参事会室はパッツィ家の管理に委ねられていた。

　工事経過はかなり複雑で、1429年、アンドレア・デ・パッツィはサンタ・クローチェ修道院と契約を交わし、参事会のための広間の新築と旧参事会室をパッツィ家の墓所に改装することを合意する（結局は礼拝堂と参事会室を兼ねる形となったらしい[6]）が、しかし直ちに工事が開始された形跡はなく、礼拝堂外壁基部に1443年5月10日という日付が刻まれていたという

IX. パッツィ家礼拝堂

fig. 115　パッツィ家礼拝堂祭室天井見上げ

から、その頃になってようやく少しは形をなしたとみられ、またこの年には、教皇エウゲニウス四世が「アンドレア・デ・パッツィが新しく造った参事会室の上で〔?「において」の意か〕会食」という記録があるものの、アンドレアが資産報告のなかでこれの工事費用として計上していた金額はブルネッレスキの没する1446年ころまではあまり支出されておらず、工事の進行は遅々たるものであったと推測され、1473年にもまだ内部の装飾の工事が継続していたようである。

　この工事とブルネッレスキを結びつける典拠はヴァザーリの簡単な記述[7]だけで、マネッティはこれについては触れていない。一方、1445年ころまではミケロッツォが修道院の回廊や図書室などの工事に関わっていて、その際に礼拝堂の方も一緒に工事の指揮をしたのではないかとする説もある[8]。1478年、アンドレアの息子ヤーコポが有名な謀叛事件[9]で処刑された後、ジュリアーノ・ダ・ミアーノがこの建物の工事に関わる費用の未払い分を請求していたという記録があり、この工匠が何らかの形でこの建物の工事に関わっていたことが知られる[10]。こうしたことから、設計者はブ

183

ルネッレスキではあるまいとする説[11]まで提起されるに至っている。装飾については、壁に取り付けられた円盤のテラコッタ彫刻による十二使徒像やポルティコ中央の同じくテラコッタの浅いドームなどはルカ・デッラ・ロッビアの作とされ、ペンデンティヴに取り付けられた円盤の福音書作者像は、ルカ・デッラ・ロッビアないしブルネッレスキ自身の手になるとも言われる[12]。フリーズのケルビム頭部をあしらった装飾はデジデリオ・ダ・セッティニャーノ[13]の作とされるが、いずれも制作年代は明らかではなく、工事経過の考証にはあまり役立たない。

　それにしても、既存の構造体に厳しく制約された空間のはずであるが、寸法配分は見事にブルネッレスキ風の整数比となっているのが不思議である。おそらく手順としては、まず祭室のために確保できる正方形の辺長 a を確認し、a/2 を付柱の柱間（内法）寸法と定め、その一方で中央のクーポラを載せる正方形（短手方向で確保しうる最大内法幅）d を確保した後の長手方向の残余の柱間が a/2 となるように、付柱の幅を調整する操作を行なったものとみられる[14]。たまたま既存の構造体によって与えられた規模が、幸運なことに大きな矛盾なしにこうした寸法割り付けを可能にしたものではあるが、仕上げ厚の微調整などかなり面倒な操作が必要だったはずであり、適切な数値を導き出すには多くの試行錯誤がなされていたに違いない。また長手方向はこれできれいに割り付けられても、短手側面では同じようにはゆかず、両端の付柱は大部分が壁の中にもぐり込んでしまい、溝彫り１本分の幅しか姿を現さないということになったりする。この隅部での長手方向からの完全な付柱と短手方向からの付柱断片とがＬ字形に出会う様子は、一種異様なものであるが、しかしこれはここで用いられた寸法割り付け手続きの厳密さを示すものに他ならず、ミケロッツォのような「古典主義者」には考えられない、ブルネッレスキならではの前衛的な手法であるといえよう。

　前面ポルティコが当初は考えられていなかったとすれば、この建築はいったいどのような空間を目指していたのであろうか。一つの手がかりと

IX. パッツィ家礼拝堂

fig. 116　パッツィ家礼拝堂ポルティコ中央ドーム

fig. 117　パッツィ家礼拝堂内部

fig. 118　パッツィ家礼拝堂
　　　　翼部隅の収まり

185

なるのは、前面と背面でブロックされてしまっている円形窓の存在である。祭室部分の上部がどのような構成となるのか不明なので、具体的な姿を想い描くことはできないが、少なくともこれら対称の位置にある円形窓が、横長の平面を持つ礼拝堂空間に対して、それと直交する空間軸を意識させることになったであろうことは想像できる。現状でもそうした空間軸の存在はある程度は感じ取られるが、前後の円形窓からの光があったとすれば、それは更に強く感じられたことであろう。

　前面ポルティコは、こうした光の可能性を奪うことによって、軸線の効果を薄めてしまったと考えられるが、その一方では、中央で大アーチを奥行き方向で繰り返し、中央に小ドームを置き、その両側に長手方向の半円筒ヴォールトを配するという構成は、それらの意匠的処理の違いを度外視するなら、礼拝堂内部空間における空間軸の直交というテーマを繰り返したものと見ることもできなくはない。こうしたことから、ポルティコはある時点での設計変更の産物で、しかも施工時期はかなり遅れるとしても、この建築の基本コンセプトに則ったものであり、ブルネッレスキのアイデアに従ったものであったろうとする見方もある[15]。

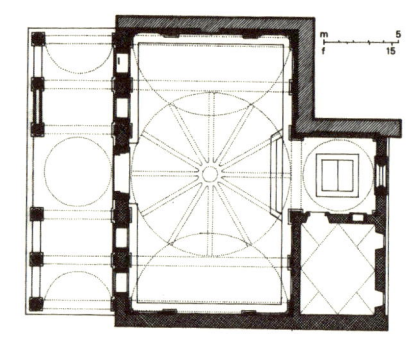

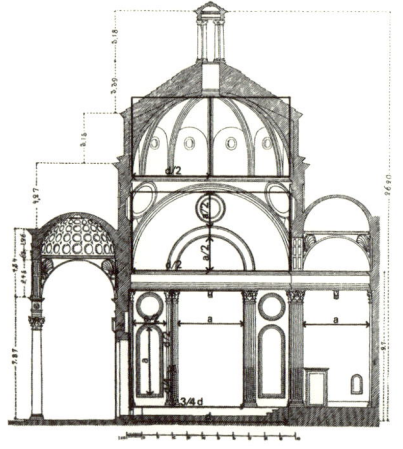

fig. 119　パッツィ家礼拝堂　平面図と断面図

IX. パッツィ家礼拝堂

fig. 120　パッツィ家礼拝堂模式図（ポルティコ側から見た図）

fig. 121　パッツィ家礼拝堂模式図（祭室側から見た図）

　この建築の評価をめぐっては、何らかの新たな史料的発見がなされないかぎり、かなりの部分が不透明なまま残らざるを得ないと思われる。しかしこれがサン・ロレンツォ聖堂旧聖器室を下敷きとしながらも、そこからまた新たな一歩を踏み出そうとしていた実験的な作品であることだけは認められるであろう。ブルネッレスキ自身はその実験の成果を確かめることはできなかったが、後の世代のジュリアーノ・ダ・サンガッロやブラマンテらは、これを足がかりとして新たな空間統辞法を創り出して行くのである。

注

1. Giuliano Laschi, Piero Rosseli, Paolo Alberti Rossi,"Indagini sulla Cappella del Pazzi" in *Commentari*, XIII, pp. 24-41.
2. クーポラのドラムに「1459年10月11日」という銘文があり、ポルティコの方には1461の銘文があったという。
3. 礼拝堂はサンタ・クローチェ聖堂の南側回廊に面して、聖堂翼廊に取り付い

たような形で設けられており、向かって左手の壁面は聖堂翼廊に取り付いたカステッラーニ家礼拝堂 Cappella Castellani と接し、裏側の壁はバロンチェッリ家礼拝堂 Cappella Baroncelli と接している。また向かって右手の壁の外側には、14世紀初期ころのフレスコ画の痕跡が見つかっている。前面だけはフリーであったとみられるが、しかしこれも Cappella Castellani の壁と面を合わせる必要があり、礼拝堂の輪郭はこれら既存の建物との関係によってほとんど自動的に決まってしまっていたと考えなければならない。

4. Andrea de' Pazzi, 1372-1445.
5. 第VI章の注6参照。
6. 室内全周にわたって壁際にベンチがめぐらされているのは、参事会室としての使用を考えたものとみられる。
7. Vasari-Milanesi, II, p. 366.──"Fece di sua mano il modello del capitolo al Santa Croce di Fiorenza, per la famiglia dei Pazzi".
8. Vasari-Milanesi, II, p. 442.──「同様にコージモはミケロッツォの設計により、フィレンツェのサンタ・クローチェに、見習修道士館とそれのためのチャペル、聖堂から聖器室や見習修道士館、ドーミトリィなどへの出入口を造った。」cfr. Saalman, "Tommaso Spinelli, Michelozzo, Manetti, and Rossellino", in *Journal of the Society of Architectural Historians*, XXV, 1966, pp. 151-164.
9. 第VIII章の注19参照。
10. 確かなところでは、礼拝堂正面入口の木製扉が彼の仕事とされる。ジュリアーノ・ダ・ミィアーノついては、第VIII章の注17, 18を参照。
11. cfr., Marvin Trachtenberg, "Why the Pazzi Chapel is not by Brunelleschi", in *Casabella*, giugno 1996, pp. 58-77；Id., "Michelozzo e la Cappella dei Pazzi" in *Casabella*, febbraio 1997, pp. 56-75. 私の見るところ、この著者の論文は概して着眼点はユニークであるが、肝心な部分で論理の飛躍があり、その結論は際物的な印象を免れないところがある。現在までのところこの論文についても、アメリカ以外のところではあまり支持されていないようである。もっとも、彼がブルネッレスキとミケロッツォとの関係を、ミース・ファン・デア・ローエとフィリップ・ジョンソンとの関係になぞらえている点についてだけは、大いに共感する。
12. cfr. P. Sanpaolesi, *Brunelleschi*, Milano 1962.
13. Desiderio da Settignano (c. 1430-64). ドナテッロやベルナルド・ロッセッリーノから強い影響を受けたとされる。サンタ・クローチェ聖堂内のフィレンツェ書記官長マルスッピーニの墓（1459）やサン・ロレンツォ聖堂内陣の「秘

蹟のチャペル」Cappella del Sacramento（1461完成）などがその代表作とされる。Vasari-Milanesi, III, pp. 107-113. ただしヴァザーリはパッツィ家礼拝堂については触れていない。

14. こうした比例の問題となると必ず頭をもたげてくるのが、「黄金比」という問題である。これはアルベルティ以後、ピュタゴラースの比例理論（音楽における調和音程の問題）に対する関心が高まったことからクローズアップされてきたものであって、それが実際の建築においてどのように表れてきているかを検証するというのは、ルネサンス建築における大きなテーマであることは確かであるが、その多くが不正確な実測値に基づいて主張されているように思われ、特にブルネッレスキの建築の場合、Stegmann-Geymüller の不正確な図をもとにした立論には注意を要する。Dorothea Nyberg,"Brunelleschi's Use of Proportion in the Pazzi Chapel", in *Marsyas*, 7（1954-1957), pp. 1-7は、その典型例であるが、いまだにこれと同様な主張がみられるのは困ったものである。パッツィ家礼拝堂に関するかぎり、「黄金比」と結びつくようなグリッド対角線の数値を援用したという形跡は全くみられない。

15. cfr. Leonardo Benevolo, *The Architecture of the Renaissance*, London 1978（translation of 1973 italian ed.), vol. I, pp. 69-70.

X. サント・スピリト聖堂

fig. 122　サント・スピリト聖堂　交差部クーポラ見上げ

X. サント・スピリト聖堂

　マネッティによれば[1]、1428年、サント・スピリト聖堂の教区の有力者たちが、13世紀建造の聖堂の建て替えを発議し、その建築家としてブルネッレスキに白羽の矢を立てたという。当初ブルネッレスキは建物の平面図だけを作成してあとは口頭で説明したところ、人々は木製の模型を造ることを要請し、ブルネッレスキはしばらくしてからそれに応えて模型を提示したのであったが、それは聖堂周りの広場の整備計画まで含み、南向きであった聖堂の方位を反転して北向きとし、その正面からアルノ河の岸までの建物を除却して広場を造るというものであった。それはフィレンツェのまちの中にジェノヴァの海岸通りのような場所を造ることとなるもので、人々から熱狂的に迎えられたが、しかしこの案は当時のフィレンツェの多難な状況のため、実現することなく終わり、聖堂は以前からあった広場に面して南向きで造られることとなって、古い聖堂は残したままその背後の内陣の方から着工される。しかし広場の計画が取りやめになり、聖堂の向きが逆になっても、ブルネッレスキは当初の計画の形で造りたいと主張し、認められたという。そしてその模型通りに造られていたなら、かつて例を見ないようなものとなっていただろうとしている。

fig. 123　アルノ河対岸からのサント・スピリト聖堂遠望

fig. 124　ベルヴェデーレの丘からのサント・スピリト聖堂遠望

　マネッティの「ブルネッレスキ伝」は、このくだりで唐突に終わっており[2]、あとは他の史料をつなぎ合わせて建設経過を推測して行かなければならない[3]。聖堂の建設資金については、当初は再建を発議した有力者たちの寄進を当てにしていたようであるが、それだけではとうてい間に合わず、市当局に援助を申請している。しかしすでに市は塩にかける税金の一部をサンタ・クローチェ修道院の僧院修復[4]のために支出しており、またルッカやミラノとの戦争にかかる戦費が嵩んでいたため、とてもサント・スピリト聖堂にまで手を回せる状態ではなかった。状況が好転するのは1440年のアンギアリの戦い[5]でフィレンツェが勝利し、サンタ・クローチェ修道院の修理が終わって、1445年以降の25年間、塩税の4/5をサント・スピリト聖堂建設に充てることが決定して以後のことであった。建設資金の支出状況から判断すると、ブルネッレスキが模型を提示していたのは1434年から36年ころと推測されるが、工事記録によれば、着工は1441年とされるものの、1446年4月5日になってようやく最初の5本の円柱が工事現場に到着し（ブルネッレスキはその後まもなく死去している）、次に円柱が届けられたのは翌年の1月という有様であった。古い聖堂の方は1471年に火災で焼

X. サント・スピリト聖堂

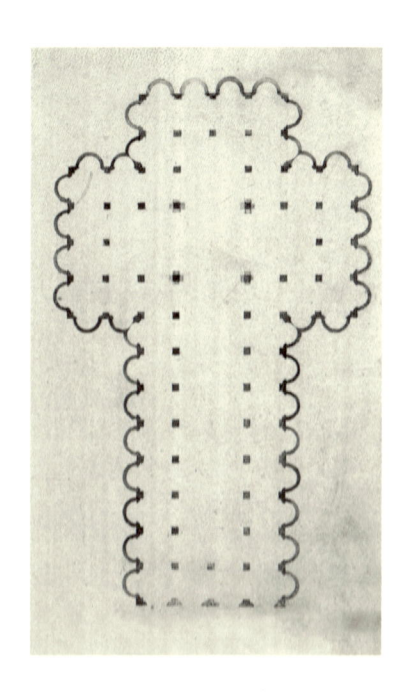

fig. 125　ジュリアーノ・ダ・サンガッロに
　　　　よるサント・スピリト聖堂平面
　　　　Cod. Barberiniano, Lat. 4424, f. 14.r.

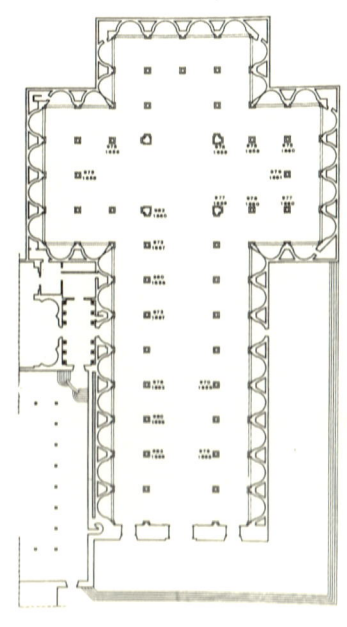

fig. 126　サント・スピリト聖堂現状
　　　　平面実測図

失したというから、新しい聖堂の工事はそのころまではほとんど進んでいなかったということになる。それでも1471年の火災以後は工事のスピードは速まったようで、1479年には身廊に屋根がかけられるまでになっていた。しかしマネッティがほのめかしていたごとく、この間、ブルネッレスキの後継の工匠たちによって、計画にはかなり変更が加えられたらしく、例の「アントーニオ・ビッリの書」も、出来上がった建物が全くブルネッレスキの指示に従っていないとして厳しい評価を下している。

　この建物については、ジュリアーノ・ダ・サンガッロの手になる、ブルネッレスキの当初計画を描いたらしい平面図がヴァティカン図書館に保存されている[7]。それによれば、外周りの壁が、建物全周にわたって取り付けられた半円形ニッチの輪郭をそのまま外に表す、半円筒アプス群の連続と

195

fig. 127　サント・スピリト聖堂身廊　　　fig. 128　サント・スピリト聖堂身廊交差部付近

なっていたこと、聖堂正面入口が4つというキリスト教聖堂としては異例の構成を持つものであったことなどが、現状とは大きく異なっている。この異例の構成はここで用いられたモデュール・システムに由来しており、身廊の間口寸法11ブラッチャの半分である5 1/2ブラッチャが基本となっていて、建物全体が厳密にこの単一寸法のグリッドにのったかたちで計画されていたためである。

　ジュリアーノは1488年にロレンツォ・イル・マニフィーコの命を承けてこの聖堂の聖器室の設計にかかっていた[8]から、この平面図を描いたのはその準備作業としてブルネッレスキの基本コンセプトを確かめるためであったと考えられるが、おそらくそれと同時にロレンツォを通じて聖堂参事会に圧力をかけ、変更されてしまっていたブルネッレスキの基本計画をもとに戻すべく努力していたとみられる。その試みはロレンツォの死去のため成功しなかったし、聖器室の仕事も途中でシモーネ・デル・ポライオーロ（通称イル・クロナカ）[9]に明け渡さなければならなかった。

X. サント・スピリト聖堂

fig. 129　サント・スピリト聖堂断面図
　　　　　鐘楼脇のクーポラのある建物がジュリアーノ・ダ・サンガッロによる聖器室

　ブルネッレスキの死後、工事を引き継いだのは、1460年までがアントーニオ・マネッティ・チャッケリ、その後の1461年から71年までがジョヴァンニ・ディ・ドメニコ・ダ・ガイオーレ[10]、1471年から82年までがジョヴァンニ・ダ・マリアーノ（通称ロ・スコルパッチャ）、1482年から86年までがサルヴィ・ダンドレア[11]といった面々であった。ドメニコ・ダ・ガイオーレの時期までは工事がさほど進んでいなかったから、ブルネッレスキの計画を大きく変更するようなことがなされたとは考えにくい。特にドメニコはサン・ロレンツォ聖堂などでもブルネッレスキの計画の筋を尊重すべきこ

fig. 130　オルヴィエト大聖堂側面

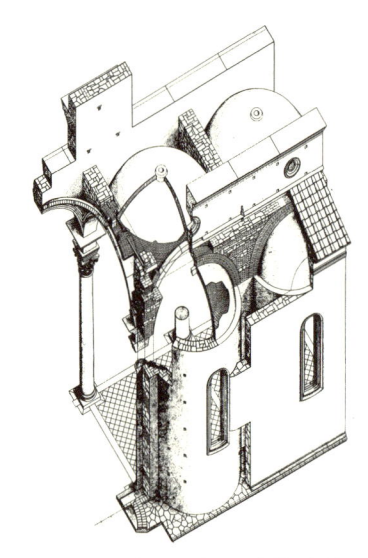

fig. 131　サント・スピリト聖堂の側廊とチャペル群の構造模式図

とを主張していた人物であったから、彼が計画変更に手を貸したはずはないと考えたい。しかし問題はそれほど簡単ではなかった。

　1479年、身廊の屋根の工事にかかり始めていたとき、その高さやクーポラの形状についての論議がなされ、サルヴィ・ダンドレアが作成したクーポラ模型を承認したが、それはサン・ロレンツォ聖堂旧聖器室のそれと同様なアムブレラ・ドームではあるが、それにブルネッレスキ案にはなかったドラムを加えた。これは身廊のクリアストーリィが高く持ち上げられていたためである。またクーポラの屋根は旧聖器室のような円錐形ではなく、アムブレラの上に半球形の木造屋根を載せた。その言い訳は、「フィリッポの形態を変えず、しかし可能なかぎりのことを追求する」というのであった。さらに1482年には、ファサードの検討が始まり、ジュリアーノ・ダ・サンガッロの図面に見えるような4つの入口を持つものではなく、伝統的な3つの入口のファサードとすべきことが論議され、1486年にはその方針に沿って、すでに一部着工されていたファサードを変更することとなった。

X. サント・スピリト聖堂

この変更案の審議に関わってトスカネッリの息子ロドヴィーコも諮問をうけていたらしく、この年の5月に、「〔父が〕ブルネッレスキから聞いていたところでは、その案の入口は4つであった」と証言していた[12]。当初案における外周に半円筒のアプスが連続する外観が、いつ現状のような平坦な壁に変更されたのかはよく分からない。これらは眼に見える大きな変更であるが、しかし問題はなぜクリ

fig. 132　サント・スピリト聖堂アクソメ図

アストーリィの高さが変えられなければならなかったかである。
　前述の如く、身廊のための最初の円柱が現場に持ち込まれたのは1446年のことであったが、おそらくそれ以前には、それらが用いられるはずの東側翼廊で、その妻側の側廊に取り付く半円形ニッチの壁は一部着工されていたと考えるべきである（西側にはすぐそばに中世の鐘楼があったので、それに触らなくて済むように、反対側から着手されたのであろう）。そして円柱を建て込み、側廊のセイル・ヴォールトを載せ、ニッチの四半球形ドームを造ってみたところ、これらの上にどのようにして屋根をかけるかという問題が生じたはずである。その時点ではすでにブルネッレスキは他界しており、おそらく模型には屋根の形は示されていなかったことから、現場担当者たちの模索が始まったとみられる。このニッチの屋根は、おそらくオルヴィエト大聖堂[13]側面に取り付く半円筒チャペル群と同様な半円錐の屋根が考えられていたとみられるが、しかし着工された形をそのまま繰り返して行けば、翼廊と身廊が交差するところの入り隅にある分については、半円筒

199

の壁とその上の四半球形のドームが重なり合う現象が生じ、重なり合う部分の内部では両側から壁を限界までえぐり取り、どうにかそれぞれに半円形に近い形を確保するという、苦肉の策をとっている。

　内部についてはそれでどうにかごまかすことができても、それらの屋根の重なり具合の方の問題がのこる。これまでの研究のほとんどは、内部での処理の問題に集中していて、この部分の屋根の処置についてはあまり触れていないようである。しかし私の見るところ、工匠（アントーニオ・マネッティ・チァッケリ？）たちは、すでにこの時点で半円錐の屋根を諦め、サン・ロレンツォ聖堂のチャペルの場合と同様な連続のさしかけ屋根を採用することにしたのではなかったかと考えられる。そうなれば当然のこととして、半円筒の連続する外壁は不都合となり、平坦な壁で覆い隠される。しかしこの小さな変更が、ただちに全体にまで影響を及ぼすこととなった。

　このチャペル群の屋根についての決定は、側廊のセイル・ヴォールトの上の屋根にも波及し、これも同様に連続するさしかけ屋根として身廊の壁に取り付くこととなる。この側廊の屋根は当然のことながらチャペル群の屋根より高い位置からかけられることとなり、身廊の壁に取り付く位置はかなり高くなるが、これがクリアストーリィに設けられる窓台の高さを決める。内部ではこの窓台の高さに合わせて、メイン・アーケードの上のサーヴィス用ギャラリィの高さが決められるわけで、そのギャラリィはアーケードのエンタブラチュアに載る形でなければならないから、そこからアーケード全体の高さが決まってしまう。かくて、アーケードのアーキヴォルトは、サン・ロレンツォ聖堂の場合のように頂部がアーキトレーヴに接するのではなく、その上に少し空白を挟んでアーキトレーヴが載り、さらにギャラリィを支えるコーニスとの間にはかなりせいの高い空白の壁面がとられることとなる。このため、建築的エレメントが相互の連関を失うと同時に、本来ならば平面を構成するモデュール（5 1/2ブラッチァ）から割り出される比例で考えられていたであろう内部の高さ関係の寸法が、これで完全に狂ってくる。

　これとは別にブルネッレスキの案から生じてくるもう一つの問題は、交

X. サント・スピリト聖堂

差部のクーポラを支えることとなる4本の大柱の扱いである。ジュリアーノ・ダ・サンガッロの図から推察されるオリジナル・コンセプトが、あたかもイスラームのモスクの内部のごとく、すべて同一の円柱のみで内部空間を構成するということであったとするなら、この交差部についても同じ円柱が用いられて然るべきである。実際1479年にクーポラの形についての審議が行なわれた際にその問題が論じられ、結局現状のような角形の大柱となり、サン・ロレンツォ聖堂と同じ解決策がとられる（すでにジュリアーノ・ダ・サンガッロの図でもそのようになっている）のであるが、アーケードが身廊と翼廊の2方向からこの角柱に取り付いてくる部分では、アーチとセットとなる半円柱をそれらの大柱に寄り添うかたちで取り付けざるを得ず、そこだけは柱間寸法は少し削られ、他のアーチと高さを揃えるべく、見た目にははっきりとは分からないが、アーチを半円より少し深めにしてごまかさなければならないこととなった（fig. 133を参照）。またこの角に当たる側廊のベイのセイル・ヴォールトも、実は完全な球面ではなく、微妙にひしゃげた曲面となっているのである。クーポラを支える交差部としては、その構造的強度を考えれば角柱とするのは余儀ない選択であったのかもしれないが、空間的な印象は全く違っていたはずである。

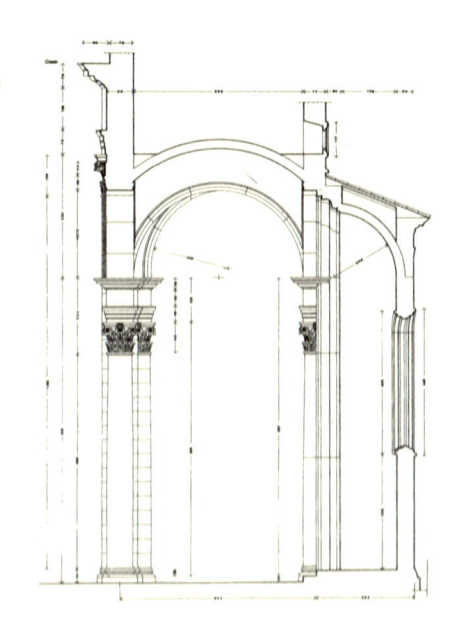

fig. 133　サント・スピリト聖堂側廊断面実測図

　ブルネッレスキがこの部分の処置をどのように考えていたかは不明であ

201

fig. 134　サント・スピリト聖堂外観

る。しかし一方で、この建物を詳しく実測調査してその比例構成を分析したレオナルド・ベネヴォロは、半円形ニッチのチャペルを採用したのは、この建物の架構全体を、身廊も含め、曲面ヴォールト架構とする意図があったからではなかろうかとする仮説を提起している[14]。しかしそうなると身廊の採光方法や翼廊・身廊いずれについてもその妻側の処理などが問題となり、事態はますます複雑となってしまう。こうした事情を考えるなら、ブルネッレスキの後継者たちがとった方法にもある意味では同情できる部分もなくはない。ブルネッレスキ自身もこうした問題をすべて予期していたとも考えられないからである。

　とはいえ、決定的にブルネッレスキのコンセプトから離れることとなってしまったのがファサード＝ナルテクス部分の改変であり、これによりセイル・ヴォールトを冠した側廊の同一のベイが建物全周を取り囲むという未曾有の空間構想は、どこかに消えてしまう。そしてこの構想を導き出し

X. サント・スピリト聖堂

ていたのは、おそらく半円形ニッチのチャペル群の着想であって、それを起点としてすべての空間が自己展開をとげてゆくというのがこの建築のテーマであったと考えられるのである。ジュリアーノ・ダ・サンガッロやブラマンテ、そしてミケランジェロやベルニーニまでも、この不完全な形で実現した建築から強い啓示を受け取っていたというのは、まさにその点であったと思われる[15]。結局後継の技術者たちには、ブルネッレスキの革命的なコンセプトの意義が全く理解できていなかったのであって、それが提起する技術的問題を解決するだけの想像力もまた手段も持ち合わせていなかったということであろう。もっとも、ジュリアーノ・ダ・サンガッロの図から想起される、4つの同一アーチが並ぶファサードがどのような建築的表情を創り出すことになったかを想像するのは、いまもってきわめて難しい課題である。なお、計画変更の連鎖を惹き起こすこととなった側廊屋根の形状については、クインテリオによる幾つかの復原案があるが[16]、いずれも決定的なものではない。

fig. 135 サント・スピリト聖堂側廊とチャペル屋根　クインテリオによる復原案

　ベネヴォロが指摘している如く、後継者たちが理解できなかったのは、ブルネッレスキの計画方法が、その部分と全体とが密接な関連を持っていて、一部に改変を加えようとすればたちどころに全体に影響を及ぼし、計画の筋道を狂わせてしまうような成り立ちをそなえているということであった。こうした計画手法は、ブルネッレスキ以後しばらくの間、ルネサンス建築からは見失われてしまう。そしてそのような傾向と並行して流行することとなるのが、建築的形態に強引に外から意味づけを行なおうとす

る「ネオプラトニズム」と称する風潮であって、形態のドラマを追求するよりは、「古典主義」によって権威づけられた考古学的形態のなかに、思いつくかぎりのアナロジィによって様々な象徴的意味を付会しようとするものだったのである。

注

1. Manetti-de Robertis, pp. 120-124.
2. その理由はよく分からないが、マネッティの執筆時点ではこの聖堂がまだ未完成で、しかもファサードなどの計画変更が検討されている最中であったことがその一つに挙げられたりしている。彼の自筆草稿は、この聖堂再建のごく初期の企画段階のところで中断しており、de Robertis 編のテキストは、その後の部分は別人の手で書かれた他の手稿から補充したもので、マネッティが何らかの理由で執筆を放棄してしまっていたということも考えられる。伝記としては、ブルネッレスキの死やその死後に与えられた栄誉などに触れるのが普通であるのに、そうした記述なしに終わっているのは、その当時ブルネッレスキについての評価や後継者たちの仕事について具体的に述べることに、ある種の差し障りが生じていたのではないかとの憶測も成り立つ。実際、ブルネッレスキをとりまく人々、特にその後継者たち——フランチェスコ・デッラ・ルーナやアントーニオ・マネッティ・チャッケリら——については実名を挙げることをせずに済ませているのも、そうした事情を反映している可能性がある。なおヴァザーリのこの建物についての記述 (Vasari-Milanesi, II, pp. 380-382) は、ミケランジェロによる賞賛の言葉を引いている以外は、マネッティの記す以上の内容は含んでいない。マネッティはブルネッレスキの死については、伝記の冒頭に "gli fu fatto tanto onore d'essere seppelito in Santa Maria del Fiore, e postovi l'effggia sua al naturale, secondo che si dice, sculta di marmo a perpetua memorie, con un tanto epitaffo" と記しているだけである (Manetti-de Robertis, p. 47)。
3. 1440年代以後のこの建物の工事経過を示す史料は、Eugenio Luporini, *Brunelleschi, Forma e Ragione*, Milano 1964 に収録されている。
4. サンタ・クローチェ修道院の僧院は1423年に火災に遭い、その修復工事が1445年ころまで続いていた。
5. La Battaglia di Anghiari. フィレンツェとヴェネツィア、それに教皇の軍勢か

X. サント・スピリト聖堂

らなる連合軍が、フィリッポ・マリーア・ヴィスコンティのミラノ軍と対戦した事件。戦闘はほぼ一昼夜でけりがつき、地の利を活かしたフィレンツェ側が数では遙かに勝るミラノ軍を撃退した。これにより15世紀初めから繰り返されていたミラノとの間の抗争に一応のけりがつくこととなる。この戦争での死者は双方あわせて600人ほどであったと推定されていて、大がかりな合戦のわりには双方とも被害は少なかったとみられる。マキァヴェッリはこの戦争について、「20時間から24時間もかかった戦闘のわりには、死者は1人だけ、それも勇敢に戦った末の戦死ではなく、落馬によるものであった」としていた（《戦術論》*Dell'arte de guerra*, 1516/1520）。この戦争が有名となったのは、むしろレオナルドが1503年にパラッツォ・ヴェッキオ内に描いたフレスコ（失われてしまい、レオナルドの下描きとルーベンスによるスケッチがあるのみ）のおかげであったと言える。

6. 第 V 章の注11参照。

7. Biblioteca Vaticana, *Codice Barberiniano*, Lat. 4424, f. 14 r.　同じくジュリアーノの手になる別の平面図（モデュールを縮めて柱の数を増やし短手の側面を奇数の5スパンとしたもの）がシエナの図書館にあるが（*Taccuino senese*）、こちらはかなり晩年になってからサント・スピリトにヒントを得て作成した空想的プロジェクトであったとみられる。なお、これらのジュリアーノのノートは、様々な古今の建物の実測図や空想的な復原図（アテネのパルテノンの図まである）など含み、おそらく1480年ころから作成されていたものを晩年になってまとめたものと考えられる。これ以後ルネサンスの建築家たちは競ってこうした図を描き自分の創作のための手引きとするようになるが、そうしたものの初期の例として重要視されている。ジュリアーノ・ダ・サンガッロの伝記については、ヴァザーリ（Vasari-Milanesi, IV, pp. 267-291. これは弟の Antonio da Sangallo il Vecchio を一緒に扱っている）は別として、古典的な研究としては C. von Fabriczy, "Giuliano da Sangallo", in *Jahrbuch der Königlich Preussischen Kunstsammlungen*, XXIII, 1902, 25 があり、これまでのところ最も完備したものとされているのが Giuseppe Marchini, *Giuliano da Sangallo*, 1942 である。最近のものとしては Stefano Borsi, *Giuliano da Sangallo: i disegni di architettura e dell'antico*, 1985 がある。

8. 聖堂の西翼廊に前室を挟んで取り付く8角形の建物。中世建造の鐘楼を取り壊し、その跡地に造られた。古典主義を目指していたジュリアーノらしく端然とした空間であるが、クーポラはブルネッレスキ風のアンブレラ・ドームとなっており、随所にブルネッレスキへの敬意が読み取れるものとなって

いる。

9. Simone di Tommaso del Pollai[u]olo, detto il Cronaca (1457-1508). ロレンツォ・イル・マニフィーコの時代からサヴォナローラの「共和国」時代（1494-98）にかけてフィレンツェで活躍し、サヴォナローラの命を承けてパラッツォ・ヴェッキォ内の大広間（「1500年の広間」Salone del Cinquecento, 1494）を造り、またジュリアーノ・ダ・マィアーノやジュリアーノ・ダ・サンガッロの後を承けてフィレンツェのパラッツォ・ストロッツィ Palazzo Strozzi を完成させたこと（1504）などで知られる。「イル・クロナカ」の別称は、彼が自分が見てきたローマの遺跡について事細かに語るのが口癖であったことから、「情報屋」cronaca と呼ばれることとなったものという。クロナカの建築は、サンガッロ的な古典主義を引き継ぎながらも、この時期のフィレンツェの不安定な政情を反映したようなある種の神経質な、中世風への回帰を感じさせる作風が特徴となっている。Cfr., Vasari-Milanesi, IV, pp. 441-54. クロナカについてはファブリツィの古典的な研究（C. von Fabriczy, "Simonoe del Polaiuolo, il Cronaca", in *Jahrbuch der Königlich Preussischen Kunstsammlungen*, suppl. n. 27, 1906, pp. 1-25）の他、G. Marchini, "Il Cronaca", in *Rivista d'Arte*, 23, 1941, pp. 99-136 などがある。

10. この工匠については第Ⅴ章の注21, 22を参照。

11. Giovanni da Mariano, detto lo Scorbaccia ; Salvi d'Andrea. これらの人物については経歴不詳。

12. Luporini, *op. cit.*, pp. 238-39 (doc. 33. from Gaye, 1849, II, p. 451). "e chi diceva di 3, e chi di 4, e chi di fare modelli, eccetto che Maestro Lodovicho, che disse che Maestro Pagholo aveva detto che aveva sentito da Pippo di Ser Brunellesco, che le porti avevano a esser 4, ma che modo avesino a stare, che nol sapeva..." このときにはジュリアーノ・ダ・マィアーノも諮問を受けていて、彼は入口は3つとする派であった。

13. Duomo di Orvieto (La Cattedrale dell'Assunta), c.1290-1390. シエナの大聖堂、フィレンツェの大聖堂とならぶ中世イタリアにおける代表的な聖堂建築であった。基本計画にはアルノルフォ・ディ・カムビオが関わったのではないかとの説がある。平面は翼廊が奇妙に歪んで取り付いた形であるが、両側面に5つずつ半円筒形のチャペルが取り付いている。

14. L. Benevolo, S. Chieffi, G. Mezzetti, "Indagini sul S. Spirito del Brunelleschi", in *Quaderni dell'Istituto di Storia dell'architettura*, 15, 1968, pp. 1-52.

15. このテーマはブラマンテのパヴィアの大聖堂 Duomo di Pavia (1488-) で大々

的に試みられていたし、ヴァザーリはミケランジェロがこの建築を絶賛していたことを紹介している（前出の注2）。またバッティスティは、バロックの巨匠ベルニーニが「これは世界で最も美しい聖堂だ」と弟子に語っていた旨を記している(Battisti, p. 196)。
16. Francesco Quinterio, "Sull'alzato di Santo Spirito", in Battisti, *op. cit.*, pp. 197-221.

XI. サンタ・マリーア・デリ・アンジェリ修道院「ロトンダ」

fig. 136　サンタ・マリーア・デリ・アンジェリ修道院「ロトンダ」
　　　　（ピアッツァ・ブルネッレスキ側＝南側外観）

XI. サンタ・マリーア・デリ・アンジェリ修道院「ロトンダ」

　1434年、フィレンツェの輸入繊維商組合[1]は、オスペダーレ・デリ・イノチェンティの南東裏手に位置するカマードリ修道会[2]のサンタ・マリーア・デリ・アンジェリ修道院 Monastero della Santa Maria degli Angeli のためのオラトリウム建設をブルネッレスキに依頼した。そのための建設資金は、もともとは、フィレンツェの有力な家系であるブォンデルモンテ・デリ・スコラリ家出身のアンドレア・ディ・フィリッポ・ディ・レンツィ・デリ・スコラリ[3]の遺言によって、フィレンツェ近郊ヴィッキオ Vicchio にカマードリ修道会の僧院を建設するために、その弟でハンガリィ王の傭兵隊長として有名なフィリッポ・デリ・スコラリ、通称「ピッポ・スパーノ」[4]に託されていた遺産と、もう一人の兄弟マッテオ・ディ・フィリッポ・デリ・スコラリ[5]が同様に、カマードリ修道会の別の僧院建設のためにピッポに託していた遺産で、もしピッポがそれを履行できなかった場合には、輸入繊維商組合に託することになっていたものであった。ピッポは両者から託されただけの資金では二つの僧院を建設するのは無理であると訴え、教皇から一つの僧院の建設だけでよいとする許可を得ていたが、当のピッポ自身も同じ1426年には死去してしまう。その後フィレンツェと教皇との間の関係やハンガリィ王との間のごたごたがあり、しばらくのあいだこの遺言は執行されないままとなっていたが、ようやく1431年になって教皇からの決済がドり、1434年には修道院と輸入繊維商組合との間で最終合意がなされ、フィレンツェの修道院のオラトリウム建設にその費用を充てることとなった[6]。

　建物は修道院敷地の南西角に取り付くような形で計画され、工事は1435年に着工されて1437年ころまでは順調に進んだが、この年にはまたルッカとの戦争が再発し、市営貯蓄銀行に寄託してあった建設資金が凍結され、壁が4.5 m ほどの高さまで建ち上げられたところで中止されてしまう[7]。マネッティはこれについて次のように記している[8]。

　「その神殿〔マネッティは "tempio" と表現している〕は、外側は16の面からなり、内部は同一の形の8つのチャペルををそなえるもので、現在見られるのは、

211

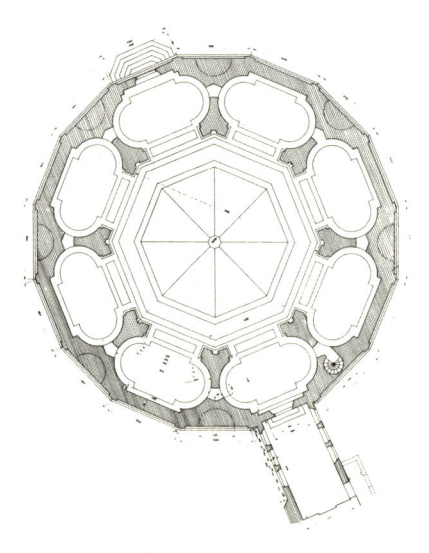

fig. 137　サンタ・マリーア・デリ・アンジェリの「ロトンダ」平面図

内部ぐるりのチャペル群全部とその付柱がかなりの高さまで建ち上げられている状態で、柱頭はまだ載せられていない。それでいながら、これが蒙ってきた難儀にもかかわらず、まことに堅牢に巧みをこらした姿で持ちこたえてきているのは、大いなる驚異である。この神殿をめぐっては、フィリッポのその才腕について言うべきことが多々あり、それらはその模型や彼の指示による仕上げなどに見出されるものである。それは言うなれば内外共にすべて古代の方式に拠っていながら、その創意によって全く新しい美を目指すまでに至っているとすべきであろう。それには〔そのような方式をとろうとすれば〕困難が伴い、大いなる不都合を惹き起こすものなのだが、それら〔の不都合〕は矯正され、使いやすくまた費用も節減されているのである。そこには人々をして考えさせまた調べさせようとする多くのものがあり、その様々なことどもが人々に驚嘆の念を起こさせるのである。これについては人の話を聞いたりするよりは実際に調べてみることの方がはるかに有益である。これよりのち、あまりきちんと考えもせずに、この神殿と同じようなものを別のところに造ろうとする動きがあったようだが[9]、他のことはさておいても、その神殿自体は、その形だけにこだわってみても意味がなく、主祭壇や後陣〔coro〕などにそのまま応用できるようなものではないのである。」

当時のサンタ・マリーア・デリ・アンジェリ修道院は、フィレンツェにおける（ということは全西欧における）人文主義運動のセンター的役割を果た

XI. サンタ・マリーア・デリ・アンジェリ修道院「ロトンダ」

していたところで、その院長アムブロジォ・トラヴェルサリ[10]は、初期キリスト教の教父に関する研究、特に聖アムブロシウスの伝記作者として知られ、ギリシア語やヘブライ語に精通し、多くの初期キリスト教関係文献を翻訳している。彼は1431年にはカマードリ修道会の総帥となり、教皇エウゲニウス四世の片腕として各地の宗教会議で活躍、教皇が目指す東西教会の統合に努力していたといわれる。彼は教会人でありながら人文主義に深く傾倒し、コージモ・デ・メディチ（イル・ヴェッキォ）とも親しく、修道院はフィレンツェの人文主義者たちが聖俗を問わず集う場所となっていたといわれる。

このオラトリウムで「集中式聖堂」の平面形式を採用するについては、トラヴェルサリの意向が強く働いていたと考えられ、それらの形態と空間各部には明確な宗教的意味と用途が振り当てられていたのだという。すなわち、マネッティが示唆している如く、ここは市民に公開される普通の聖堂とは異なり修道士たちだけのための勤行の場であり、入口は東側の（修道院の庭から四角い前室を挟んで）一つだけで、それと向かい合う西側のチャペルは聖母のために充てられ、その両側に続く他の6つのチャペル群は一つに2人ずつ十二使徒を祀ることになっていたのだという[11]。そして8角形はそれ自体が「託身」Incarnazione と「救済」Redenzione の象徴だというのである[12]。かくてこの建築は、特殊な用途に充てられたいわば特殊解であるにもかかわらず、そうした建築形態にまつわる象徴性をはっきりと具現化してみせた最初の「集中式聖堂」として、逆説的にその後のすべての西欧キリスト教建築の普遍的なモデルとされ、繰り返し模倣されてゆくこととなるのである。その例はレオナルドのノート[13]をはじめ、ジゥリアーノ・ダ・サンガッロによるサント・スピリト聖堂聖器室[14]、ブラマンテのサン・ピエトロ聖堂の計画[15]、そしてローマのサン・ジョヴァンニ・デイ・フィオレンティーニ聖堂の競技設計[16]など、枚挙にいとまがない。

このような、建築にとっては外側からの象徴性の要請を、ブルネッレスキがどのように受け取ったかは分からないが、しかしこれまで見てきたよ

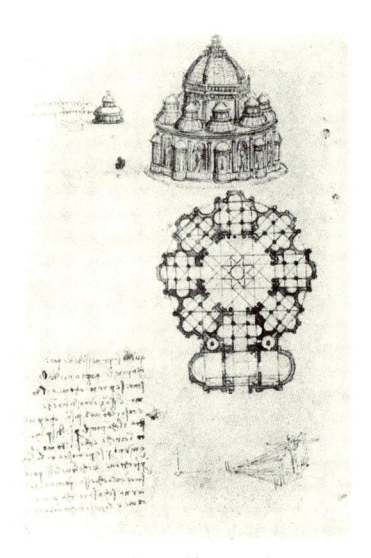

fig. 138 レオナルドのノート
Cod. Ashburnham, 2037, 5 v.,
Bibliothèque Institute de France

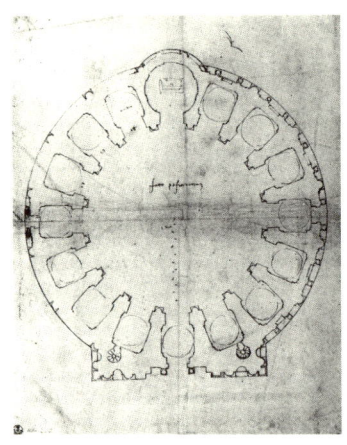

fig. 139 アントーニオ・ダ・サンガッロ・イル・ジョヴァネによるサン・ジョヴァンニ・デイ・フィオレンティーニ聖堂計画案　Uffizi, GDS. n. 200 A.

うな彼の建築作法にとっては、またとない実験の機会を与えてくれるものであったことは疑いない。ここには後の大聖堂のクーポラ頂塔やドラムに取り付くエクセドラなどにつながる様々なアイデアが現れており、少なくともその平面から推察されるかぎり、それらすべてが間然するところのない見事な統合体となっている。マネッティの言うごとく、これは言葉で説明するよりは実物を見るに如かない。それはローマのサンタ・コスタンツァ聖堂[17]、あるいはアーヘンの「宮廷礼拝堂」[18]やディジョンのサン・ベニーニュ聖堂地下祭室[19]のような中世キリスト教における集中式聖堂の記憶を想起させると同時に、古代ローマのネロの地下宮殿「ドムス・アウレア」[20]の8角形ホールやハドリアヌスのヴィッラにおける「黄金の広場」[21]のような、一つの空間モティーフが自在に自己展開をとげてゆく前衛的な建築のあり方とが、一体となって結実したものということができる。これが完成していたならば、おそらく彼の到達した建築的目標を最も明確に示すものとなっていたと考えられる。その意味でこの建築は、ごく規模の小さい小品ではあるが、ブルネッレスキにとって大きな転機を画するも

XI. サンタ・マリーア・デリ・アンジェリ修道院「ロトンダ」

のであり、またその円熟を示す作品であって、ここから真の意味での「ルネサンス建築」がスタートしたのだとも言えるかもしれない。ブルスキが「これはもはや部材によって形作られる骨組みでもなければ、壁が造るマッスでもない、……それは空間そのものの造形である」としている[22]のは、この建物の特質を的確に言い表したものと言えるだろう。

しかしこうしたプランの完璧さは、かえってこの未完の建物の完成予想図作成を難しいものとしている感がなくもない。マネッティが言っていた「模型」はおそらく修道院が保管していたに違いないが、とうの昔に所在不明となっており、またヴァザーリはブルネッレスキ自筆の図面（「平面図と仕上げ図」"le carte della pianta e del finimento"）を所蔵していると書いているが[23]、これらも人手に渡って、19世紀頃までは所在が確認されていたらしいものの、その後の行方は不明となっている。しかし平面図だけは様々な手で描き写されたらしく、ジュリアーノ・ダ・サンガッロの例のヴァティカンの *Codice Barberiniano* のノートにあるもの[24]

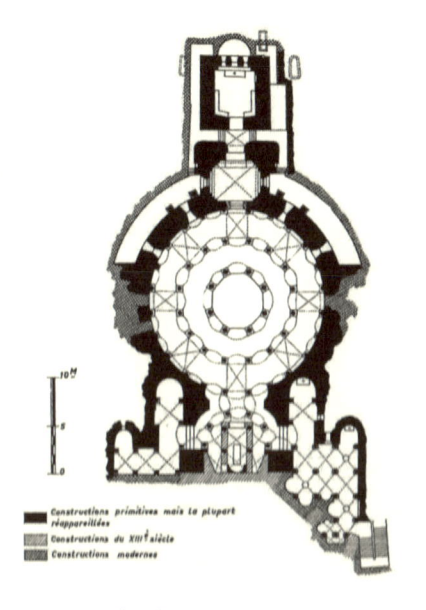

fig. 140　ディジョンのサン・ベニーニュ聖堂地下祭室平面図

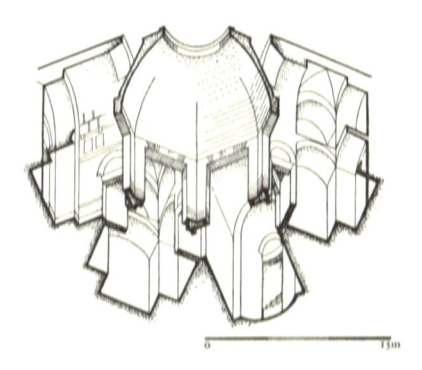

fig. 141　ドムス・アウレア8角形ホール

fig. 142 ジュリアーノ・ダ・サンガッロによる「ロトンダ」図面 Cod. Barberiniano, 4424, f. 15 v.

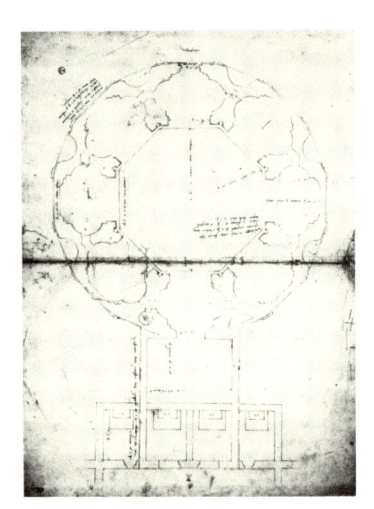

fig. 143 ウッフィツィ蔵「ロトンダ」平面図 Uffizi, GDS., n. 7982 A

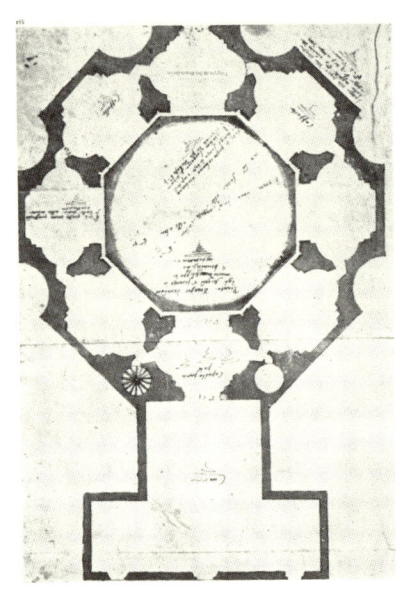

fig. 144 ルーヴル蔵の「ロトンダ」平面図 Louvre, Cabinet des Dessins, n. 681

やウッフィツィ所蔵の数葉の図[25]、ルーヴル所蔵の図[26]など、かなりの数にのぼる。それらのうち最も正確で書き込み寸法なども信頼できるのがジュリアーノ・ダ・サンガッロのものとされているのであるが、これらだけからでは3次元の復原は難しい。

15世紀前半頃のフィレンツェ市中の主な建物を描いた Codice Rustici [27]の中にサンタ・マリーア・デリ・アンジェリ修道院のものがあり、その塀の右端角に取り付くような形で描かれているのが「ロトンダ」であると考えられ

XI. サンタ・マリーア・デリ・アンジェリ修道院「ロトンダ」

る。これは敷地を北北東の方角から眺めた様子とみられ、不思議なことに、出来上がっていなかったはずのクーポラやそれを取り巻くチャペルの屋根らしきものまでが描かれている。従ってこの絵をどこまで信用できるかは大いに疑問が残るところなのだが、これを描いた金銀細工師マルコ・ル

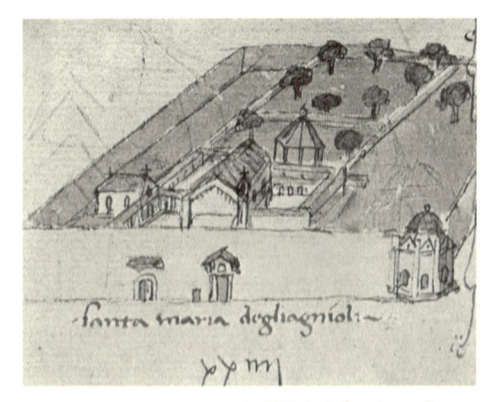

fig. 145 *Cod. Rustici* に描かれた「ロトンダ」

スティチは、かなり手広くフィレンツェ市中の修道院や聖堂を得意先として出入りしていた様子があり、あるいはサンタ・マリーア・デリ・アンジェリの修道院にも顔が利いて、ブルネッレスキの計画について見聞き出来たのかもしれず、それに従って完成予想図（?）を描いたということも考えられ、ともかく建物が建ち上がった姿を描いたほとんど唯一の絵画史料[28]でもあり、むげにこれを却下してしまうことはできない。

　マネッティの言うところでは「内外共にすべて古代の方式に拠っている」というのだが、それにしてはやや奇妙なのがチャペルの屋根で、外に三角の切り妻を見せたものがぐるりと廻らされている様子である。これはまるでアルノルフォ・ディ・カムビオによるローマのサン・パオロ・フォリ・レ・ムーラ聖堂内の「チボリオ」ciborio[29]のようで、あまり古代風には見えない。しかしブルスキは[30]、ブルネッレスキの建築的発想のスタート地点には、アルノルフォによる建築的革新があったのであって、その ciborio にみる自己完結的空間構成がブルネッレスキの建築の基本要素となっていると力説しており、このサンタ・マリーア・デリ・アンジェリの「ロトンダ」の復原の試みでも、おそらくルスティチの絵も参考にしながら、チャペル群の屋根に三角形の破風を取り付けたものを提案していた[31]。これまでのところこのブルスキの復原案が最も信頼すべきものと認められている

217

ようであるが、高さなどについてはまだ不確定な部分がのこり、またチャペル群側面の窓やニッチの形状についても、これを正確に見きわめる手がかりはない。

そして問題ないかに見えた平面についても、幾つか疑問があり、聖母のためのチャペルと推定された入口向い側のものが、実は外の街路からの入口に充てられていた可能性がある。さきに挙げた平面図の中の幾つかは、この西側面が開口となっているかのような描き方をしており[32]、実際、建物西側のカステッラッチォ通り Via del Castellaccio に面しては柱廊を設け、その西側にある建物群を除却してセルヴィ通り Via dei Servi まで広がる広場

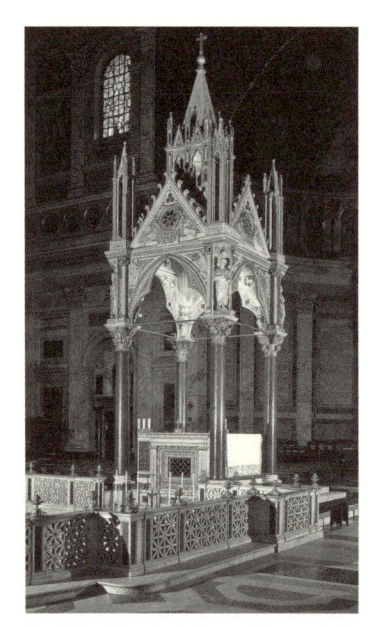

fig. 146 アルノルフォ・ディ・カムビオ、ローマのサン・パオロ・フォリ・レ・ムーラ聖堂内の Ciborio

とする計画があったらしい[33]。そしておそらくこれと関わって東側前室は後陣 "coro" として利用する計画があったとみられ、その様子は GDS., n. 7982 A などからも窺われる。しかし実際にはこれは実施された形跡はなく、その原因は1434年における工事契約に2種類があって、2月14日のものと4月14日のものがあり、その後者の方に広場と "coro" の件が出てくるのである。これをどう解釈するかであるが、バッティスティによれば、これは2つのグループ（修道院側と輸入繊維商組合側）が別々に方針を出していたものであって、一連の計画として考えるべきではないとしている[34]。これに対しブルスキは、一連のものだが実施に至らなかったと見ているようである[35]。ともかくこの広場計画は陽の目を見ず、前室の部分も20世紀になってこの建物がフィレンツェ大学文学部の教室として使われることと

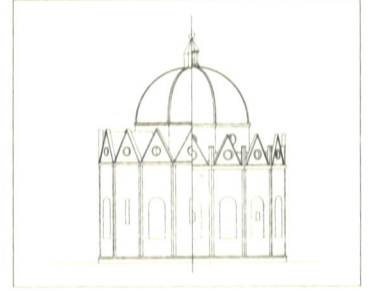

XI. サンタ・マリーア・デリ・アンジェリ修道院「ロトンダ」

fig. 147 「ロトンダ」推定復原図 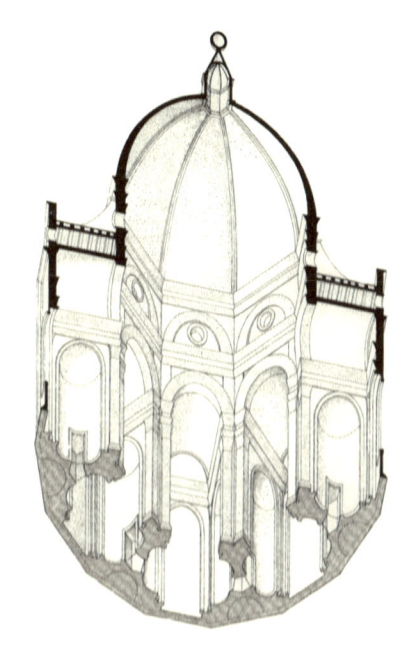　　fig. 148 「ロトンダ」推定復原図アクソメ

なった際に改造を受け、これらの計画案がどのように扱われたのかは不明のままである。

　しかしこれらの事実が、マネッティが「その神殿自体は、その形だけにこだわってみても意味がなく、主祭壇や後陣〔coro〕などにそのまま応用できるようなものではないのである」と言っていたことと、どのように関わるのかという疑問が生じる。この発言は、ミケロッツォがサンティッシマ・アンヌンツィアータ修道院聖堂に同じような8角形の後陣を造ろうとしたことを暗に指したもので、これはブルネッレスキがミケロッツォのやり方を批判していたことと関わるものとされているのだが、実は当のサンタ・マリーア・デリ・アンジェリの「ロトンダ」の方の用途についても、方針が揺れ動いていたのではないかと考えざるを得ない。それは伝統的な教会典礼のやり方には馴染まないきわめて異例なこの聖堂形式をどのよう

に受け取るべきかが、この時期まだ意見の一致を見ておらず、様々な抵抗があったことを示すものであろう。後世の美術史家たちがもて囃すほど、この「集中式聖堂」形式はすんなりと社会に受け入れられるようなものではなかったと考えられるのである。

ミケロッツォの建築に対するブルネッレスキの批判というのは、ブルネッレスキの死後かなり経ってからの史料に現れるもので、1471年にドメニコ・ダ・ガイオーレがマントヴァ侯ルドヴィーコ・ゴンザーガ[36]

fig. 149 「ロトンダ」内部

に宛てた書簡の中にみられる。この建設事業の複雑な経過についてはここでその詳細に立ち入ることは出来ないが、乱暴にまとめれば以下のようなことになろう[37]。

　13世紀建造のサンティッシマ・アンヌンツィアータ修道院聖堂本体は、翼廊も側廊も持たない長方形平面の建物で、長手側面に沿ってチャペルが取り付くだけのシンプルなものであったが、これに独立した空間をそなえる内陣および後陣を設けたいというのは、修道院側の悲願であったとみられる。一方、フィレンツェ市はマントヴァのゴンザーガ家に対して、かつて戦争援助に関わって多額の債務を負っていたが、マントヴァ侯（ルドヴィーコの父）はその金額をサンティッシマ・アンヌンツィアータ聖堂の修理・建設に役立てるように遺言していた。修道院はこれを当てにして1444年にミケロッツォに内陣の設計を依頼したのであった。ミケロッツォは1453年まで関わっていたが、工費が底をつき（おそらくフィレンツェ市がゴンザーガから託された約束の履行を渋ったため）、ミケロッツォが設計した8角形の内陣は基礎と壁の一部が造られただけで1455年以後中断したままと

XI. サンタ・マリーア・デリ・アンジェリ修道院「ロトンダ」

なっていた。その後工事はアントーニオ・マネッティ・チァッケリに託されたようで、彼がミケロッツォの案に若干の修正を加えた模型を造っていたことが知られるが、彼は1460年には死亡しており、実際の工事にどれほど関わったのかはよく分からない。ルドヴィーコ・ゴンザーガは1469年以後幾度かフィレンツェを訪れ、父の遺言を執行することに努め、フィレンツェ市の債務を越す金額を上積みして工費を補填することで、動きの鈍いフィレンツェ市当局に圧力をかけ工事を進めようとしていた。

そしておそらくルドヴィーコはかねてから尊敬していたアルベルティに助言を求め、ミケロッツォ=マネッティ・チァッケリの案に修正を加えたもので工事の続行を命じて

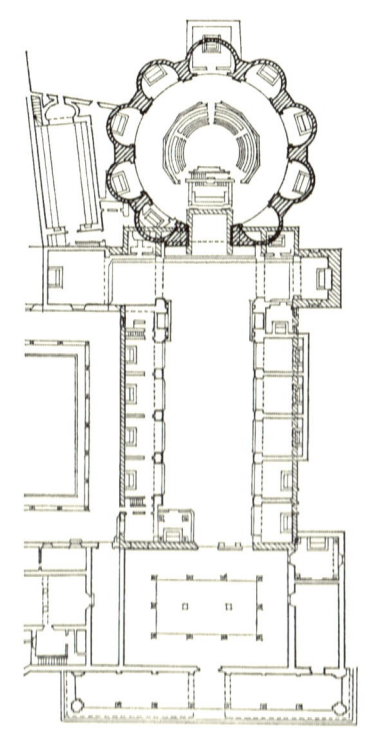

fig. 150 サンティッシマ・アンヌンツィアータ聖堂とミケロッツォの「ロトンダ」平面

いたらしい[18]。しかしこれに対しては激しい反発が起こり、典礼に不向きであるとかチャペルが小さい、人口が狭くまた大勢の会衆を収容できない、はたまた婦人の礼拝に不便であるとか様々な理由をつけて、フィレンツェ市の要職にあったジョヴァンニ・アルドブランディーニ[19]がラテン十字の平面に戻すべきだとルドヴィーコに訴えて、「アルベルティ案」の撤回を求めるまでとなる。このような異議が修道院側から出たものか、あるいは輸入繊維商組合の意向であったのかは不明である。修道院がこれについて何らかの意向を表明したような形跡は一切認められない。

ドメニコ・ダ・ガイオーレがどのような経緯でこの問題に介入すること

fig. 151　サンティッシマ・アンヌンツィアータ聖堂とその「ロトンダ」俯瞰

になったのかはよく分からないが、彼はルドヴィーコの代理人を務めていたフィレンツェの商人ピエトロ・デル・トヴァリア Pietro del Tovaglia を通じてルドヴィーコに近づき、自分に任せてくれれば「アルベルティ案」の筋に沿った形で工事が進められるとしていた。1471年5月3日にルドヴィーコに宛てた書簡の中で彼は、「ミケロッツォが設計したその建物は、私どもの師であるフィリッポがそのやり方を批判していたものでありますが、その理由は多々あり、まずこれが聖堂のすぐそばに造られてしまったため、聖堂にとって都合の良い交差部のための余地がなくなっていることです。またその中に祭壇を置くことも出来なければチャペルに必要な後陣〔coro〕も設けられないからということでありました。だからこの建物それ自体がいけないとして全面的に批判していたのではなかったのです」としている。

　この発言はマネッティの証言とその趣旨がほぼ同じであるが、ドメニコがわざわざブルネッレスキの言葉を引き合いに出しているのは、おそらくその言葉が独り歩きして、集中式聖堂一般に対する批評と受け取られていた事情があったと思われる[40]。トヴァリアがドメニコをルドヴィーコに

XI. サンタ・マリーア・デリ・アンジェリ修道院「ロトンダ」

紹介したのは、彼がかつてアルベルティが改造に関わったルッチェッライ家の菩提寺サン・パンクラツィオ聖堂[41]の工事を担当していたことがあり、アルベルティの手法に通じているからということであったが、彼がどこまでアルベルティの建築理念を理解していたかは疑わしい。彼はアルベルティの作品を見たいからマントヴァに呼んで欲しいとルドヴィーコに頼んでいるが、サン・ロレンツォ聖堂の工事の際のコージモ・イル・ヴェッキォに対する進言[42]でも、ブルネッレスキに対する忠誠心から出たものというよりは、仕事ほしさの動機からであったように見えなくもないし、この度もアルベルティへの敬意を装うポーズにすぎなかったようにも思われる。

フランコ・ボルシはこのエピソードを当時のフィレンツェにおける「ローマ的なるもの」への反感、ひいてはそれが「反アルベルティ」感情にまでつながっていった例としてとりあげており[43]、それは大方の美術史家たちの共通した認識となっているようであるが、それもさることながら、それがここでは「集中式聖堂」への反感にまで結びついていたことに注目したい。しかもその口実となっていたのが、その形式の産みの親であったはずのブルネッレスキによる批判の言葉であったらしいということである。

この込み入った、もつれた感情は、ブルネッレスキ没後のフィレンツェ文化の危機的状況を示すものと言えるかもしれない。それはサント・スピリト聖堂の計画変更を招くこととなった原因の一つであり、その他サン・ロレンツォ聖堂やパッツィ家礼拝堂のコンセプトを曖昧にしてしまうこととなるものでもあった。メディチ家の庇護のもとに絵画や彫刻は未曾有の活況を呈していたかに見えるが、それらの革新に先鞭を付けたはずの建築は、この時点ではもはや清新さを失い、その後の建築の主たる舞台は、ローマをはじめとする他の都市に移って行くこととなるのである。

未完のまま放置されたサンタ・マリーア・デリ・アンジェリの「ロトンダ」は、1579年になってトスカーナ大公コージモ一世がこれを完成させる話を持ちかけるが[44]修道院側は拒否し、廃墟の姿で建ち続けていた。19世紀には彫刻家の仕事場になったり、病院のために充てられたりしていたが、

fig. 152　サンタ・マリーア・デリ・アンジェリ修道院「ロトンダ」俯瞰

1934年から40年にかけて、大学の校舎に転用するために修復がなされ、現在の姿となった。

　このように見てくると、ブルネッレスキの建築はいずれも、彼個人に対する評価の高さにもかかわらず、あまり正当な扱いを受けていなかったと言わざるを得ない。作品が生前には評価されないという事態は、時代に先んじた前衛の場合にはしばしば起こりうることではあるのだが、ブルネッレスキの場合、彼の目指したものの本質が理解されないまま、巧妙な器械の考案や巨大建築に挑むという力業的な側面だけで評価されてしまい、建築的細部にこめられた真に革新的な部分については、その意義を理解できたのはアルベルティやジュリアーノ・ダ・サンガッロなどの一握りの人々だけであったということなのである。絵画や彫刻の援けを借りない、あるいは政治的権威におもねることをしない、建築独自の技術を模索するというブルネッレスキの掲げた目標は、当時のフィレンツェ社会、ないしはそ

XI. サンタ・マリーア・デリ・アンジェリ修道院「ロトンダ」

の基本イデオロギィとされるブルーニやコージモ・イル・ヴェッキォらの「人文主義」からも、必ずしも双手を挙げて歓迎されるものではなかったのだ。

　「人文主義」が「建築の発見」を促したとする「ルネサンス神話」は、残念ながらそのまま受け取る訳にはゆかない。その「人文主義」者たちが支持していたのは、ブルネッレスキではなくミケロッツォやドナテッロ、あるいはジュリアーノ・ダ・ミァーノらの「古典主義」であって、それらの方がむしろ「ルネサンス建築」の主流として、全イタリア、そして全ヨーロッパへと普及してゆくこととなるのである。ブルネッレスキの提起した課題——建築独自の技術の確立——を引き継いだのは、プロならざるアマチュアの建築家アルベルティであった。

*

　ブルネッレスキは1446年4月15日深更、死亡する。享年69歳であった。1442年の資産報告の中で、あるいは残された時間が長くはないことを感じていたのか、「私は老齢となり、もはやあまり精励できなくなりました」と言っていたといい[45]、またすでに1431年と1441年の2度にわたって遺言書を用意していたという[46]。死因は知られていないようだが、おそらく永年にわたる激務で体をすり減らしていたものと思われる。

　その死にあたりドゥオモの「オペライ」は、1年後になってようやく生前の未払いであった給料（3ヶ月半分）を支払っている[47]。彼のデスマスクとされるものが Museo dell' Opera del Duomo に保存されており、果たして本物かどうかについては若干の論議があったが、現在は真正のものと認められているようである[48]。「オペライ」は1446年12月30日、大聖堂で葬儀を行なうことを決定し、翌年の2月には大聖堂内にその墓のための場所を確保した[49]。それまでの間は、柩は鐘楼の方に安置されていたらしい。2月27日にはアンドレア・カヴァルカンティ（ブッジャーノ）にブルネッレスキの胸像を造ることを命じている[50]。

225

fig. 153　ブルネッレスキのデスマスク
Museo dell'Opera del Duomo

fig. 154　ブッジァーノ作ブルネッレスキ胸像

　1447年5月19日、葬儀に合わせフィレンツェ市書記官長カルロ・マルスッピーニ[51]によって、以下のような墓の銘文が選定された。

QUANTUM PHILIPPUS ARCHITECTUS ARTE DAEDALEA VALUERIT CUM HUIUS CELEBRIMI TEMPLI MILA TESTUDO TUM PLURES MACHINAE DIVINO INGENIO AB EO ADINVENTAE DOCUMENTO ESSE POSSUNT, QUA PROPTER OB EXIMIAS SUI ANIMI DOTES SINGULARESQUE VIRTUTES XV KL., MAIAS ANNO MCCCCXLVI EIUS B.M. CORPUS IN HAC HUMO SUPPOSITA GRATA PATRIA SEPELLIRI IUSSIT.

〔誉れ高き建築家フィリッポのそのダイダロスの業の数々は、この名高き聖堂の壮麗なる円蓋及び神のごとき才知により創り出されたる数多の器械に表れたり。またその優れたる心栄えと類い希なる美徳により、その遺骸は、母国の命により、1446年5月15日、ここに葬らるるに値するものなり。〕

注

1. Arte della Calimala については第Ⅰ章の注23参照。
2. Ordine Camaldolese. アレッツォ Arezzo 北方のカマードリ Camáldoli を本拠

XI. サンタ・マリーア・デリ・アンジェリ修道院「ロトンダ」

としているベネディクト修道会の一派で、11世紀に東方の隠者的修道生活をとりいれ設立されたものであるが、一方で写本やそのための文献研究、造本、ミニアチュールなどの技術を奨励し、地域の文化センター的役割を果たしていた。

3. Andrea di Filippo di Renzi di Buondelmonte degli Scolari. 現在のルーマニア領内、当時はハンガリィ領であった Varadino（現在名 Oradea）の司教であった (m.1426)。

4. Filippo di Buondelmonte degli Scolari, detto il Spano（1369-1426）. この時期のフィレンツェはハンガリィとの交流が盛んで、そのことは *La Novella del Grasso* の主人公がハンガリィまで落ち延びたとされていることからも窺い知れる。フィリッポ・デリ・スコラリは、ハンガリィ王シジスモンドにとりたてられ、トルコやヴェネツィアとの戦争で功績を挙げ、"Ispán"（ハンガリィにおける「領主」の意）の称号を与えられたことから、「スパーノ」の名で呼ばれることとなった。彼は9人の著名人のうちの1人として、アンドレア・デル・カスターニョ Andrea del Castagno（Andrea di Bartolo di Bargilla, detto il Castagno, c.1421-57）によって、フィレンツェ近郊の Villa Carducci 内のフレスコ「著名男女の肖像」 *Uomini e donne illustri*（c.1450）の中にその姿が描かれていることでも有名（フレスコは現在はウッフィツィに移管）。なお例の *Il Grasso* はハンガリィでピッポ・スパーノのつてによって財をなしフィレンツェに帰還したということになっている。

5. Matteo di Filippo degli Scolari. m.1426.

6. この経緯については、Agostino Fortunio によるカマードリ修道会の歴史 Augustinus Fortunatus, *Historiarum Camaldolensium pars posterior*, Venetiis 1579, Liber III, Cap. 19, pp. 128-131,"De Templo Scholariorum ad Angelos imperfecto" にあったものが、Battisti, pp. 379-380 に転載されている（ラテン語）。

7. 建物の北側を東西に通る Via degli Alfani に面する壁に1437の刻銘がある。

8. Manetti-de Robertis, pp. 105-106.

9. これは1444年にミケロッツォの設計によって、サンティッシマ・アンヌンツィアータ聖堂に8角形の「ロトンダ」が造られたことを指しているとみられる。これはアントーニオ・マネッティ・チァッケリによって施工されたが、後に触れるようにそれについてはブルネッレスキが厳しい批評を下していたことが知られている。

10. トラヴェルサリ Ambrogio Traversari（1386-1439）はマヌエル・クリソロラスの教え子の一人であるが頑固な教皇絶対主義者であったらしく、この当時の

227

宗教会議の「民主的」な雰囲気を嫌い、口を極めて罵倒していたという。そのため一般の聖職者たちからは恐れられ敬遠されていたが、しかし新しい人文主義思想についてはかなり open-minded であり、世俗の人文主義者たちとは親しく付き合っていた。また東ローマ教会の困窮している聖職者救済などに熱心であったという（Battisti, p. 255）。

11. L. Heydenreich & Wolfgang Lotz, *Architecture in Italy, 1400-1600*, Harmondsworth 1974, p. 15.
12. Bruschi, 1998, p. 77.
13. レオナルドのノートには幾つか「集中式聖堂」のスタディとみられるものがあるが、そのうちでも最も直接にサンタ・マリーア・デリ・アンジェリの「ロトンダ」と関わるとみられるのが Institute de France 蔵の *Codex Ashburnham*, 2037, 5v. (fig. 138) である。"Qui non si pu・n・si debbe fare campanile, anzi debbe stare separato come ha il d[u]omo e' San Giovanni di Firenze, e cos・il d[u]omo di Pisa, che mostra il campanile per s・dispiccato in circo, e cos・il d[u]omo" との書き込みがある。
14. 第 X 章の注 8 参照。
15. 特に "Piano pergamana" と呼ばれる初期の計画案（Uffizi, GDS., Arch. 1）はそれをもとに最大限に膨らませたヴァージョンということができる。
16. 教皇レオ十世 Leo X（Giovanni de' Medici, 1475-1521. 教皇在位 1513-21）が 1518/9 年に行なったもの。ラッファエッロをはじめとする当時のローマを代表する多くの建築家たちが参加し、それらの応募案のほとんどがサンタ・マリーア・デリ・アンジェリの「ロトンダ」を下敷きにしたものであった。当選案はヤーコポ・サンソヴィーノ Jacopo Sansovino（Jacopo Tatti, detto il Sansovino, 1486-1570）のものであったが、これはそのままは実施されず（その当選案は失われてしまった）、代わってアントーニオ・ダ・サンガッロ・イル・ジョヴァネ Antonio da Sangallo, il Giovane（1484-1546）やミケランジェロが担当するが、ほとんど工事はなされず、その死後はジャコモ・デッラ・ポルタ Giacomo della Porta（1532-1602）が引き継いで、集中式ではなくラテン十字の平面に変えてしまう。ファサード完成は 18 世紀になってからのことであった。
17. S. Costanza, Roma（c. 360）. この建物は本来はコンスタンティヌス帝のための葬祭ホール（c. 330）に付属した円形墓廟で、コンスタンティヌス帝の娘コンスタンティア Constantia（d. 354）とユリアヌス帝 Julianus（在位 361-63）の妃ヘレナ Helena（d. 360/1）の墓廟であった。コンスタンティア自身が造らせていたものだが、彼女は完成前に死亡し、他所に葬られていた。最初にここに

XI. サンタ・マリーア・デリ・アンジェリ修道院「ロトンダ」

葬られたのはヘレナの方で、そののちコンスタンティアの遺骸もここに収められることとなった。内部の壁画には必ずしもキリスト教とは関係のない異教的な図柄も含まれており、むしろキリスト教以前のローマの墓廟の伝統を引き継いだ建築とする説もある。「聖堂」と認定されるのは9世紀になってからのことである。

18. シャルルマーニュ治下のアーヘン Aachen (fr., Eix-la-Chapelle) の宮殿内の礼拝堂 Palatin Chapel (792-805)。おそらくシャルルマーニュが幾度か訪れていたラヴェンナのサン・ヴィターレ聖堂 S. Vitale, Ravenna (c.530-548) をモデルとして造られた。この工事に関わっては、メッスのオト Oto (or Odo, Eude) de Metz (742-814) という工匠がいたことが知られているが、彼がどのような役割をはたしていたのかは不明。

19. この聖堂については、1002年ころ、修道士ラウール・グラベール Raoul Graber (985-c.1040) が「あたかも大地が古い着物をかなぐり捨て、大聖堂という純白のマントで装ったかのよう」と絶賛していたことが知られており、汎ヨーロッパ的な「ロマネスク」文化の幕開けを記す建築であった。北イタリアのピエモンテ地方出身の僧院長グリエルモ・デ・ヴォルピアノ Guglielmo de' Volpiano の指揮によって建設された。彼は他にもノルマンディのモン・サン・ミシェル修道院やパリのサン・ジェルマン・デ・プレ聖堂などの建設指揮にも招請されており、当時の最もすぐれた建築家の一人であったと言って良いだろう。(cfr., Kenneth John Conant, *Carolingian and Romanesque Architecture, 800 to 1200*, Harmondsworth 1973, p. 85).

20. Domus Aurea. A.D. 64年の大火後、皇帝ネロ Nero (37-68, 皇帝在位54-68) は、フォルム・ロマヌムの北部から東部一帯の広大な地域を、自分のためのヴィッラとする工事に取りかかっている。これが後に言われるように「暴君の無謀な浪費」であったのかどうかについては様々な評価があるが、桁外れの規模は常軌を逸したと見なされても致し方のないものであった。ネロの死後、これらの上を覆うような形で、ティトゥスの大浴場 Thermae Titi (80) やトライアヌスの大浴場 Thermae Trajani (104) などが相次いで建設され、オッピウスの丘 Mons Oppius 南斜面に面して造られていた部分は大半が地下に埋もれた形となり、ヴィッラの存在は忘れられてしまう。15世紀に入って、オッピウスの丘に不思議な洞穴が発見され、やがてそれがネロの「ドムス・アウレア」の一部であることが確認された。ルネサンスの建築家たちがその建築的意義に注目するようになるのは、1515年にラッファエッロがここを訪れて以後のことである。現在まで確認されている部分は、それまでのローマの

住宅ないし宮殿建築におけるルーズな空間構成とは全く異なるコンセプトで造られ、明確な幾何学的ヴォリュームからなるそれぞれに完結した部屋の連続となっている。円柱やそれに付随する彫刻的細部などは一切存在せず、壁と天井の区別のない、煉瓦型枠コンクリートのモノリシックな構造体によって包まれた空間となっているのである。ここに初めて、古代ギリシア以来の「オーダー」の呪縛から離れた純粋幾何学空間の追求という、ローマ独自の建築的課題が提起されたと言える。ネロは絶えず工事現場を訪れ、細かいところまで指示を与えていた。出来上がった建物を見て、ネロは「ようやく人間の住む建物らしいものができた」と言ったという。この建物の用途については不明な点が多いが、東側翼部の中央部を占める8角形のホールは最大の見所で、スェトニウスによれば、この部屋のドーム状の天井は回転する仕掛けとなっていたといい、プラネタリウムのようなものだったのではないかと推測されている。この建築については、スェトニウスの《皇帝列伝》(Suetonius, *De Vita Caesarum*, Lib. VI, Nero, 31) やタキトゥスの《年代記》(Tacitus, *Ab Excessu Divi Augusti*, Lib. XV, 42)、プリニウス《博物誌》(Plinius, *Naturalis Historiae*, Lib. XXXV, 37) などに触れられている。

21. "Piazza d'Oro", Villa adriana, Tivoli. 広大なヴィッラの北西部の1郭を占める。用途は全く不明の建物であるが、私見ではこのヴィッラの中の建築の最高傑作と考える。

22. Arnaldo Bruschi, "Considerazioni sulla 'maniera matura' del Brunelleschi con un appendice sulla Rotonda degli Angeli", in *Palladio*, n.s. XXII, 1972, pp. 89-126.

23. Vasari-Milanesi, II, p. 372.

24. Biblioteca Vaticana, *Codice Barberiniano*, Lat. 4424, f. 15v. "Tempio a Bologna dove si battezza, S. Giovanni ; Tempio degli Angeli in Firenze, pianta e a lato il progetto dell'ottagono". このノートについては第 X 章の注7参照。

25. Giuseppe Marchini, Gaetano Miarelli Mariani, Gabriele Morolli, Luigi Zanghieri, *Disegni di Fabbriche Brunelleschiane*, Firenze 1977 に収録され、G. Miarelli Mariani による考証が付されている10点——Uffizi, Gabinetto Disegni e Stampe, n. 4372 A (16世紀) / n. 672 A (チャペルの1つの部分のみ) / n. 7982 A (16世紀初期) / n. 1949 A (Jacopo Sansovino によるもの) / n. 4822 A (Giorgio Vasari il Giovane によるもの) / n. 2978 A (17世紀。ジュリアーノ・ダ・サンガッロのものの写しとみられる。右手には断面図が描かれている) / 3184 A (17世紀) / n. 2981 A (17世紀) / n. 3219 A (17世紀) / n. 3220 A (18世紀). ——G. Miarelli Mariani はこれらのうち n. 7982 A がジュリアーノ・ダ・サンガッロのものに匹敵する

XI. サンタ・マリーア・デリ・アンジェリ修道院「ロトンダ」

重要な図であるとしており、あるいはこれがヴァザーリが所持していると述べていた図面の可能性もあるとしている。

26. Louvre, Cabinet des Dessins, n. 681. ヴァザーリが所持していたものの一つとみられ "di mano di me [?] Filippo di Ser Brunellescho" の書き込みがある。
27. 第V章の注1参照。
28. この他には Biblioteca Laurenziana 蔵の Cod. Ashburnham, 1828, App., f. 85 が内部の様子を描いたものである。
29. Ciborio in S. Paolo fuori le Mura, Roma. 1285年頃の作とされるもの。正方形平面の屋形で4面に三角形の破風が取り付けられている。
30. Bruschi, 1989, p. 41 sgg.
31. Bruschi, 1972, *op. cit.*
32. ルーヴル蔵のもの、それに GDS., n. 4372 A / n. 7982 A / n. 1949 A / n. 3184 A / n. 2981 A / n. 3220 A / n. 3219 A など。
33. Saalman, 1993, pp. 408-409.
34. Battisti, p. 379.
35. Bruschi, 1998, p. 74.
36. Ludovico Gonzaga（1412-78. 侯爵在位1444-78）。画家アンドレア・マンテーニャ Andrea Mantegna（1431-1506）のパトロンであり、またアルベルティの友人でもあった。
37. この経緯については P. Roselli, *Coro e cupola della SS. Annunziata a Firenze*, Istituto di Restauro dei Monumenti di Firenze, Pisa 1971 にまとめられているというが、筆者はこれを披見する機会がなかったので、F. Borsi, *Leon Battista Alberti*, Milano 1975, pp. 277-288 に要約されているものに拠った。
38. アルベルティとルドヴィーコが近づくようになったのは、1459年から60年にかけてマントヴァで行なわれた宗教会議（ピウス二世が十字軍再結成を目論んで招集した）の際のことであったとされる。これ以後ルドヴィーコは、アルベルティにマントヴァのサン・セバスティアーノ聖堂やサンタンドレア聖堂などの設計を依頼し、何かに付けては彼を頼りとしていたようである。サンティッシマ・アンヌンツィアータ聖堂の「ロトンダ」については、アルベルティが積極的に設計に関わったという事実は確認されておらず、単に口頭で若干の修正を示唆した程度であったと考えられるが、ヴァザーリはあたかもアルベルティが全面的に設計をやり直したかのように書いている（Vasari-Milanesi, II, pp. 543-545）。しかしアルベルティはむしろすでに着工されてしまっていた部分を全面的にやり変えることの無理を考えて、「造られてしまっ

たものは仕方がなく、それを続けるしかない」（アルドブランディーニの書簡に引かれている言葉）と言い、それをどうにかして活かす方法を考えていたというのが真実に近い。

39. Giovanni Aldobrandini, 1421-81.
40. おそらくブルネッレスキの批判は、ドメニコの言うごとく、この建物自体の造り方というよりは、聖堂本体との関わり方を言ったものと思われ、バッティスティはこのことと関わって、ブルネッレスキが聖堂本体の改造計画について提言ないし設計案を提示していたことがあったのではないかという仮説を立てており、これは17世紀のサンティッシマ・アンヌンツィアータ修道院に関する記録の中に、ブルネッレスキによる模型があったという記述があることに基づいている（Battisti, pp. 348-349 & p. 381）。
41. 第VI章の注25参照。
42. 第V章の注22参照。
43. F. Borsi, op. cit., p. 280.
44. A. Fortunioの修道院史（前出の注6参照）による。
45. Battisti, p. 336（Fabriczy, 1897, pp. 520-521にもとづく）。
46. Vasari-Milanesi, II, p. 382 n. 3.
47. Saalman, 1980, p. 277, doc. 294-13 & p. 284, doc. 320-1.
48. Battisti, p. 340.
49. その埋葬場所はその後所在不明となっていたが、1953年から74までかけての大聖堂地下遺構の調査（第I章の注15参照）により、前身建物（サンタ・レパラータ）の所在確認と共に、ブルネッレスキの遺骸が発掘され、現在は地下に公開されている。
50. Saalman, 1980, doc. 320-5. マルスッピーニの銘文はこの胸像の下のパネルに刻まれている。
51. Carlo Marsuppini（1399-1459）。レオナルド・ブルーニの後を継いで書記官長となった。ギリシア語に通じ優れた古典学者として知られる。

XII. ブルネッレスキの周辺——ギベルティとミケロッツォ

fig. 155　洗礼堂「天国の門」扉　「ヨゼフの物語」

XII. ブルネッレスキの周辺——ギベルティとミケロッツォ

　ブルネッレスキと周辺の人々との関わりや、彼の没後その作品の完成に関わった人々については、これまでも折に触れて取り上げていたが、ギベルティとミケロッツォについては、いま少しその建築への関わり方を整理しておく必要があるように思われる。彼らの建築活動については、本来は独立した稿を充てるべきであろうがそれは今後の課題とし、とりあえずブルネッレスキ小論への「付録」の形で私見を書き留めておくこととしたい。

ギベルティと建築

　ギベルティがかなり後まで、ブルネッレスキと同格の大聖堂工事監理のポストを与えられていたことは、彼の周りの政治力の援けがあったとはいえ、その建築における技倆もある程度衆目の認めるところであったのだろう[1]。ギベルティにかぎらず、むしろこの時期の画家や彫刻家はすべて、オルカーニャ的な国際ゴシックの形態の枠内でなら、それなりに洗練された建築の姿を易々と構想することができたのであり、彼らが手がけた墓廟や聖像のための櫃龕などからもそれは容易に見てとれる。また彼らは経験的に疑似透視図法的効果を会得しかけており、それによってブルネッレスキの場合よりもはるかにスマートに、視覚的な抵抗感を与えることなく、空間に絵画的まとまりを与えることもできた。

　ギベルティの「天国の門」における、群像のための背景としての建築表現は、そうしたものの好例と言える。さきに掲げた「エサウとヤコブの誕生」(fig. 34) をはじめ、その右隣の「ヨゼフの物語」や最下段の「ソロモンとシバの女王」などの構図は、おそらくブルネッレスキが建築活動を始めるのとほぼ同時期、1420年代には着想されていたはずであるが、巧みな透視図法表現によって、破綻のない奥行き感をもった空間を描き出している[2]。「ソロモンとシバの女王」では背景建物のアーチはまだゴシック風の先尖りであるが、「ヨゼフ」に見る円形のアーケードやその左隣の建物は完全な古典風で、もし「古典風の出現」ということをもってルネサンス建築の始まりと見なすなら、これらはその最も早い例とすべきであろう。特に円形アーケードなどは15世紀の間には他の絵画作品などの中でもほと

fig. 156　洗礼堂「天国の門」扉　「ソロモンとシバの女王」

んど描写が試みられることのなかった先取的なものであり、実際の建築として姿を顕すのは16世紀の庭園建築をまたなければならなかった[3]。しかしここにはブルネッレスキの建築に見られたような戦闘的姿勢は、皆無である。

　これまでのギベルティの位置づけは、ブルネッレスキに対抗する立場でのもう一方の「ルネサンス美術」の創始者とされてきている。そのことは否定できないし、彼の業績はブルネッレスキの場合と比べるとより少ない抵抗感をもって当時の人々に受け入れられていたのであり、その系譜を受け継ごうとする者の方がはるかに多かったのである。そしてルネサンス文化についてよく言われる「人間性の再発見」という観点から見るなら、ギベルティの芸術はまさにそこに根ざしていたのであって、国際ゴシックの伝統を通じて極度なまでに洗練されていた手技により、穏やかな人間性肯定の主張を表現してみせたということなのであろう。

　古典古代文化への憧憬やそれを手本として新たな表現手法を創り出そうとする努力は、ルネサンスに始まったことではない。「ロマネスク」の展開のためにはそれは欠くことの出来ない契機であったし、「ゴシック」の最中にあっても、ニコラ・ピサーノの彫刻やアルノルフォ・ディ・カムビオの建築は、限られた範囲内のことではあったにしても、古典研究を支えとして産み出されてきたものであったといわれる[4]。それらにおける「古典の発見」は、ともすれば通俗に流れがちであったそれぞれの時代の風潮に対するある種の「批評」としての意味合いを帯びていたのであるが、し

かしそれが一定の社会的認知を得て「トレンド」となり始めていた時期には、その批評的性格は薄まらざるを得ない。すでにギベルティやブルネッレスキらが出現する以前から、ペトラルカやボッカッチョ、そしてコルッチョ・サルターティ、レオナルド・ブルーニといった人文主義者たちの言説の中で、絵画や建築まで含む「古典復興」へのかけ声は、グエルフィズムのイデオロギィとともに、フィレンツェにおける主導的文化理念となりつつあった[5]。ギベルティの「古典主義」はかくてほとんど抵抗をうけることなく、新しい時代の成果を象徴するものとして称揚されることとなるのである。そして15世紀後半、そうした古典風スタイルが一般的になってその批評性が見失われたとき、研究者たちの言う「初期ルネサンスの危機」[6]が訪れたのは当然のことであった。

　ブルネッレスキがドナテッロを伴って早い時期にローマの遺跡調査に赴いていたにもかかわらず（もっとも既述の如くその事実は確認がとれていないが）[7]、その後の作品には必ずしも直接的な古典風モティーフ採用がみられなかったことは、彼の目指すものがそうした「古典ブーム」に便乗しようとすることではなかった証左と考えたい。

ミケロッツォ

　ミケロッツォにはこれまでたびたび触れてきたが、ブルネッレスキの亜流建築家という形でしか言及していなかった。しかし彼がメディチ家の庇護のもとに手がけた作事の数は、おそらく当時の建築家の中でも最も多いものであったし、またパラッツォ・メディチの建築を通してフィレンツェの都市住宅タイプ形成に果たした役割や、「ブニャート」の手法[8]の創始、その多彩な古典モティーフの扱いなどは、最も直接的に初期ルネサンス建築のスタイル確立に貢献したものと言わなければならないだろう。ここでその事蹟を逐一たどることはできないが、主要と思われるいくつかを取り上げ、彼の位置づけ再検討のための手がかりとしておく。

　彼が本格的に建築家として活動を始めるのは、1433年コージモ・デ・メディチのヴェネトへの亡命に同行し翌年に帰還してからのことと見て良い

fig. 157　フィレンツェ洗礼堂内　対立教皇ヨハネス二十三世の墓

fig. 158　ナポリのサンタンジェロ・ア・ニーロ聖堂内　ブランカッチ枢機卿の墓

であろう[9]。1417年から23年までは、彼はギベルティの助手として洗礼堂扉の仕事に関わり、そのあと1425年から33年まではドナテッロと共同のアトリエを構え、墓などの制作に携わっている[10]。それらでの彼の役割は人像や装飾的細部の制作を受け持つことで、建築的な全体の構成などはほとんどドナテッロが引き受けていたとされる。そうした役割分担が入れ替わるのは、1429年に彼らがブルネッレスキに代わって引き受けたプラト大聖堂のファサード角に取り付く外部説教壇"pergamo di Sacro Cingolo"（実施案は1433/4年頃に定着した）[11]からであると言われ、ここではミケロッツォがはじめて建築的構成の方を受け持ち、ドナテッロが彫刻にまわったと言われる。もっとも、彼はすでに1420年代からメディチの作事に駆り出されていて、フィレンツェの北、ムジェッロ渓谷沿いサン・ピエトロ・ア・シエーヴェ S. Pietro a Sieve の小さな聖堂（S. Francesco al Bosco）の改装[12]やこのまちの近くのトレッビオのヴィッラ Villa del Trebbio の改装（1428?．これに

238

XII. ブルネッレスキの周辺——ギベルティとミケロッツォ

ついては後で触れる）などを手がけていたと言われ、必ずしも建築に経験がなかったわけではないとみられる。しかしそれらはまだ全くの中世風であり、部分的な古典風モティーフもほとんど見られない。

プラトの説教壇は、独立した建築として扱うのにはためらいを覚えるような、建築の一部分に過ぎないものだが、細部に興味深い点があるので取り上げてみたい。もっともこれは微細な部分についてのことで、通常下から見上げているだけでは肉眼での確認は難しく、私の撮影した写真でもほとんど見分けはつかない。聖堂ファサードの角

fig. 159　プラト大聖堂外部説教壇

fig. 160　サン・ピエトロ・ア・シエーヴェのサン・フランチェスコ・アル・ボスコ聖堂

に円形に張り出して取り付けられた説教壇は、パラペット側面が2本組の付柱で7つの面に区切られ、それぞれにドナテッロの手になる童子たちの踊り戯れる姿を表した浮彫パネルが嵌め込まれている[13]。これらはフィレンツェ大聖堂の聖歌隊席 cantoria[14] とともにドナテッロの円熟期の作品として重視されているものだが、ここで注目したいのはそのパネルのことではなく、それらを仕切っている付柱の柱頭のことである。実はこれら2本組でフルーティングの施されている付柱の、コリント式をもとにしたとみられる(?)柱頭は、葉形の違う7種類のものが同居していて、平気で隣同

239

士明らかに違う形のものが並べられている箇所もある。これがミケロッツォの指示によるものなのか、あるいはその後メディチの作事に工匠の一人としてしばしば名前が現れ、ここでも工事実施に関わっていたパーニョ・ディ・ラポ・ポルティジャーニ[15]の仕業なのか定めがたいが、おそらくはミケロッツォ自身の手になる可能性が高いと思われる[16]。

初期ルネサンス建築の柱頭の形態的レパートリィについては、ザールマンによるブルネッレスキの手法の一覧[17]やブルスキによる全般的総括[18]などがあるが、このプラト説教壇の柱頭については、ブルスキはゴシック臭を残した「空想によるコリント式」であるとする一方、こうした「自由な」古典モティーフの扱いは、当時の人文主義者たちの古典研究を通じて明らかとなってきた帝政末期のローマ建築に見られる逸脱的手法からの着想であって、コージモ・デ・メディチの支配確立以後の古典主義ブーム、あるいはアルベルティによるローマ研究熱などを承けて現れてきた現象であるとしている[19]。

fig. 161　サン・ミニアート・アル・モンテ聖堂内「十字架のチャペル」

しかし私としては、そのような分析もさることながら、当時行なわれつつあったブルネッレスキの厳しい建築的探求を目の当たりにしながら、一方で建築をそのように平然と建築外的恣意によってこね回すやり方を自分に許すミケロッツォの姿勢を見ると、彼を「ブルネッレスキ追随者」と呼ぶことにすら躊躇を感じてしまう。ミケロッツォにとっては（そしておそらくドナテッロにとっても）、個々の古典モティーフは建築の構成要素というよりは彫刻と同様な互いに独立した装飾に過ぎないものであったと考えざるを得ない。このような彼の手法はこのときだけにかぎったことではなく、

XII. ブルネッレスキの周辺——ギベルティとミケロッツォ

かなり後の作品、フィレンツェのロマネスク期の聖堂サン・ミニアート・アル・モンテ内の「十字架のチャペル」[20]でも、内面に重厚な古代風コファリングを施した半円筒ヴォールトを支える正面の2本の柱の柱頭は、左右それぞれ形が違っているのである。これは古典かゴシックかという「様式」の範疇の問題よりは、それ以前に「建築」を一個の自立したシステムとしてとらえるか否かといった事柄であり、ブルネッレスキ的建築観とは真っ向から対立するものであった。

コージモはヴェネツィアから帰還してまもなくの1436年ころ、市内の古いサン・シルヴェストロの

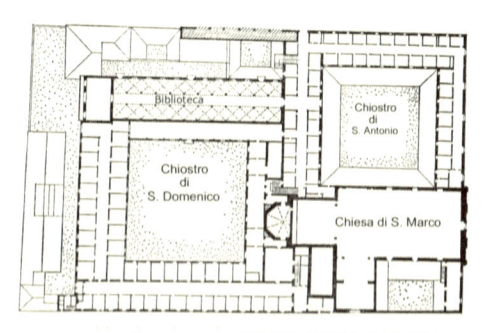

fig. 162 サン・マルコ修道院平面図（上層階）

fig. 163 サン・マルコ修道院　サンタントーニオのキオストロ

修道院を改築し、フィエゾレの修道士たちを招請してそこに新たにドメニコ会のサン・マルコ修道院 Convento di S. Marco を創設する計画に取りかかっている。建築はミケロッツォに委ねられ、1452年ころまでかけて完成に漕ぎつけた[21]。内部各室の大半の壁画はフラ・アンジェリコ[22]の手になる。この建築は、僧院の奥まった一郭を占める回廊や図書室などがその抑制された静謐な雰囲気を高く評価され、特に図書室（階下は食堂 Refettorio となっている）は、その後の図書閲覧空間のモデルとなったということで有名

241

である[23]。おそらくコージモとしては当初から、かねて目をかけていたフラ・アンジェリコに壁画のすべてを任せる心づもりであったとみられ、建築をそのカンヴァスとなすべく、できるだけ抑えた意匠とすることをミケロッツォに要求していたものであろう。その意味では、この画家の国際ゴ

fig. 164　サン・マルコ修道院　図書室

シックの名残をとどめる手法に、建物は見事にマッチしていたとも言えるのだが、それは裏返せば建築的には何ら新しい試みが提起されていなかったということでもある。

　ルネサンス都市住宅の代表作とされるパラッツォ・メディチの計画とブルネッレスキとの関わりについては第Ⅴ章でも触れておいたが、もしコージモがブルネッレスキの案を"troppo suntuoso"として退けたということが事実であるとするなら、ミケロッツォの手によって出来上がったこの建物の巨大さと威圧感は、その前言とは裏腹のものであるように思われる[24]。コージモが一時政争に敗れ亡命せざるを得なかった経験から、できるだけ民衆の反感を買うのを避けようと努めていたことは確かとしても、彼が建築に求めていたのは、事実上のフィレンツェ筆頭の権力者としての「イムプレーザ」(impresa)[25]の表象となることだったのであって、ブルネッレスキの如く建築によって新たな都市空間の秩序を構築しようというような意図は、ほとんど念頭になかったと思われる。そして彼が考える"impresa"とは、その「近代的」な金融資本家の稼業に似合わず、むしろ中世の封建領主のそれであって、ベノッツォ・ゴッツォリ[26]を用いてこのパラッツォ内のチャペルに描かせた「東方三王の礼拝の図」に見る如く、中世城郭へのノスタルジィなのであった。建物初層の「ブニャート」は、おそらくミケ

XII. ブルネッレスキの周辺——ギベルティとミケロッツォ

fig. 165　パラッツォ・メディチ角部

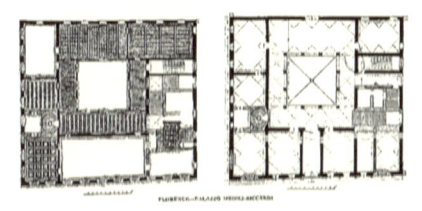

fig. 166　パラッツォ・メディチ　断面図と平面図（初層平面と上層階天井伏）

fig. 167　パラッツォ・メディチ内礼拝堂壁画「東方三王の礼拝」(部分)

fig. 168　ローマのポルタ・マッジォーレ（ポルタ・プラエネスティーナ）

243

fig. 169　ジュスト・ウテンスによるトレッビオのヴィッラ・メディチ

ロッツォがローマで目にした古代建築からヒントを得たものと思われる[27]が、ここではそれらのモデルがそなえていた諧謔的な意味は薄れ、中世の城砦と同様なむき出しの威圧的表現となってしまっているのである。

　この「ブニャート」の手法はやがてパラッツォ・ピッティで模倣され、またジュリアーノ・ダ・マィアーノのパラッツォ・パッツィの初層にそのままの性格で受け継がれるのであるが、これがそうしたあざとい威圧表現を離れて、よりソフィスティケートされた都会的手法へと転化するのは、ジュリアーノ・ダ・サンガッロによるパラッツォ・ストロッツィやパラッツォ・ゴンディをまたなければならない。そしてさらにこれが「オーダー」などと同等の建築的役割を帯びることとなるのは、16世紀のブラマンテによる実験を通じてであった。

　コージモとミケロッツォの協働による建築的企図の中で必ず取り上げられるのが、「ヴィッラ」というジャンル創出に果たした役割である[28]。14世紀までの間に、メディチ家はフィレンツェ周辺に多くの土地を獲得しており、15世紀前半にはその主要な部分がコージモの管理下に集約された[29]。彼はまず手はじめに、トレッビオの古い城砦を余暇のためのヴィッ

ラ（ラテン語で言うところの"otium"³⁰）に改造する計画に取りかかる。その工事の日付を示す史料はないが、ヴァザーリはこれがミケロッツォの手になるとしており³¹、彼がちょうど近くのサン・ピエトロ・ア・シエーヴェの聖堂の改装に関わっていたことを考え合わせれば、それと並行して1427〜33年の間に進められたものなのであろう。

fig. 170　トレッピオのヴィラ　1937年の写真

　16世紀末でのヴィラの様子は例のウテンスによるリュネット壁画から見てとることができるが、敷地奥に方形に区切った花壇がある他は不規則な配置で、主屋とみられる建物は純然たる中世城郭風である。この主屋の外観はほぼそのままの形で現存しているが、おそらく既存の建物の基礎部分を利用して建て上げられたもので、その中世風の構えはコージモの指示によったのであろう。敷地全体には城壁がめぐらされており、これは単に既存の空間構成をそのまま利用したということかもしれず、意図的なものであったとは断定できないが、結果としては濃厚な中世趣味が目立つこととなった。

　トレッピオに続いてコージモが着手したのが、トレッピオに隣り合うカファッジォーロ Cafaggiolo のヴィラで、同様に全く中世城郭風のものだが、これについてもヴァザーリはミケロッツォによるとしている。時期については不確実で、トレッピオと着工は同時期だが完成が遅れたとするもの、あるいはトレッピオより10数年遅れで1443〜52年ころとする説もある³²。ミケロッツォの場合、その「様式」を頼りにして年代を判定することはあまり意味がなく、かなり古典技法をマスターしていたはずの1440年

245

fig. 171　ジゥスト・ウテンスによるカ
　　　　　ファッジォーロのヴィッラ・メ
　　　　　ディチ

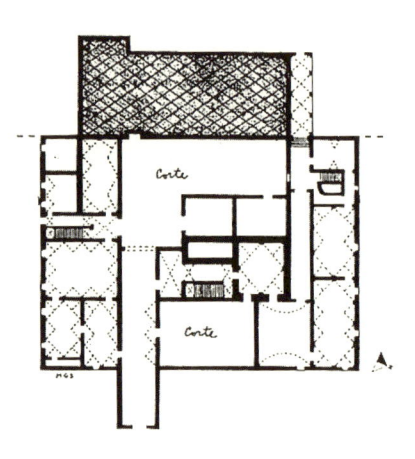

fig. 172　カファッジォーロのヴィッラ・
　　　　　メディチ　主屋平面図

fig. 174　カレッジのヴィッラ・メディチ　主屋

fig. 173　モンテプルチアーノの市庁舎

代でも、モンテプルチアーノの市庁舎Palazzo Comunale[33]のような、フィレンツェのパラッツォ・ヴェッキオの焼き直しのごときスタイルが現れるのである。
　同様な状況は1430年代とされるカレッジ Careggi のヴィッラ[34]にも認め

XII. ブルネッレスキの周辺——ギベルティとミケロッツォ

られる。ここは1459年以後、マルシリオ・フィチーノが主宰する「アッカデーミア・プラトニカ」[35]の本拠となったことでも有名であるが、カファッジォーロのような塔こそ存在しないものの、やはり城郭風で不規則な輪郭を遺している。平面はその不規則な建物輪郭の歪んだ形の部分を中庭に充てることで、他の居室は整形に保つという巧妙な工夫がなされているが、その不整形の中庭隅部での奇妙なアーチのぶつかり合いや円柱と8角柱との同居などは、「ポスト・モダニスト」的見方からすれば興味深いか

fig. 175 カレッジのヴィッラ・メディチ 主屋中庭

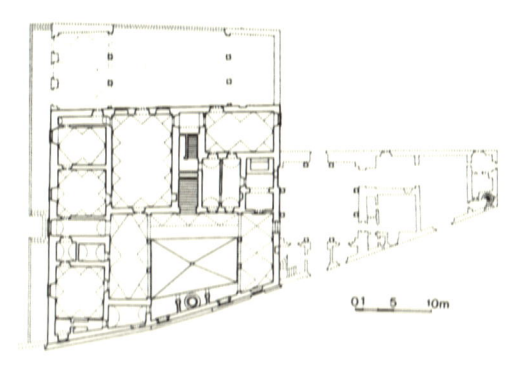

fig. 176 カレッジのヴィッラ・メディチ 主屋平面図

もしれないが、一種異様なものと言わざるを得ない。
　コージモとミケロッツォによるヴィッラがこうした中世ノスタルジィから離れてルネサンス的装いに近づいたのは、1454/5年ころ息子のジョヴァンニ・デ・メディチ[16]のために計画されたフィエゾレのヴィッラにおいてであるとされる。たしかにここで初めて、ヴィッラは中世城郭風の構えを捨てて風景の中に解き放たれ、斜面に沿って設けられた数段の人工的テラスによって、庭園も主屋と同様な建築の一部として、統一的な空間形成に参加することとなった。しかしこの計画はおそらくコージモ＝ミケロッ

247

fig. 177　フィエゾレのヴィッラ・メディチ

ツォの意向よりは、熱心な古代文化崇拝者であった若いジョヴァンニの好みにより進められたと考えられ、ジョヴァンニが「親友」として慕っていたアルベルティからの示唆があったのではないかとする推測もある[37]。そしてミケロッツォの名は、ヴァザーリが彼の関与を明記している[38]にもかかわらず、ヴィッラの工事が進行中であった1454〜57年の間、関係記録には現れてこず、代わってアントーニオ・マネッティ（チャッケリ）とロレンツォ・ディ・アントーニオ・ディ・ジエリという工匠が水関係の工事やテラス擁壁の築造などを担当していたことが知られ[39]、ミケロッツォのこのヴィッラへの関与は、もしあったとしてもきわめて薄いものであったと考えざるを得ない。

　ヴァザーリはミケロッツォ伝の末尾で、ミケロッツォがミラノやジェノヴァでも仕事をしていた旨を記しており、特にミラノのサントゥストルジオ聖堂のポルティナリ家礼拝堂と「ミラノ公からメディチに寄贈された壮大なパラッツォ」をその作品として挙げている[40]。礼拝堂の施主のピジェッロ・ポルティナリ Pigello Portinari はメディチの銀行のミラノ支店を預かっていた人物で、1468年にここに葬られており、建物は明らかにブルネッレスキの旧聖器室を手本にしたとみられる空間構成であるが、内部の賑やかな色彩やクーポラのシルエットなどは、トスカーナ風とは異なり、レオナルドの「最後の晩餐」のあるサンタ・マリーア・デッレ・グラツィエ聖堂の内陣クーポラ（ジゥニフォルテ・ソラリ[41]による）とよく似ている。また「壮大なパラッツォ」というのは、フィラレーテがその著作に示していたメディチ銀行のことを指している[42]とみられる。メディチ銀行は19世紀

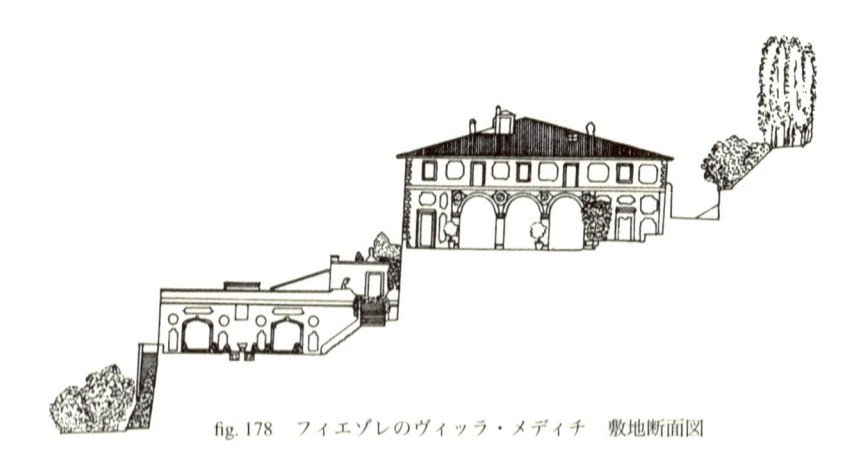

XII. ブルネッレスキの周辺──ギベルティとミケロッツォ

fig. 178　フィエゾレのヴィラ・メディチ　敷地断面図

に取り壊され、その入口周りのびっしりと古典風の装飾が施された大理石の断片だけが、カステッロ・スフォルツェスコの博物館に保存されている。

　しかしこれらにミケロッツォが関わっていたことを裏付ける史料はなく、また彼はこの時期イタリア国内にはいなかった可能性があり、ロムバルディアに赴くことができたとは思われない。すでに1450年代末ごろからはミケロッツォの建築活動は縮小気味で、フィレンツェ近郊の小さな工事や、1460年代後半にダルマティア地方ラグーザやキオス島で、建築ではなく城砦の建設に関わっていたことなどが知られるのみである。それらの城砦工事では技術的な問題も含め様々なトラブルに見舞われたらしく、満足にサラリィを受け取ることが出来なかったといわれる[43]。そして、ヴァザーリはミケロッツォ伝の冒頭では、ミケロッツォが晩年には困窮し、惨めな最後を送っていたらしいことをほのめかしていたのである[44]。

　ヴァザーリによる賛辞や後世の評価の中で、ミケロッツォはブルネッレスキの後継者でありまた「ルネサンス様式」の普及者として高く評価されてきているのではあるが、個々の作品について見て行くなら、その建築的技倆やコンセプトについては様々な疑惑が生じてきてしまう。コージモ・イル・ヴェッキォの忠実な代理人として、その後ろ盾のおかげでブルネッレスキ後のフィレンツェ建築界の第一人者にのし上がった彼は、「時代の

欲求」に忠実に追従する姿勢を守り通すことにおいてそれなりの役割を果たしたとは言いうるものの、少なくとも「建築の革新」を担うというというような意欲があったようには思われない。そしてそのような人物がブルネッレスキに伍してクローズアップされなければならなかったというのは、まさに「初期ルネサンスの危機」を象徴するような現象であったと言うべきであろう。

注
1. ギベルティが実際の建築に手を染めた例としては、パッラ・ストロッツィの依嘱によって造られたフィレンツェ市内西部アルノ河畔のサンタ・トリニタ聖堂 S. Trinità の聖器室があり（1418-23. ヴァザーリはこれには触れていない）、ピッチ・デ・メディチによるサン・ロレンツォ聖堂旧聖器室の計画は、これに刺激をうけたものとされている。聖堂内部からの入口まわりや北側の通りに面する壁面窓の処置などに抑制された「古典風」意匠が見られるが、内部天井はゴシック風のリブ付きのグロイン・ヴォールトで、シンプルで静謐な空間となっている。しかしブルネッレスキ的な厳密な寸法計画がなされたようには見えない。cf. A. Bruschi, 1998, *op. cit.*, pp. 84-85.
2. 扉は左右それぞれ5段ずつに区切られ、すべて旧約から採られた場面が描かれている。左側は上から、「アダムとエヴァ」、「ノアの燔祭」、「エサウとヤコブ」、「十戒を受けるモーセ」、「ペリシテ人との戦い」。右側は「カインとアベル」、「イサクの犠牲」、「ヨゼフの物語」、「ジェリコの戦い」、「ソロモンとシバの女王」となっている。
3. 1499年ヴェネツィアの書肆アルド・マヌツィオ Aldo Manuzio が刊行した作者不詳（伝フラ・コロンナ Fra Colonna 作）の夢物語「ポリフィリウスの夢」*Hypnerotomachia Poliphili* の中には、円形の亭や円形柱廊で囲まれた庭園建築などが現れており、それらはその後の庭園建築に大きな影響を与えたとされている。この著作についてはアルベルティと関わって取り上げる予定。
4. ニコラ・ピサーノ Nicola Pisano（c.1220-80）の活動については、John White, *Art and Architecture in Italy : 1250-1400*, Harmondsworth 1966, pp. 40-54 を参照。またアルノルフォ・ディ・カムビオについてはフィレンツェ大聖堂の計画と関わって触れていたが、その活動全般については *Ibid.*, pp. 55-67, A. M. Romanini, *Arnolfo di Cambio e lo "stil novo" del gotico italiano*, Milano 1969 を参

XII. ブルネッレスキの周辺——ギベルティとミケロッツォ

照。また彼らの古典研究については、すでにヴァザーリも指摘していたことである（ニコラ・ピサーノについては、Vasari-Milanesi, I, pp. 293-320, アルノルフォ・ディ・カムビオについては同じく White, pp. 269-292 で取り上げられている。ただしヴァザーリはアルノルフォの名を Arnolfo di Lapo と誤記していた）。

5. このことについては本書第 VII 章の冒頭の部分でも触れた。
6. ハンス・バロン Hans Baron (1900-88) の著作、*The Crisis of the Early Italian Renaissance*, Princeton, N. J. 1955 (2° ed., 1966) はこの問題に初めて光を当てたものであった。
7. 彼らのローマにおける遺跡調査については、第 I 章の注31を参照。
8. 本書第 VIII 章の注34を参照。
9. この経緯については第 V 章でも触れておいたが、ヴァザーリはこの亡命中に、ミケロッツォがサン・ジョルジョ・マッジョーレ修道院 Monastero di S. Giorgio Maggiore の図書室（17世紀にバルダッサーレ・ロンゲーナの新しい図書室に建て替えられた）など幾つかの建築の造営に関わったことを挙げているが（Vasari-Milanesi, II, p. 434)、それらはいずれも現存しておらず、その影響を推し量ることは困難である。
10. Vasari-Milanesi, II, p. 409 n. 2 & p. 432. フィレンツェの洗礼堂内の対立教皇ヨハネス二十三世 Antipope Johannes XXIII (Cardinal Bartolomeo Coscia [Cossa], m. 1419) の墓（洗礼堂内部の北西壁面）は、1422年ころ、彼を支援していたジョヴァンニ・デ・メディチ（ビッチ）をはじめとする数人のフィレンツェの有力者たちが発議したもの（1428年に完成）で、ビッチの息子のコージモ（イル・ヴェッキォ）もこの計画に積極的に関与していたと言われる。ドナテッロらにこの仕事が依嘱された経緯は明らかではなく、2人の役割分担についてもはっきりしていない。この時期2人はまだ共同のアトリエを構えるまでには至っておらず、ミケロッツォが加わることになったについては、コージモ・デ・メディチの推挙があったのかもしれない。ヴァザーリは柩を支える台座部分の「美徳」を表す浮彫彫刻など、ミケロッツォが人像彫刻にかなり積極的に関与していたとしているが（Vasari-Milanesi, II. p. 432)、ミケロッツォがまだ若年であったことなどから、彼の役割はブロンズの鋳造などの補助的なものであったろうとする意見も多い。ナポリのサンタンジェロ・ア・ニーロ聖堂 Sant'Angelo a Nilo 内ブランカッチ枢機卿の墓（Sepolcro del Cardinale Rinaldo Brancacci [o], m. 1427) は、まだ枢機卿が存命中の1426年に2人に依嘱したものといい、1428年までかけてピサで制作され、そこから船

251

で枢機卿の生地ナポリに運ばれたものという。これについても2人の役割分担は不明確で、枢側面の「聖母被昇天」の浮彫に明らかなドナテッロ的特徴が表れているとされる以外は、判断の手がかりが少ない。ただ、天蓋のゴシック臭濃厚な曲線状のペディメントは、後にミケロッツォが関わったとされるモンテプルチアーノのサンタゴスティーノ聖堂 Sant'Agostino, Montepulciano ファサード（c.1437-9. cf. Bruschi, 1998, p. 96）にも同じような形が用いられているのを見ると、あるいはこの部分は彼の手になるものであったかもしれない。これらの墓の構成はいずれも中世以来の墓の形式に従った部分が多く、そこに古典的モティーフが混じる過渡期の産物というべきであろう。

11. Vasari-Milanesi, II, p. 410. ただしヴァザーリはミケロッツォの関与については触れていない。この説教壇の計画には、すでに1412年にブルネッレスキが capomaestro という肩書き付きで計画を依頼されていたものだが実現せず、コージモ・デ・メディチが乗り出してくることによってドナテッロ＝ミケロッツォに委ねられたのであった。"cingolo" とは一般には「円環」ないし司祭がまとう僧服などを表すが、ここでは聖堂内の Cappella del Sacro Cingolo に収められたキリストの「聖衣」にまつわる遺物を指している。

12. Vasari-Milanesi, II, p. 442. ハイデンライヒはこの聖堂を、ゴシック的様相を残しながらも側廊のない単廊のルネサンス風聖堂形式（ただし天井はゴシック風リブ付きのグロイン・ヴォールト）を提起した点で重要な作品として高く評価しているが（Heydenreich, 1974, pp. 18-19）、ブルスキはそうした初期のミケロッツォの作風を「おずおずとした革新」（timidamente innovatori）と評し、「伝統的な構造体システムを合理的かつ詩的に洗練しようとした」ものとしている（Bruschi, 1992, p. 104）。

13. これらのパネルは73.5×79 cm の大きさで、大理石製。オリジナルは大聖堂の博物館 Opera del Duomo di Prato の方に展示されており、現在外部にあるのはレプリカ。

14. 第VI章の注17参照。

15. Pagno di Lapo Portigiani (1408-70?). フィエゾレ出身の工匠で、かなり早い時期（1422/3ころ）からドナテッロのアトリエに入っていたとみられ、その後のドナテッロ＝ミケロッツォの仕事にはほとんど参加しており、1430年代以後は独立してマッサ・マリッティマやペルージアなどでも活動している。ヴァザーリ（Vasari-Milanesi, II, p. 445）は、彼がミケロッツォの仕事に協力した例としては、サンティッシマ・アンヌンツィアータ聖堂しか挙げていない。彼は1445-48年には再びミケロッツォに協力してパラッツォ・メディ

XII. ブルネッレスキの周辺——ギベルティとミケロッツォ

チの工事に当たり、1460年代にはボローニャにも招かれていた。1462年にはおそらくマネッティ・チャッケリの後継としてブルネッレスキのサン・ロレンツォ聖堂のcapomaestroとなっている（側廊に取り付くチャペル群を手がける？）。プラトの説教壇では1430-33年にかけて働いていたことが知られる。ここでの彼の役割は主として建築的な細部の仕上げに関わるものであったとみられる。彼のトスカーナ地方における活動全般については、M. Ferrara, F. Quinterio, *Michelozzo di Bartolomeo*, Firenze 1984 を参照。またポルティジャーニの他にもマソ・ディ・バルトロメオ（第VII章の注14参照）もこの工事に関わっていて、さらに Cappella del Cingolo の方の工事も担当していた。

16. この説教壇はファサード角に取り付けた大きな角柱で支えられているが、角柱頂部の正面側だけにブロンズ製の巨大なコリント式(?)の柱頭がかぶせられている。この密度高い意匠はドナテッロによるものとみられる。その鋳造はブロンズのエキスパートと見なされていたマソ・ディ・バルトロメオによるものであろう。一方説教壇の天蓋を支えるのは、聖堂ファサードの横縞模様を作るのに用いられているのと同じ緑色の石（pietra serena）の巨大な円柱であるが、これの柱頭は、強いていえば「ドーリス式」なのかもしれないが、奇妙な装飾でうめつくされている。いずれにせよこれらの存在が説教壇全体の寄せ集め感を更に強めていることは否めない。

17. Howard Saalman, "Filippo Brunelleschi: Capital Studies" in *The Art Bulletin*, XI, 1958, pp. 113-132.

18. Arnaldo Bruschi, "L'Antico e riscoperta degli ordini architettonici nella prima metà del Quattrocento", in S. Danesi Squarzina (a cura di), *Roma centro ideale della cultura dell'Antico nei secoli XV e XVI. Da Martino V al sacco di Roma 1417-1527. Convegno internazionale* (Roma, 1985), Milano 1989, p. 410 sgg. また同じ学会議事録に収録されている Ch. Thoenes, H. Günther, "Gli ordini architettonici: rinascita o invenzione?", p. 261 sgg. も併せ参照。

19. Bruschi, 1992, p. 89.

20. Cappella del Crocifisso, in S. Miniato al Monte, 1448/9 (Vasari-Milanesi, II, p. 444). 聖堂身廊の奥、一段高くなる内陣の手前に置かれている。これはピエロ・デ・メディチ Piero di Cosimo de' Medici, detto il Gottoso(1416-69. コージモ・デ・メディチの後継者。"gottoso" は「痛風病み」の意。これはコージモ・イル・ヴェッキオ以来のメディチ家の遺伝病のようなものであった）の依頼によるもので、もともとは11世紀の聖人ジョヴァンニ・グアルベルト Giovanni Gualberto がこの聖堂で発見したとされる十字架をおさめるためのものであっ

たが、それは市内のサンタ・トリニタ聖堂の方に移され、現在は聖人の像を描いた14世紀の絵が掲げられている。ここに見る装飾趣味は、コージモとは異なるピエロの折衷的な好尚のなせるわざとする見方もある。同様な装飾過多の意匠は、サンティッシマ・アンヌンツィアータ聖堂入口を入ってすぐ左手に置かれた小神殿 Tempietto（1447-61. 施工はパーニョ・ディ・ラポ・ポルティジァーニが担当した）にもみられ、まるで日本の密教寺院の祭壇のごとき観を呈する。ピエロは病身ながら辣腕を振るってメディチ支配を推し進めたため、一時はルカ・ピッティによる謀叛事件（1466）を招くこととなった。

21. Vasari-Milanesi, II, pp. 440-441. サンティッシマ・アンヌンツィアータ聖堂の西北西の方角に位置し、パラッツォ・メディチの前のカヴール通り Via Cavour を北に上がった突き当たりの場所を占める。現在は全体がサン・マルコ博物館として公開されている。聖堂は16世紀以後18世紀にかけて幾度か改変され、ミケロッツォの計画当初の様子は分からなくなってしまっており、ファサードは18世紀のバロック風である。

22. Fra Giovanni da Fiesole, detto il Beato Angelico (Guido di Pietro, c.1395-1455). 国際ゴシック様式のミニアチュール的装飾性をとどめた静謐な画風と、一貫して宗教的題材を取り上げていたことから、すでに15世紀末ころにはヴァティカンからの公認がないにもかかわらず "beato"（福者）の肩書きで呼ばれていた（ヴァティカンがこの肩書きを公式に認めたのは20世紀になってからのことである）。サン・マルコ修道院での主要な仕事は1439/40-45年ころとされ、その後はしばらくローマで活動しており、時折はフィレンツェに戻ることがあったようだが、最後はローマで没している。

23. cf. J.F. O'Gorman, *The Architecture of the monastic Library in Italy*, New York, 1972, pp. 64-69; N. Pevsner, *A History of Building Types*, Washington D.C., 1976, p. 94; Enzo Bottasso, *Storia della biblioteca in Italia*, Milano, 1984, pp. 15-16, etc. サン・マルコ修道院の3廊式閲覧室は、チェゼーナの領主ノヴェッロ・マラテスタ Novello Malatesta（1418-65. 有名なシジスモンド・マラテスタの弟）が造った図書館 Biblioteca Malatestiana に直ちに採り入れられている（1447-52. 建築家は Matteo Nuti da Fano という工匠でアルベルティの薫陶をうけた人物という。cf. L. Baldacchini, G. Corti, *La Biblioteca Malatestiana di Cesena*, Roma, 1992; Gianni Volpe, *Matteo Nuti architetto dei Malatesta*, Venezia, 1989; Gianfranco Lauretano, Marisa Zattini, a cura di, *Cesena, nello sguardo, nella mente, nel cuore*, Cesena, 2010, etc.）。しかしその一方では、前に触れた（第 V 章、注17）ごとく、おそらく構造的配慮の欠如から、このサン・マルコの図書室のヴォールトが

XII. ブルネッレスキの周辺——ギベルティとミケロッツォ

崩壊するということもあった。
24. 改築以前のメディチの一党の屋敷は現在の場所よりもう少し北寄りにあり、現在のパラッツォが占める Via dei Gori と Via Larga（現 Via Cavour）との角地は貸し家となっていたらしい。この角地がコージモの所有となったのは 1445年以後のことという。当初の北側の屋敷は17世紀半ばまでメディチの家系の所有するところであったが、その後他人の手に渡り、17世紀末には角地のパラッツォ・メディチとともにリッカルディ家の所有となった。これに伴い Via Larga 側のファサードは北へ窓2つ分延長されることとなった。cf. H. Saalman, Philip Mattox, "The First Medici Palace", in *Jounal of the Society of Architectural Historians*, 1985, XVIV, 4, pp. 329-345. ここに掲げた図面はリッカルディにより増築される以前の状態を示したもの (from Albrecht Haupt, *Palast-Architektur von Oberitalien und Toscana*, 1908-22) で、方形の中庭のアーケードやそれを中心とする平面は確かにブルネッレスキ的だが、厳密なモデュラー・プランニングに従ったような様子は認められず、高さ方向での寸法もかなり恣意的に決められていたように見える。
25. impresa は一般的には「企て」ないし「事業」などを指す言葉だが、ルネサンス期以後、貴族の紋章ないしその威光を示す意味に用いられる。特にバロック期の美術はそれを表現することを最も重要な目標としていたとされる。
26. Benozzo Gozzoli (1421-97). ヴァザーリによれば (Vasari-Milanesi, III, pp. 45-55) 初期にはフラ・アンジェリコの助手としてサン・マルコ修道院の壁画制作に関わり、1440年代にはギベルティの下で洗礼堂扉（「天国の門」）の制作を手伝っていたと言われる。パラッツォ・メディチ内のチャペル（2階東側の小部屋）の壁画は1459-60/61年に制作された。フラ・アンジェリコ風ないしピサネッロ風の細密な国際ゴシックの名残をとどめる画風で、主題の物語性を強めるために、様々な事物や動物、風景などが密度高く描き込まれている。ベツレヘムのまちや田園地帯の建物などはすべて西洋中世風の様相に描かれる。また画面内にはコージモを筆頭にメディチの一党が行列に参加している様子が描かれており、ベノッツォ・ゴッツォリ自身の肖像も見られる。なお「ゴッツォリ」（おそらく綽名）という呼称は、ヴァザーリの記述で初めて現れるもので、それ以前の史料には見当たらない。
27. 1433年ころ、ミケロッツォはドナテッロらとともにローマを訪れていた可能性があると考えられており、またそこでアルベルティとも接触していたのではないかとされている（第VI章、注16)。古代における「ブニャート」の代表的なものとしては、ここに掲げたポルタ・マッジョーレ Porta Maggiore

(Porta Praenestina), AD. 52があるが、この他市壁などにもその例があり、15世紀当時でもそうしたものは容易に見ることができたはずである。この手法の由来は明らかではないが、すでにヘレニズム期のギリシア建築にもそれに近いものがあり、あるいはすでにそれ自体がミュケーナイ文明期の「キュクロープス積み」 Cyclopean Works のパロディであったのかもしれない。

28. 初期のメディチのヴィラについては J. Ackerman, *The Villa*, Princeton, N. J., 1990, pp. 63-87を参照。またメディチ家のヴィラ全般（16世紀以降のものも含む）については、Isabella Lapi Ballerini, *Le ville medicee. Guida Completa*, Firenze, 2003を参照。またアッカーマンは Mario Gori Sassoli, "Michelozzo e l'architettura di villa nel primo Rinascimento", in *Storia dell'arte*, 23, 1975, pp. 5-51 を挙げているが、筆者は未見。

29. メディチ一党が領有していたフィレンツェ周辺の土地については Vittorio Franchetti Pardo, Giovanni Casali, *Medici nel contado fiorentino*, Firenze 1978を参照。

30. *otium* は「無為」ないし「余暇」の意で、ローマの共和制末期以降、余暇のためのヴィラで過ごす時を指す言葉として用いられることが多かったようである。

31. Vasari-Milanesi, II, p. 442.

32. アッカーマンはフィレンツェ市公文書館の租税記録を引いて、1433年にはまだここにはコージモの従兄弟のアヴェラルド・ディ・フランチェスコ Averardo di Francesco が居住していて、コージモがこれを相続するのは1451年以後のこととしている。Ackerman, 1990, *op. cit.*, p. 68 & 289, n. 5.

33. この建築については Howard Saalman, "The Palazzo Comunale in Montepulciano. An unknown work by Michelozzo", in *Zeitschrift für Kunstgeschichte*, XXVIII, 1965, pp. 1-46を参照。ミケロッツォの関わったのは主として外観の意匠だったようで、中庭などは中世の構成をそのまま遺している。なおヴァザーリにはこの建物についての記述は見当たらない。

34. Villa medicea a Careggi. カレッジはフィレンツェ市街の西北郊、ラ・ペトライア（第VIII章参照）の少し東に位置する。この土地はフィレンツェのトムマーゾ・リッピ Tommaso Lippi の所有であったが、1417年にビッチ・デ・メディチが買い受け、コージモが父の死（1429）後これの改装を思い立ったものとされ、ヴァザーリはミケロッツォがここに水を引き噴水などを造ったとしている（Vasari-Milanesi, II, p. 442）。しかしおそらく貴賓を接待するなどの必要から、その後幾度も手が加えられたようで、1450年代までそうした手直

XII. ブルネッレスキの周辺——ギベルティとミケロッツォ

しが続けられていたらしい。ヴィッラは16世紀に一度火災に遭い、その後東側に増築がなされるなど、かなり様相は変わってしまっている。現在は宗教団体が病院として使用。

35. フィチーノ Marsilio Ficino (1433-99)。コージモ・イル・ヴェッキォの侍医の息子で、その早熟さに目を留めたコージモから庇護を受け、フィレンツェやピサなどの様々な教師に就いてラテン語古典文献や文法などの教育を受ける。1457年から58年にはボローニャで医学を学んだという言い伝えもあるが、これを裏付ける史料はない。1439年の東西教会統合を論議する宗教会議のために訪れていたギリシア人学者ゲオルギウス・ゲミストス・プレトーン Georgius Gemistos Plethon (c.1355-1452/4. ベノッツォ・ゴッツォリの「東方三王の礼拝」の中の最長老の王は彼をモデルにしたとされる) の神秘主義的なネオプラトニズムについての講義は、コージモ・デ・メディチに深い感銘を与えたと言われ、これを期にコージモはプラトーンをはじめとする多くのギリシア語文献を収集し、若いフィチーノにそれらの翻訳・研究を行なうよう仕向けたことが、その後のフィチーノの学問的関心を決定づけたとされる。「アッカデーミア・プラトニカ」の構想はすでにコージモとゲミストス・プレトーンとの邂逅の折に話し合われていたことで、フィチーノの学者としての成長を待って実現することとなったものであった。コージモはフィチーノにカレッジのヴィッラをほとんど自宅のように自由に使わせ、コージモの死後もピエロ (イル・ゴットーゾ) やロレンツォ・イル・マニフィーコの援助により、「アッカデーミア」の集まりは30年近く続いた。

36. Giovanni di Cosimo de' Medici (1421-63) はピエロの弟で、兄よりもはるかに深く人文主義に傾倒し、学芸 (とりわけ音楽) を愛し、古代の美術品や楽器のコレクターとしても有名であった。コージモ・イル・ヴェッキォは、病弱なピエロよりも一見したところ健康に見えるジョヴァンニの方に期待をかけていたようであるが、父より一年前に、彼もまたおそらくメディチ家の宿痾から逃れられず死亡している。

37. アッカーマン (1990, *op. cit.*, pp. 76-78) はこのヴィッラの構成が、ちょうどこのころ完成していたアルベルティの *De re aedificatoria* に記されているヴィッラのあるべき姿 (Lib. V, Cap. 14-17, & Lib. IX, Cap. 4) などを引いて、フィエゾレのヴィッラはそれに忠実に従おうとしていると述べている。しかしその主屋のほとんど建築的な企みのない無表情な姿については、古典主義者のアルベルティならば決して満足しなかったであろうとしている。更に積極的なアルベルティ関与説を採っているのが D. Mazzini, S. Martini, *Villa Medici a*

Fiesole. Leon Battista Alberti e il prototipo di villa rinascimentale, Firenze 2004である。なおこのヴィッラは個人所有で非公開となっており、塀ごしにらちらりとしか覗くことが出来なかった。またウテンスの14枚のリュネットの中にはこのヴィッラの図は含まれていない。

38. Vasari-Milanesi, II, p. 442.
39. これはフィレンツェ公文書館の古記録 *Mediceo Annali Principato* によるもの。cf. Saalman, 1980, p. 211. それによればロレンツォ Lorenzo di Antonio di Gieri (Lorenzo da San Friano とも呼ばれた) はコージモ晩年の重要な作事であるフィエゾレのバディア Badia Fiesolana の改築（1456-. メディチのヴィッラの直下にある。設計はチァッケリの担当）でも capomaestro として現れ、また1480年代に書かれたコージモを含むフィレンツェ著名人の伝記（Vespasiano da Bisticci, *Vite di Uomini Illustri del secolo, XV*, stampato 1938, p. 278）では、カレッジのヴィッラの工事を担当していた旨の記述があるという。
40. Vasari-Milanesi, II, pp. 448-449. これら Cappella Portinari, in S. Eustorgio と Palazzo di Banco Mediceo は、どちらもロムバルディア地方における本格的なルネサンス様式出現を告げる作品として重視されているものである。
41. Giuniforte Solari (c. 1429-81). 父のジョヴァンニ Giovanni (1400-82) とともにロムバルディア生え抜きの工匠で、フランチェスコ・スフォルツァに用いられパヴィアのチェルトーザ Certosa di Pavia の工事（1429-97）をはじめ、スフォルツァの作事の大半に関わり、ロムバルディアにおける後期ゴシックから初期ルネサンスへの過渡期を代表する存在であった。彼を筆頭とするロムバルディア人工匠たちは、部分的にルネサンス・スタイルを採り入れはするものの、トスカーナ人建築家に対する反感は根強かったようで、スフォルツァに招かれていたフィラレーテは、彼らの反抗に遭いほとんど作品を遺すことなくミラノから去ってしまう。
42. ヴァザーリもそのフィラレーテの図のことに言及しているが、計画はミケロッツォによるものだとしている。この銀行もポルティナリの差配によって建設されたものであった。フィラレーテの図はフィレンツェの公文書館蔵の *Codice Magliabecchiano*, f. 192 c に見えるもの。現在までのところ、ポルティナリ礼拝堂もまたメディチ銀行も、その建築家が誰であったかは不明のままである。
43. cf., H. McNeal Caplow, "Michelozzo in Ragusa", *Journal of the Society of Architectural Historians*, XXXI, 1972, pp. 108-119; N. Rubinstein, "Michelozzo and Niccolo Michelozzi in Chios 1466-67", in Cecil H. Clough (ed.), *Cultural Aspects of the Ita-*

lian Renaissance, Essays in Honour of Paul Oskar Kristeller, Manchester 1976, pp. 216-228. この時期のミケロッツォの窮状については、特に後者の論文で詳しく紹介されている。
44. Vasari-Milanesi, II, p. 431.

1. アポローニオ・ラピの家
2. サン・ヤコポ・ソプラルノ聖堂内スキアッタ・リドルフィ家小礼拝堂(現存せず)
3. パラッツォ・ディ・パルテ・グエルファ
4. サンタ・フェリチタ聖堂内バルバドーリ家礼拝堂
5. バルバドーリの家(現存せず)
6. 大聖堂内陣及びクーポラ
7. オスペダーレ・デリ・インノチェンティ
8. サン・ロレンツォ聖堂・旧聖器室
9. サンタ・クローチェ修道院パッツィ家礼拝堂
10. サンタ・マリーア・デリ・アンジェリ修道院ロトンダ
11. サント・スピリト聖堂
12. パラッツォ・ピッティ(?)
13. パラッツォ・ブジーニーバルディ(?)
14. パラッツォ・ジュンティーニ(現存せず)
15. パラッツォ・パッツィークァラテージ(?)
16. パラッツォ・カッポーニ(ニッコロ・ダ・ウッツァーノの家)
17. サン・ロレンツォ聖堂前広場計画とパラッツォ・メディチの計画
18. パラッツォ・ヴェッキォ内装工事(現存せず)
19. サンタ・マリーア・ノヴェッラ聖堂内木製キリスト像

fig. 179 フィレンツェ市内のブルネッレスキ作品(after Fanelli. 筆者の判断でかなり修正を加えてある)

資料

ブルネッレスキ年譜

1296	フィレンツェ大聖堂サンタ・レパラータの改築工事計画がアルノルフォ・ディ・カンビオ Arnolfo di Cambio (c.1240-1302) を工事主任 capudmagister に迎え開始される。
1331	フィレンツェ大聖堂の建設事業を市の直轄から羊毛業組合 Arte della Lana に委ね、組合は大聖堂工事事務所 Opera del Duomo を設置、以後完成までこれが工事を管掌する。
1334	ジョットー Giotto di Bondone (m.1337) がフィレンツェ大聖堂工事主任となり、鐘楼を設計。その死後はアンドレア・ピサーノ Andrea Pisano (Andrea d'Ugolino da Pontadella, detto il Pisano, 1290-1348) が引き継ぐ。
1355	シエナの大聖堂はペスト禍などのため拡張計画を断念。
1367	フィレンツェ大聖堂建設工事で、アルノルフォ・ディ・カンビオの原設計を拡張するフランチェスコ・タレンティ Francesco Talenti (m.1369) の案が認められ工事継続。
1369 c.	人文主義者レオナルド・ブルーニ Leonardo Bruni 生まれる (m.1444)。
1371 c.	ヤーコポ・デッラ・クエルチア Jacopo della Quercia (m.1438) 生まれる。
1374	ペトラルカ Francesco Petrarca (n.1304)、パドヴァ近郊のアルクア Arquà で没する。
1375	ボッカッチォ Giovanni Boccaccio (n.1313) 没。
1375	人文主義者コルッチォ・サルターティ Coluccio Salutati (1331-1406) フィレンツェ市書記官長となる。
1377	**フィリッポ・ブルネッレスキ生誕**。父 Ser Brunellesco di Lippo Lapi (1331-1406) はフィレンツェ市の重要な役職を占める公証人で、フィリッポはその3人の息子の2番目であった。
1378.6.24~8.30	フィレンツェの下級労働者「チオンピの叛乱」Tumulto dei Ciompi。
1378	ロレンツォ・ギベルティ Lorenzo Ghiberti (m.1455) 生まれる。
1380	人文主義者ポッジォ・ブラッチォリーニ Gianfrancesco Poggio Bracciolini (m.1359) 生まれる。
1381/2	シエナの技術者タッコラ Mariano di Jacopo, detto il Taccola (m.1453?)

	生まれる。
1383 c.	マソリーノ Masolino da Panicale（Tommaso di Cristoforo Fini, m. 1447）生まれる。
1383 c.	ドナテッロ Donato di Niccolò di Betto Bardi, detto il Donatello（m. 1466）生まれる。
1385	ジャンガレアッツォ・ヴィスコンティの命によりミラノの大聖堂建設開始。
1386	アムブロジオ・トラヴェルサリ Ambrogio Traversari（m. 1439. サンタ・マリーア・デリ・アンジェリ修道院長）生まれる。
1389	コージモ・デ・メディチ（イル・ヴェッキオ）生まれる（m. 1464）。
1390	ボローニャのサン・ペトローニオ聖堂建設開始（完成は16世紀）。
1395 c.	フラ・アンジェリコ Guido di Pietro, detto Fra Giovanni da Fiesole, o Fra Angelico（m. 1455）生まれる。
1395 c.	ピサネッロ Antonio di Puccio Pisano, detto Pisanello（m. 1455）生まれる。
1395 c.	フランドルの画家ヤン・ファン・アイク Jan van Eyck（m. 1441）生まれる。
1396	ミケロッツォ Michelozzo di Bartolomeo（m. 1472）生まれる。
1397	パオロ・ウッチェッロ Paolo di Dono, detto il Uccello（m. 1475）生まれる。
1397	フィレンツェ、ミラノとの戦争に勝利。
1397～1400	ギリシア人古典学者マヌエル・クリソロラス Manuel Chrysoloras（c. 1355-1415）フィレンツェ来住。
1397	数学者パオロ・トスカネッリ Paolo dal Pozzo Toscanelli（m. 1382）生まれる。
1398.12.18	ブルネッレスキは絹織物業組合 Arte della Seta に金銀細工師 orefice として入会申し込み。
1399/1400	ブルネッレスキはピストイア大聖堂の銀製祭壇や2人の予言者胸像の制作に関わる（?）。
1400	ルカ・デッラ・ロッビア Luca della Robbia（m. 1482）生まれる。
1400	フィレンツェにペスト流行。ミラノとの新たな戦争始まる。
1400 c.	フィラレーテ Antonio Averlino, detto il Filarete（m. c. 1470）生まれる。
1401	フィレンツェの輸入繊維商組合 Arte della Calimala は洗礼堂北側入口扉のためのブロンズ浮彫競技設計を発表。ブルネッレスキ、ギベルティを含む7名が参加。課題は旧約聖書の「イサクの犠牲」。

年譜

1401	マザッチォ Tommaso di ser Giovanni di Simone Cassai, detto il Masaccio (m. 1429) 生まれる。
1402	洗礼堂扉はギベルティの当選が決まる。扉制作実施にあたっては題材は新約聖書からとることに変更。
1402.9.3	ミラノのジャンガレアッツォ・ヴィスコンティ Giangaleazzo Visconti はフィレンツェ進攻途上、ペストで死去。
1402〜9	この間ブルネッレスキはドナテッロとともにローマの古代遺跡を調査 (?)。
1403	レオナルド・ブルーニ、《都市フィレンツェ頌》 Laudatio florentinae urbis 執筆。
1404	**ブルネッレスキは絹織物業組合の正会員 magister となる。**
1404	アルベルティ Leon Battista Alberti (m. 1472) ジェノヴァに生まれる。
1404.11.10	**ブルネッレスキは大聖堂のアプス補強のためのバットレスについて、ギベルティを含む他の工匠たちとともに諮問を受ける。**
1406	フィレンツェによるピサ征服。
1409	***Il Grasso***(「ふとっちょ」の綽名の木工職人)の滑稽譚の始まり。ブルネッレスキとその友人たちが重要な役割を占める。
1409	**ブルネッレスキはギベルティとともに大聖堂クーポラのドラムの補強策を示す模型をそれぞれに提出し、報酬を受ける。**
1409	ベルナルド・ロッセッリーノ Bernardo di Matteo Gamberelli, detto il Rossellino (m. 1464) 生まれる。
1410	大聖堂クーポラのためのドラム工事始まる。
1410	プラトの商人フランチェスコ・ダティニ Francesco Datini がオスペダーレ・デリ・インノチェンティ建設のための資金を遺贈。
1410	**ブルネッレスキはこのころサンタ・マリーア・ノヴェッラ聖堂内の木製キリスト像制作 (?)。** ヴァザーリによればこれはドナテッロのキリスト像と張り合うためであったという。
1410 c.	ドメニコ・ヴェネツィアーノ Domenico Veneziano (m. 1461) 生まれる。
1410〜11	レオナルド・ブルーニ、フィレンツェ市書記官長を務める。
1411.4	ドナテッロはオルサンミケーレに取り付ける聖マルコの像の注文を受ける。16世紀の文献ではブルネッレスキが協力していたとする。これは1413年にはまだ完成していなかった。
1412.3.11	**ブルネッレスキはナンニ・ニッコリ Nanni Niccoli という工匠と共に capomaestro の肩書きでプラト大聖堂ファサードに取り付けられる説**

265

	教壇の件で招請される（この説教壇は1429-34年にミケロッツォとドナテッロの共同制作で完成した）。
1412	フィレンツェ市議会は新しい大聖堂の名称を Santa Maria del Fiore とすることを決定。
1412	ボヘミアのヤン・フス Jan Huss (1369-1415) を異端として破門。1415年炙刑。
1414	ポッジョ・ブラッチョリーニがウィトルウィウスの《建築論》*De architectura* の完全な写本を発見(?)。
1415/16	**このころブルネッレスキとドナテッロは大聖堂のバットレスの1つに取り付ける巨大な彫刻の制作を請け負い、それを覆うための鉛の調達を行なっていたといわれる。しかしこれが実現した形跡はない。またドナテッロが1411年から引き受けていたオルサンミケーレのニッチに置く聖マルコと聖ペテロの彫像制作にもブルネッレスキが協力したと言われる。**
1416 c.	ピエロ・デッラ・フランチェスカ Piero della Francesca (m.1492) 生まれる。
1417	リナルド・デリ・アルビッツィ Rinaldo degli Albizzi (1370-1442) とその一党によるフィレンツェ寡頭支配始まる。ミラノやピサとの戦争。
1417.5.19	**ブルネッレスキは大聖堂工事に関わって10フロリンの報酬を受ける。あるいはこの時期からクーポラ模型の製作にかかっていたかもしれない。**
1417	ドナテッロがオルサンミケーレの「聖ゲオルギウス」の像を制作(? この年の2月に大聖堂工事事務所から台座のための大理石を譲り受けている)。台座の浮彫にルネサンス最初の透視図法的表現が見られる。
1418.8.19	**大聖堂クーポラの競技設計公示される**（10月から12月にも重ねて発表）。
1418.8.31	ブルネッレスキのクーポラ模型を視察する工匠たちを選出。**ブルネッレスキの模型製作にはドナテッロとナンニ・ディ・バンコが協力。**
1418.9	**ブルネッレスキは大聖堂工事事務所からロープやワイヤの供給を受ける**（模型製作のため?）。
1418.9.23	ギベルティは大聖堂クーポラ模型製作に関わって工事事務所から4人の職人を提供される。翌年の8月には模型製作費として支払を受けている。
1418.10〜1419.8	様々な工匠たち（おそらく競技設計参加者）にクーポラ模型製作の

	件で支払。
1418.12.20〜23	「オペライ」が指名した工匠たちによるブルネッレスキのクーポラ模型の現場視察（大きすぎて運べなかったのであろう。他の応募者たちの模型はこの時点までには提出されていたとみられる。ギベルティの模型は「小さな日干し煉瓦」で造られていたという）。おそらくこのときにブルネッレスキは工事仕様書を提出していた。
1418/19	このころ、サンタ・フェリチタ聖堂 S. Felicità 内にバルバドーリ家礼拝堂 Cappella Barbadori を造る (?)。同じ頃サン・ヤコポ・オルトラルノ聖堂 S. Jacopo oltr'Arno 内のスキアッタ・リドルフィの小礼拝堂 Cappelletta di Schiatta Ridolfi も設計か（現存せず）。
1419	ブルネッレスキはアンドレア・カヴァルカンティ（通称ブッジァーノ Andrea di Lazzaro Cavalcanti, detto il Buggiano, 1412-62）を引き取り養子とする（ブルネッレスキは妻帯しなかった）。
1419	絹織物業組合が新しいオスペダーレ・デリ・インノチェンティのための敷地取得。
1419.12.12	ブルネッレスキのクーポラ模型製作経費支払（ドナテッロとナンニ・ディ・バンコを含む3人に45フロリン）。
1420 c.	ベノッツォ・ゴッツォリ Benozzo Gozzoli (m.1497) 生まれる。
1420.3〜6	「オペライ」による「新しい最終模型」（ドラムのためのもの?）についての仕様書。
1420.4.16	ブルネッレスキとギベルティがクーポラ工事監理者に指名され、工事主任 capomaestro にはバッティスタ・ダントーニオ Battista d'Antonio (m.1451) が任命される。ブルネッレスキとギベルティには模型製作の報酬として10フロリンずつが支払われた。
1420.4.1	ブルネッレスキ案によるクーポラ工事開始。ブルネッレスキ製作のクレーンやウィンチが稼働し始める。
1420.5.21	大聖堂クーポラの現場で1人の石工職人がドラムの足場から転落。
1420.10.20	オスペダーレ・デリ・インノチェンティのロッジアの最初の円柱製作（1421.1に建て込み）。
1421 c.	アンドレア・デル・カスターニョ Andrea del Castagno (m.1457) 生まれる。
1421.2.21	オスペダーレ・デリ・インノチェンティ工事事務所から付柱・梁形・入口枠などの設計料支払。
1421.2.22	マッテオ・ダ・ヤーコポ・コルビネッリ Matteo da Jacopo Corbinelli の

	遺言書にサント・スピリト聖堂内の一家のチャペルの**木製マッダレーナの彫像**（ブルネッレスキ作）の記載在り（1471年の火災で焼失）。
1421.6.19	ブルネッレスキはアルノ河の水運のための運搬船「バダローネ」**Ba-dalone**（ブルネッレスキの反対者たちがつけた呼称）の特許を取得。
1421.8.10	サン・ロレンツォ聖堂定礎式。この前後には**ブルネッレスキはビッチ・デ・メディチ** Giovanni Bicci de' Medici（m.1429）から旧聖器室の設計を依嘱されていたとみられる。聖堂本体にはまだ関わっていなかった（?）。
1422.2.13	クーポラ工事現場で石工の転落事故。
1422	ブルネッレスキはラ・ペトライアのヴィラをパッラ・ストロッツィに譲渡。その改造も行なった(?)。
1422.3.13	大聖堂クーポラ重量軽減についての工事仕様書。
1423	ブルネッレスキの伝記作者アントーニオ・ディ・トゥッチォ・マネッティ Antonio di Tuccio Manetti 生まれる（1422年とする説もある。m.1497）。
1423.8.27	大聖堂「オペライ」の会議でブルネッレスキに "**inventori et ghubernatori maiori Cupule**" の肩書きを与え、年俸100フロリンの支給を決定。
1423.9	ブルネッレスキはピストイアへ出張（おそらく現地の病院の計画に関わるもの）。
1424.4.19	ギベルティの洗礼堂の最初の扉完成。
1424.7.21	ブルネッレスキはピストイアにて、フィレンツェからの使者にインノチェンティの工事に関して指示を与える。
1424.9	ブルネッレスキはまたピストイアに出張（おそらく現地の Ospedale del Ceppo の工事に関するもの）。
1424.10〜1426	ラストラとマルマンティーレの城砦の工事に着手（大聖堂工事事務所の管掌。ブルネッレスキとバッティスタ・ダントーニオが指揮）。
1424.9.25	ブルネッレスキはピサの砦の工事のため出張。
1424/27	マソリーノとマザッチォ、サンタ・マリーア・デル・カルミネ聖堂内ブランカッチ礼拝堂のフレスコ制作。
1425	フィレンツェ大学教授ゲラルド・ディ・プラト Gherardo di Prato（c.1360-1446）から大聖堂クーポラ採光法について異議が提起され、実地調査。
1425.1.2	ギベルティ、洗礼堂の2つ目の扉制作の契約（「天国の門」Porta del

	Paradiso——ミケランジェロによる命名、1455年完成）。最初の扉についてのギベルティへの報酬は200フロリン、協力者のミケロッツォは100フロリン。
1425.5〜6	ブルネッレスキはサン・ジョヴァンニ地区の行政委員 priore に選出される。あるいはこのことと関わって洗礼堂の透視図を作成したか（?）。
1425.5.31	クーポラ工事現場で人間の昇降用にクレーンを使用することを禁止。
1425.8.16	サン・ロレンツォ聖堂内陣起工式。おそらくブルネッレスキの計画に基づく。
1425.10.17	大聖堂「オペライ」は万聖節に際しブルネッレスキに鷲鳥を支給。
1425〜1433	フィレンツェの経済危機。多くの建設事業が中止あるいは停滞を余儀なくされる。
1425/26	マザッチオ、サンタ・マリーア・ノヴェッラ聖堂内の「三位一体」La Trinità 制作。
1426	画家ロレンツォ・デ・ビッチ Lorenzo de' Bicci (c.1350-1427) がニッコロ・ダ・ウッツァーノ Niccolò da Uzzano (1359-1431) の家（現パラッツォ・カッポーニ Pal. Capponi delle Rovinate）を設計。あるいは基本計画にブルネッレスキが関与（?）。
1426.2.4	クーポラの工事修正仕様書を採択。ブルネッレスキの年俸100フロリンが追認され、ギベルティは月俸3フロリンのパート・タイム勤務となる。
1426.4.22	クーポラ工事現場で鳥の巣をとるためにクレーンを使用することを禁止する通達。
1426.4.29	クーポラ工事に関わっていた25人の工匠を人員整理。
1426.8.16	ブルネッレスキへピサへの出張要請（城壁や砦の工事に関して?）。
1426.9.26	クーポラ工事現場では職人が作業場から降りてくるのは1日1回だけにかぎるとする通達（同じ通達は定期的に繰り返し出されている）。
1426.9.24	10日間の出張（ピサ?）。
1427.1.26	インノチェンティの工事に関する最終支払（10フロリン）。後継の工事責任者はフランチェスコ・デッラ・ルーナ Francesco della Luna となる。
1427.4.2	ブルネッレスキは4日間の出張（ピサ? おそらく「パドローネ」による大理石運搬のため）。
1427.5〜6	「パドローネ」による大理石運搬。座礁のため一部の大理石を失う。

1427.7.12	ブルネッレスキの資産申告（この年から課税対象調査のため始まった資産申告制度 catasto による）。サン・ジョヴァンニ地区の住居と市民貯蓄銀行への預金1415フロリン、ピサの銀行への預金420フロリン、その他に受注した仕事にかかる負債80フロリン、扶養家族として養子アンドレア・カヴァルカンティ（ブッジァーノ）、家政婦1名。
1427.11.13	ブルネッレスキはヴォルテッラの中世の洗礼堂クーポラ工事に関し出張。
1427〜44	レオナルド・ブルーニ、フィレンツェ市書記官長を務める (2度目)。
1428	ドナテッロとミケロッツォ、プラト大聖堂の説教壇 Pergamo del Sacro Cingolo 受注（1434完成）。
1428.12.27	クーポラ工事現場に時計と黒板が設置される。
1428	**マネッティによればこの年サント・スピリト聖堂再建の最初の契約が行なわれる。**
1428	**サン・ロレンツォ聖堂旧聖器室クーポラ頂塔の刻銘**（当時のフィレンツェの暦。これは 1428.3.25〜1429.3.24 の間となる）。
1428〜29	おそらくこの間アルベルティがフィレンツェに滞在 (?)。
1429夏	マザッチォ、ローマで死去。
1429.2.20	ビッチ・デ・メディチの葬儀。
1429	アンドレア・デ・パッツィ Andrea de' Pazzi (1372-1445) はサンタ・クローチェ修道院と参事会室の改造・家族の礼拝堂新設で合意。
1429.9.22	ブルネッレスキとギベルティは新しい聖堂の模型（ファサードと内陣を含む）製作を命じられる。
1430 c.	このころブルネッレスキはミラノに招請？ 大聖堂頂塔の工事に関わるか（大聖堂側の史料は失われて確認できない）。
1430	ヴェネツィア派の画家ジョヴァンニ・ベッリーニ Giovanni Bellini (m.1516) 生まれる。
1430 c.	アントネッロ・ダ・メッシーナ Antonello da Messina (m.1470) 生まれる。
1430	ルッカとの戦争により一時大聖堂の工事はストップし、工匠たちやブルネッレスキの給料もカットされた。
1430	このころブルネッレスキはブジーニ家 Busini のために住宅を設計（？現パラッツォ・バルディ Pal. Bardi）。
1430.3.18	ブルネッレスキはルッカとの戦争で前線に赴き、ルッカを水攻めと

1430.6.14	ブルネッレスキの3月5日からの仕事に対し100フロリン支払われる。またこの作戦に関わって3月20日にピサに赴いたミケロッツォと4月15日に同じくピサに赴いたドナテッロに対しても日給1フロリンが支払われた。
1431	マンテーニャ Andrea Mantegna (m. 1506) 生まれる。
1431	ルカ・デッラ・ロッビア、大聖堂内聖歌隊席 cantoria 制作に着手。
1431 c.	ジュリアーノ・ダ・マイアーノ Giuliano da Maiano (Giuliano di Leonardo d'Antonio, detto da Maiano, m. 1470) 生まれる。
1431.1.23	1367年のタレンティの大聖堂模型を取り壊し。
1431.1.24	ブルネッレスキの資産申告——持ち家1軒、市民貯蓄銀行への預金1535フロリン、ピサの銀行に定期預金として1052フロリン、父からの遺産相続分537フロリン、借財は大理石運搬の損失による50フロリン。
1431.2.15	スタッジア・セネーゼ、カステッリーナ・イン・キャンティ、レンチオなどの砦工事指揮を命じられる。
1431.9〜10	ブルネッレスキ、リミニに出張(?)
1432	アルベルティ、教皇庁書記官 Abbreviatore apostolico となる。
1432.2.4	ブルネッレスキのクーポラ模型取り壊し。
1432.3.3	大聖堂内の聖ゼノビ(フィレンツェの初代司教)のチャペルをブルネッレスキが、柩をギベルティが制作することとなる(コンペの結果)。
1432.4.2	ブルネッレスキはフェッラーラとマントヴァへ1ヶ月半の出張。
1432.10.30	ブルネッレスキは大聖堂クーポラ頂塔の模型を作成。
1432〜33	ミラノとの戦争。ドナテッロとミケロッツォ、ローマへ赴く。
1433	フェッラーラでの講和会議。コージモ・デ・メディチ追放。ミケロッツォも共に1434年までヴェネツィアで亡命生活を送る。
1433.4.2	輸入繊維業組合はピッポ・スパーノ Pippo Spano (1369-1426) から託されたカマードリ修道院建設資金を、フィレンツェのサンタ・マリーア・デリ・アンジェリ修道院内ロトンダ建設に充てることで合意。
1433.4.3〜21	大聖堂身廊と8角形内陣を仕切っていた仮間仕切りを撤去。
1433.5.31	ブルネッレスキの資産申告——「私は彫刻師アンドレア・ディ・ラザーロ・ディ・カヴァルカンティに、彼がコージモ・デ・メディチや他の市民のための、またサンタ・レパラータのための柩や祭壇を

	造ることを委任しております。その〔報酬〕金額として、私フィリッポ・ディ・セル・ブルネッレスコが受け取っているのは、**200 フロリン**であります。」これはサン・ロレンツォ聖堂旧聖器室の祭壇とビッチ・デ・メディチ夫妻の柩のことなどを指すものとみられる。旧聖器室祭壇には1432の刻銘がある。
1433.6	フィレンツェ市は塩税の一部を1436年までサント・スピリト聖堂建設費に充てることを決定。
1433.9	反メディチ政権の樹立。
1433	人文主義者マルシリオ・フィチーノ Marsilio Ficino（m. 1499）生まれる。
1434.1.19	サント・スピリト聖堂再建の事業委員会設置（改めてブルネッレスキと契約？）。
1434.5	**サン・ロレンツォ聖堂広場整備。16世紀の文献によればこのときブルネッレスキはパラッツォ・メディチの計画も併せて提案していて、コージモ・デ・メディチがそれを立派すぎるとして却下したという。**
1434.5〜6	ローマの争乱。6月4日、教皇エウゲニウス四世は辛うじて脱出、フィレンツェでアルベルティらと落ち合う。アルベルティは1436年ころまでフィレンツェに滞在。
1434.6.12	大聖堂クーポラ完成。
1434.8.20	ブルネッレスキは石工・大工組合 Arte di Pietra e Legname から納入金未納の件で訴えられ、一時収監される。市当局は逆に石工・大工組合役員を誣告罪で拘置。ブルネッレスキは**8月31日釈放された**。この間、アンドレア・カヴァルカンティ（ブッジャーノ）はブルネッレスキの財産を持ってナポリに逃亡。**10月、教皇が仲介しナポリ女王に掛け合って帰還。**
1434.10.6	コージモ・デ・メディチ帰還。11月には実質的にメディチ支配の政権樹立。アルビッツィ一族、ブランカッチ一族亡命。バルバドーリ一族、ペルッツィ一族は10年間の追放、パッラ・ストロッツィは5年間追放でパドヴァに亡命。
1435	大聖堂「オペライ」はヴィコピサーノの城砦建設を決定。5月にはピサのパルラシォ門の砦建設。**6月にはブルネッレスキとバッティスタ・ダントーニオがピサに出張。**
1435	ブルネッレスキはおそらくリミニに出張。
1435	ヴェッロッキォ Andrea di Cione, detto il Verrocchio（m. 1488）生まれる。

年　譜

1435.11.26	大聖堂「オペライ」は新しい後陣（coro）の設計に関し、ギベルティ、ブルネッレスキ、アニョロ・ダレッツォ Agnolo d'Arezzo の案を審議。この審議にはトスカネッリとフランチェスコ・デッラ・ルーナが参加。
1436.3.9	ブルネッレスキは大聖堂献堂式の行列のため、サンタ・マリーア・ノヴェッラ聖堂から大聖堂までの間に、高さ2ブラッチァ、幅4ブラッチァの木道を設計。
1436.3.25	教皇エウゲニウス四世により大聖堂の献堂式行なわれる。
1436	ミケロッツォ、メディチの命によりサン・マルコ修道院の建設着手。このころ同じくメディチのためにトレッピオ Trebbio やカレッジ Careggi のヴィッラを改造？。
1436	アルベルティ、《絵画論》イタリア語版 Della Pittura にブルネッレスキへの献辞を記す。
1436.4.3	ブルネッレスキ、マントヴァへ20日間の出張。
1436.6.30	大聖堂工事に関するギベルティへの最後の支払。
1436.8.30	フィレンツェ大司教による大聖堂クーポラの献堂式。
1436.12.31	大聖堂クーポラ頂塔の設計にブルネッレスキ案採用を決定。
1437	新たにミラノとの戦争勃発。
1437	サンタ・マリーア・デリ・アンジェリ修道院ロトンダの西側外壁の刻銘（これ以後工事は中断）。
1437.1.15	ブルネッレスキとバッティスタ・ダントーニオはカムピリアの大理石採石場を視察（クーポラ頂塔のため）。その後ここの大理石は不適当として、カッラーラのものを使用することに決定する。1439年ころまでブルネッレスキはカッラーラとの間を幾度か往復。
1437～1446	リミニのカステル・シジスモンド Castel Sigismondo の建設工事。
1438.8.28～10.2	ブルネッレスキ、リミニに出張。
1439.1.22	教皇エウゲニウス四世は宗教会議の場所をフェッラーラからフィレンツェに移す（1443.3.7まで）。おそらくこの間に、ブルネッレスキの設計により、サン・フェリーチェ聖堂で機械仕掛けの聖史劇が行なわれる。
1439.2.27	大聖堂クーポラのドラム4辺に取り付ける"tribune morte"をブルネッレスキの設計で建造することを決定（デザインの最終決定は3月8日。施工は1445～52年にかけて行なわれている）。
1439.3.8	大聖堂8角形内陣に取り付く15箇所のチャペルやクリプトの聖ゼノ

	ビのチャペルなどについての審議が行なわれ、レオナルド・ブルーニやトスカネッリらが参加。このときトスカネッリは聖ゼノビの柩に光が当たるよう、太陽光の角度を計算して窓の位置や形について指示を与えた。
1439	ドナテッロ、大聖堂内にルカ・デッラ・ロッビアのものと対になる聖歌隊席 cantoria を制作（1433-）。
1439	フランチェスコ・ディ・ジョルジョ Francesco Maurizio di Giorgio Martini（m.1501/02）生まれる。
1439.10.15	**ミラノとの戦争を理由にブルネッレスキの俸給半分に減額、12月にはもとに戻す。その後も工事量が減ったことを理由に1443年ころまで幾度か俸給カットが行なわれる。**
1440	ヴァザーリによればブルネッレスキはこのころペーザロの要塞建設に関わる（?）。
1440～43?	このころドナテッロがサン・ロレンツォ聖堂旧聖器室の装飾を行なう。
1440.3	**ブルネッレスキはヴィコピサーノの要塞やピサの「チッタデッラ」などの工事のため出張。**
1440.6.29	アンギアリの戦い La Battaglia di Anghiari。フィレンツェ側の勝利。
1442	**フィレンツェのグエルフ党は新しい大広間の工事のため予算計上。ブルネッレスキに設計依頼（?）**
1442.6.2	ナポリ王ルネ・ダンジュー René d'Anjou がアルフォンソ五世の侵略を逃れてフィレンツェに来る。
1442.7.4	サン・ロレンツォ聖堂旧聖器室祭室の天井とパッツィ家礼拝堂祭室天井に描かれた同一の天空図が、この日付におけるフィレンツェ上空の様子を表すものという（ジュリアーノ・ダッリーゴ Giuliano d' Arrigo, detto il Pesello, 1367-1446作。トスカネッリの指導によるとされる。かつては1422.7.9であるとされていたが、近年の修理工事での検討の結果修正された）。
1442.8	コージモ・デ・メディチがサン・ロレンツォ聖堂大祭壇のパトロンとなり、以後の聖堂工事を管掌する。
1442.8.25	大聖堂クーポラ頂塔工事のためのウィンチ（Nuovo Edificio）の建造開始。
1442.9.12	大聖堂ドラム外側のロッジア（ballatoio）の工事発注。東南側面のみであとは未完。

年 譜

1442.9.28	ブルネッレスキの資産申告——「私は老齢となり、もはやあまり精励できなくなりました。」銀行預金は3091フロリン、その年間利息は134フロリンとしている。
1443	教皇エウゲニウス四世は「アンドレア・デ・パッツィが新しく造った参事会室の上で〔？「において」の意か〕会食」。パッツィ家礼拝堂の壁下部に1443の刻銘あり。
1443～54/56	ドナテッロはパドヴァに滞在。「ガッタメラータ騎馬像」やバジリカ・デル・サント内祭壇のブロンズ浮彫などを手がける。
1443.8.31	ブルネッレスキはルッチェッライからの依頼によりサンタ・マリーア・ノヴェッラ聖堂内の説教壇制作を受注。ブッジァーノが担当し**1452年に完成**。
1443 c.	ジュリアーノ・ダ・サンガッロ Giuliano da Sangallo (Giuliano Giamberti, detto da Sangallo, m. 1516) 生まれる。
1444秋	ミケロッツォがサンティッシマ・アンヌンツィアータ聖堂のロトンダを設計。これについては、それより以前にマントヴァ侯ルドヴィーコ・ゴンザーガからブルネッレスキにサンタ・マリーア・デリ・アンジェリ修道院ロトンダと同様なものを造るよう依頼があったが、ブルネッレスキが断ったため、ミケロッツォが引き受けたとの説もある。
1444	ブラマンテ Donato Bramante (m. 1514) 生まれる。
1444/46	ミケロッツォがパラッツォ・メディチの建築家となる。
1444.11.30	サント・スピリト聖堂の工事に大聖堂「オペライ」が資金援助。
1445	ボッティチェッリ Sandro Botticelli (m. 1510) 生まれる。
1445	オスペダーレ・デリ・インノチェンティの使用開始（最終完成は1480年代）。
1445.4.28	大聖堂クーポラ頂塔建設のためのクレーン（Castello Grande della Lanterna）の建造開始。
1446.4.5	サント・スピリト聖堂のための円柱がはじめて現場に到着。
1446.4.15	**ブルネッレスキ死去**。
1446.8.11	ミケロッツォが後継の大聖堂クーポラ頂塔の建築家に指名される（1452まで）。
1446.9.6～22	アンドレア・カヴァルカンティ（ブッジァーノ）に対する支払（ブルネッレスキの胸像制作に関し？）。
1446.12/30	ブルネッレスキの葬儀を大聖堂内で行なうことを決定。

275

1447	ギベルティがこのころから Commentari の執筆を始める（その死に至るまで、未完）。
1447.2.18	大聖堂内にブルネッレスキの墓所を確保。
1447.2.28	大聖堂「オペライ」はブルネッレスキ生前の俸給未払い分を支払う。
1447.5.19	書記官長カルロ・マルスッピーニ Carlo Marsuppini によるブルネッレスキの墓碑銘選定。
1447	アンドレア・デル・カスターニョによるフィレンツェ旧サンタポローニア修道院食堂内の「最後の晩餐」。
1448	ミケロッツォ、サン・ミニアート・アル・モンテ聖堂 S. Miniato al Monte の「十字架の祭壇」制作。
1449	ロレンツォ・デ・メディチ（イル・マニフィーコ）生まれる (m.1492)。
1449 c.	タッコラ De ingeneis 完成。
1450 c.	アルベルティ、リミニのサン・フランチェスコ聖堂（テムピオ・マラテスティアーノ S. Francesco di Rimini, "Tempio Malatestiano"）設計。1460年ころには中断、未完成に終わる。
1451	大聖堂クーポラの capomaestro バッティスタ・ダントーニオ死去。
1451/2	アルベルティ De re aedificatoria 完成。
1451〜55	教皇ニコラス五世 Nicholas V（在位1447-55）によるヴァティカンのサン・ピエトロ聖堂改築計画とその周囲の「ボルゴ」Borgo の再開発計画（建築家はベルナルド・ロッセッリーノ。アルベルティが助言していたとみられる）。
1452	レオナルド・ダ・ヴィンチ Leonardo da Vinci (m.1519) 生まれる。
1452.8.16	アントーニオ・マネッティ・チャッケリ Antonio Manetti Ciaccheri (m.1460) がクーポラ頂塔の建築家に指名される。チャッケリは1453年ころからはサン・ロレンツォ聖堂の工事も任されていたとみられる。
1455	ミケロッツォはフィエゾレにメディチ家のヴィッラを設計。ルネサンス風ヴィッラの嚆矢とされる。
1455	このころウルビーノの王宮建設開始（建築家はルチアーノ・ラウラーナ Luciano Laurana, ?-1479）。アルベルティが助言を与えていたと考えられる。
1456 c.	フィラレーテ、ミラノのオスペダーレ・マッジョーレ Ospedale Maggiore 設計。地元の工匠たちの反発に遭い1460年ころにはミラノを離れる。

1457	ドメニコ・ダ・ガイオーレという工匠が、コージモ・デ・メディチに対し、サン・ロレンツォ聖堂のチャッケリのクーポラをやり直すべきことを進言。チャッケリの手下たちから暴行を受けた。
1458.8.19	教皇ピウス二世　Pius II（Enea Silvio Piccolomini, 1405-64）即位。
1458	ルカ・ピッティがアルノ河対岸の丘の麓にパラッツォ・ピッティの建設開始（ヴァザーリによれば基本計画はブルネッレスキであるとする。施工はルカ・ファンチェッリとしている）。
1459	アントーニオ・マネッティ・チャッケリ、ゴンザーガの招請によりマントヴァに赴き、サンタンドレア聖堂の計画作成、実現せず。
1459.10.11	パッツィ家礼拝堂クーポラにある刻銘の日付。
1459〜60	マントヴァの宗教会議。教皇に随行していたアルベルティはゴンザーガの依頼でサン・セバスティアーノ聖堂を設計。
1460 c.	フィラレーテ、ミラノのスフォルツァのためのヴェネツィアの大運河沿いの邸宅「カ・デル・ドゥカ」Ca' del Duca を設計(?)。未完。
1460 c.〜70	フィラレーテ、アルベルティの理論をもとにしたと称する理想都市「スフォルツィンダ」Sforzinda の記述を中心とした建築書執筆開始。
1461.2.20	ベルナルド・ロッセッリーノが大聖堂クーポラ頂塔の建築家に指名される（1464まで）。
1461	パッツィ家礼拝堂ポルティコにある刻銘。
1462	ベルナルド・ロッセッリーノ、教皇ピウス二世の郷里の小村コルシニャーノを「理想都市」ピエンツァ Pienza に改造する工事に着手。
1464	コージモ・デ・メディチ没。
1464.11.21	トムマーゾ・ディ・ヤーコポ・スッキエッリ Tommaso di Jacopo Succhielli, 大聖堂クーポラ頂塔の建築家に指名される。
1467	アルベルティ、サン・パンクラツィオ聖堂のルッチェッライ家礼拝堂内「聖墳墓」を設計。
1470〜72	アルベルティ、マントヴァのサンタンドレア聖堂設計。施工はルカ・ファンチェッリ。
1471.3	ドメニコ・ダ・ガイオーレがルドヴィーコ・ゴンザーガに宛てた書簡で、ブルネッレスキがミケロッツォのサンティッシマ・アンヌンツィアータ聖堂のロトンダを批判していた旨を記す。
1471.6.10	ヴェッロッキォ作成のブロンズ製ボールが大聖堂クーポラ頂塔屋根に取り付けられる。頂塔足場は1472年末までに撤去。
1471	サント・スピリトの古い聖堂が火災。新築工事のスピード早まる。

1471	アルブレヒト・デューラー Albrecht Dürer（m.1521）生まれる。
1472	アルベルティ没。
1474	マンテーニャによるマントヴァ王宮内「婚礼の間」Camera degli Sposi の壁画。
1475	ミケランジェロ Michelangelo Buonarroti（m.1564）生まれる。
1475.8.16	トスカネッリの設計になる日時計がフィレンツェ大聖堂クーポラ頂塔に取り付けられる。
1478	「パッツィの謀叛」Congiura di Pazzi. ヤーコポ・パッツィとその一味がロレンツォ・デ・メディチ（イル・マニフィーコ）と弟のジュリアーノを襲撃し、ジュリアーノを殺害。ロレンツォは一時ナポリに逃れるが、帰還して一味を処刑。権力を回復した。
1479	サント・スピリト聖堂の計画変更を審議。
1480	ジュリアーノ・ダ・サンガッロ、フィレンツェ西郊ポッジョ・ア・カイアーノにメディチ家のヴィラを設計 Villa Medicea a Poggio a Caiano。庭園と一体に設計された初めての本格的古典様式のヴィラとされる。
1480 c.	このころ、フランチェスコ・ディ・ジョルジョは建築書を執筆。
1483	ラッファエッロ Raffaello Sanzio（m.1520）生まれる。
1484	このころ、アントーニオ・ディ・トゥッチォ・マネッティが「ブルネッレスキ伝」を執筆。
1484	ジュリアーノ・ダ・サンガッロ、「集中式」のプラトのサンタ・マリーア・イン・カルチェリ聖堂 S. Maria in Carceri, Prato を設計。
1485	アルベルティの *De re aedificatoria* 初版刊行。
1486	サント・スピリト聖堂ファサードのブルネッレスキ案の入口4つを3つに変更して実施。

ブルネッレスキ参考文献目録

＊ ブルネッレスキに関する文献目録としては、1977/8のC. Bozzoni, G. Carbonaraによるものがあるが、その後は見当たらないようである。この目録はそれを補う意味もこめて、たまたま私の目に触れたもの、あるいはその後の研究論文に引かれているものなどを拾い集めて作成したもので、必ずしも私がすべて内容を確認したうえで採録したものではないことをお断りしておかなければならない。また研究が進展した現在となっては、改めて参照するまでもないものも含まれていると思われるが、ブルネッレスキ研究のような大きなテーマに関しては、研究史自体が重要な研究課題の一つとなると考えられるので、あまり個人的判断を交えず拾い上げることとしたものである。いまだ遺漏は多いと思われるし、また日本語で書かれた著作はほとんど取り上げていないが、これは全く私の不勉強の致すところで、他意はない。大方のご斧正に期待する次第である。

イタリア・ルネサンス美術史・建築史・概説等

1855　Bruckhardt, Jacob, *Der Cicerone. Eine Anleitung zum Genuß der Kunstwerke Italiens*, Basel（瀧内槇雄訳「ヤーコプ・ブルクハルト　チチェローネ──イタリア美術作品享受の案内〔建築編〕」、中央公論美術出版、2004）

1885　Stegmann, Carl von, & von Geymüller, *Die Architektur der Renaissance in Toskana*, vol. I, München

1926-27　Dvořák, Max, *Geschichte der italienischen Kunst im Zeitalter der Renaissance*, München

1949　Wittkower, Rudolf, *Architectural Principles in the Age of Humanism*, London（その後の改版・重版多し。中森義宗訳「ヒューマニズム建築の源流」、彰国社、1971）

1966　Gombrich, Ernst, *Norm and Form, Italian Renaissance Studies. A tribute to the late Cecilia M. Ady*, London（岡田温司訳「規範と形式」、中央公論美術出版、1999）

1963　Murray, Peter, *The Architecture of the Italian Renaissance*, London & New York (2" ed., 1969)

1964　Summerson, John, *The Classical Language of Architecture*, London（鈴木博之訳「古典主義建築の系譜」、中央公論美術出版、1989）

279

1967	Simoncini, G., *Architetti e architettura nella cultura del rinascimento*, Bologna
1968	Argan, Giulio Carlo, *Storia dell'Arte Italiana*, 3 voll., Firenze（2° ed., 1988. Tom. II がルネサンスに充てられている）
1968	Benevolo, Leonardo, *Storia dell'architettura del Rinascimento*, 2 voll. Bari（2° ed., 1973, *Engl.* ed., *The Architecture of the Renaissance*, London 1978）
1969	Argan, Giulio Carlo, *The Renaissance City*, London & New York（中村研一訳、「ルネサンス都市」、井上書店、1983）
1969	Tafuri, Manfredo, *L'architettura dell'Umanesimo*, Bari
1969	Weiss, Roberto, *The Renaissance discovery of Classical Antiquity*, Oxford
1974	Heydenreich, Ludwig H. & Lotz, Wolfgang, *Architecture in Italy 1400-1600*, Harmondsworth
1984	Fusco, Renato de, *L'architettura del Quattrocento*, Torino
1998	Fiore, Francesco Paolo (a cura di), *Storia dell'architettura italiana: Il Quattrocento*, Milano（この中で Bruschi, Arnaldo, "Brunelleschi e la nuova architettura", pp. 38-113 ； Pacciani, Riccardo, "Firenze nella seconda metà", pp. 330-73 が本書の扱う範囲と関わる）

イタリア・ルネサンス文化史・社会史等

1860	Bruckhardt, Jacob, *Die Kultur der Renaissance in Italien*, Basel（柴田治三郎訳「イタリア・ルネサンスの文化」、中央公論社、1966）
1949	Antal, Frederick, *Florentine Painting and Its Social Background : The Bourgeois Republic before Cosimo de' Medici's Advent to Power: XIV and Early XV Centuries*, London（中森義宗訳「フィレンツェ絵画とその社会的背景」、岩崎美術社）
1948	Garin, Eugenio, *L'umanesimo italiano*, Bari（清水純一訳「イタリアのヒューマニズム」、創文社、1960）
1954	Id., *Medioevo e Rinascimento*, Bari（4° ed., 1987）
1955	Baron, Hans, *The Crisis of the Early Italian Renaissance*, Princeton, N. J.（2° ed., 1966）
1959	Chastel, André, *Art et Humanisme à Florence au temps de Laurent le Magnifique*, Paris 1959
1965	Garin, Eugenio, *Scienza e vita civile nel Rinascimento italiano*, Bari（「イタリア・ルネサンスにおける市民生活と科学・魔術」、岩波書店、1990）
1961	Hay, Denys, *The Italian Renaissance in its Historical Background*, Cambridge（多数の改版・重版あり）
1966	Rubinstein, N., *The Government of Florence under the Medici (1434 to 1494)*, Oxford

1968	Baron, Hans, *From Petrarch to Leonardo Bruni. Studies in Humanistic and Political Literature*, Chicago
1970	Jenkins, A. D. Frazer, "Cosimo de' Medici's Patronage of Architecture and the Theory of Magnificence", in *Journal of the Warburg and Courtald Institutes*, 33, pp. 162-170
1972	Baxandall, Michael, *Painting and Experience in 15th century Italy*, Oxford University Press（篠塚二三男・池上公平・石原宏・豊泉尚美訳、「ルネサンス絵画の社会史」、平凡社、1989）
1981	Wackernagel, M., *The World of the Florentine Renaissance Artist: projects and patrons, workshop and art market*, Princeton, N. J.
1992	Tafuri, Manfredo, *Ricerca del Rinascimento. Principi, città, architetti*, Torino

原史料

Manetti, Antonoio di Tuccio, *Vita di Filippo Brunelleschi, e La Novella del Grasso*, ms. Biblioteca Nazionale, Firenze (già *Codice Magliabecchiana*, VIII 1401), II, ii 325

Id., II, ii 326 (con *La Novella del Grasso*)

Id., *Vita di Filippo Brunelleschi, Codice Nuovi Aquisti 323*, ms. Biblioteca Nazionale Centrale di Firenze

Id., *Vita di Filippo Brunelleschi, Codice Corsiniano 455*, ms. Biblioteca dell'Accademia dei Lincei

Alberti, Leon Battista, *De Pictura* (*Della Pittura*), in *Opere volgari*, a cura di Cecil Grayson, vol. III, Bari, 1973 （三輪福松訳「絵画論」、中央公論美術出版、1992）

Id., *De re aedificatoria*, in Alberti, *L'Architettura*, a cura di Giovanni Orlandi, Milano 1966 （相川浩訳「アルベルティ　建築論」、中央公論美術出版、1982）

Billi, Antonio(?), *Il libro di Antonio Billi, Codice Magliabecchiano*, Biblioteca Nazionale Centrale di Firenze, XIII, 89

Cennini, Cennino, *Il Libro dell'arte o trattato della pittura*, a cura di Fernando Tempesti, Milano 1975 （石原靖夫・望月一史・辻茂訳「絵画術の書」、岩波書店）

Filarete, Antonio, ms. *Cod. Magliabecchiano*, Biblioteca Nazionale Centrale di Firenze. ediz. *Filarete's Treatise on Architecture: Being the Treatise by Antonio di Piero Averlino, Known as Filarete*. Originally composed in Milan c. 1460-c. 1464. Translated by John R. Spencer. Facsimile ed. 2 vols. New Haven, Yale University Press, 1965 ; *Trattato di architettura*, a cura di Anna Maria Finoli e Liliana Grasssi, Milano 1972

Ghiberti, Lorenzo, *Commentari*, ms., *Codice Magliabecchiano*, XVII, 33, Biblioteca Nazionale Centrale di Firenze

Ghiberti, Buonaccorso, *Zibaldone*, ms. Br 228, Biblioteca Nazionale Centrale di Firenze

Giuliano da Sangallo, *Codice Barberiniano*, Lat. 4424, Biblioteca Vaticana

Id., *Taccuino senese* (*Tacuino di Giuliano da Sangallo*), Biblioteca Comunale di Siena

Leonard da Vinci, *Codice Atlantico*, Biblioteca Ambrosiana, Milano

Id., *Codex Ashburnham*, Bibliothèque de Institute de France, Paris

Piero della Francesca, *De prospectiva pingendi* (c. 1470/80. *ms. Codice 1576* Biblioteca Palatina di Parma ; Biblioteca Ambrosiana di Milano, *Codice C. 307*. (Massimo Mussini, Luigi Graselli, *Piero della Francesca. De Prospectiva Pingendi*, Hoepli, Milano 2008)

Ruccellai, Giovanni, *Zibaldone Quaresimale* (a cura di A. Perosa, *Giovanni Rucellai ed il suo Zibaldone*, London 1960)

Taccola, Mariano, *De ingeneis*, Bayerische Staatsbibliothek, Cod. lat. 197, f. 107v ; *Cod. Palatino* 766, p. 13, Biblioteca Nazionale Centrale di Firenze

Vasari, Giorgio, *Le vite de' più eccellenti pittori scultori ed architetti...*, ed. G. Milanesi, 1906 (facsimile ediz. of 1878-85 ed.) Firenze (tom. II, pp. 327-394 がブルネッレスキ伝に充てられている)

Vitruvius Pollio, Marcus, *De architectura*, ed. by Frank Granger (Loeb Classical Library), London 1931 ; *Vitruvius, The Ten Books on Architecutre*, transl. by Morris H. Morgan, Cambridge, Mass. 1914 (Dover ed., London, 1960：森田慶一訳「ウィトルウィウス、建築十書」、東海大学出版会)

伝記・評伝・史料集 etc.

1839　　Gaye, Giovanni, *Carteggio inedito d'artisti dei secoli XIV, XV, XVI*, Firenze

1887　　Frey, Karl, ed., *Le Vite di Filippo Brunelleschi Scultore e Architetto Fiorentino scritta da Giorgio Vasari e da Anonimo Autore con aggiunte, documenti e note* (*Sammlung ausgewählter Biographien Vasaris, Zum Gebrauche bei Vorlesungen*, IV), Berlin

1892　　Fabriczy, Cornelius von, *Filippo Brunelleschi. Sein Leben und seine Werke*, Stuttgart (ed. *it.* Firenze 1979)

1893　　Chiappelli, Alessandro, "Della vita di Filippo Brunelleschi attribuita ad Antonio Manetti, con nuovo frammento", in *Archivio Storico Italiano*

1901　　Scott, Leader, *Filippo di ser Brunellesco*, London

1907　　Fabriczy, Cornelius von, "Brunelleschiana. Unkunden und Forschungen zur Biographie des Meisters", in *Jahrbuch der Preuszischen Kunstsammlungen*, suppl. al n. XXXVII, pp. 1-84

1912　　Raymond, Marcel, *Brunelleschi et l'architecture de la Renaissance italienne au XVe siècle*, Paris

1915	Folnesics, Hans, *Brunelleschi, Ein Beitrag zur Entwicklungsgeschichte der Frühreneaissance architektur*, Wien
1920	Fontana, Paolo, *Brunelleschi*, Firenze
1926	Luzzato, G. L., *Brunelleschi*, Milano
1930	Fontana, Paolo, *Brunelleschi, Filippo, in Enciclopedia Italiana*, pp. 969-972
1931	Lavagnino, Emilio, *Brunelleschi*, Roma
1949	Carli, E., *Brunelleschi*, Firenze
1955	Argan, Giulio Carlo, *Brunelleschi*, Verona (Milano, 1978. 浅井朋子訳、「ブルネッレスキ──ルネサンス建築の開花」、SD選書、鹿島出版会、1981)
1962	Sanpaolesi, Piero, *Brunelleschi*, Milano
1964	Luporini, Eugenio., *Brunelleschi, Forma e Ragione*, Milano
1970	Saalman, Howard (ed., translated by C. Engass), *The Life of Brunelleschi by Antonio di Tuccio Manetti*, Penn. State Univ. Press, University Park, Pa. and London
1972	Hyman, Isabelle, voce *Brunelleschi*, in *Dizionario Biografico degli Italiani*, vol. 14, pp. 542-44
1976	De Robertis, D. e Tanturli, G., *Antonio Manetti, Vita di Filippo Brunelleschi, preceduta da La Novella del Grasso*, Milano (浅井朋子訳「ブルネッレスキ伝」、中央公論美術出版、1989)
1976	Battisti, Eugenio, *Filippo Brunelleschi*, Milano (2° ed., 1983)
1977	Ragghianti, Carlo L., *Filippo Brunelleschi. Un uomo, un universo*, Firenze
1977	Begnini, P. (a cura di), *Filippo Brunelleschi: l'uomo e l'architettura, catalogo della mostra documentaria*, Firenze, Archivio del Stato
1977/8	Bozzoni, C. & Carbonara, G., *Filippo Brunelleschi. Saggio di bibliografia, Università degli studi di Roma, Ist. di Fondamenti dell'architettura*, Roma 1977-78
1979	Borsi, Franco & Morolli, Gabriele & Quinterio, Francesco, *Brunelleschiani*, Roma
1988	Fanelli, Giovanni, *Brunelleschi*, Königstein im Taunus
1991	Pissigoni, Attilio, *Filippo Brunelleschi*, Zürich, München
1993	Saalman, Howard, *Filippo Brunelleschi. The Buildings*, London
1997	Capolei, Francesco & Sartogo, Pietro, *Brunelleschi anticlassico*, Firenze (Catalogo della Mostra)
2003	Capretti, Elena, *Brunelleschi*, Firenze

彫刻家ブルネッレスキ・洗礼堂扉

1914	Allan, Marquand, "Note sul Sacrificio d'Isacco di Brunelleschi", in *L'Arte*, XVI, n. 49, pp. 385-386

1970 Krautheimer, Richard, Trude Krautheimer-Hess, *Lorenzo Ghiberti*, 2 vols, Princeton（2°ed. of Princeton, N. J., 1956）

1973 Mantovani, Giuseppe, "Brunelleschi e Ghiberti, osservazioni sulle formelle", in *La Critica d'Arte*, n. 130, pp. 18-30

1977 Micheletti, F. e Paolucci, A.（a cura di）, *Brunelleschi scultore*, catalogo della mostra（Firenze）, Firenze

フィレンツェ大聖堂クーポラ

1857 Guasti, Cesare, *La cupola di Santa Maria del Fiore*, Firenze

1857 Nardini-Despotti-Mospignotti, A., *Filippo di Ser Brunellesco e la Cupola del Duomo di Firenze*, Livorno

1887 Guasti, Cesare, *Santa Maria del Fiore, La costruzione della Chiesa e del Campanile secondo i documenti tratti dall'Archivio nell'Opera Secolare e da quello di Stato*, Firenze

1887 Drum, J., "Die Domkuppel in Florenz und die Kuppel der Peterskirche in Rom", *Zeitschrift für Bauwesen*, Berlin, pp. 353-374, 481-500

1888 Del Moro, L., *La facciata di Santa Maria del Fiore*, Firenze

1898 Doren, Alfred, "Zum Bau der Florentiner Domkuppel", in *Repertorium für Kunstwissenschaft*, XXI, pp. 249-62

1909 Poggi, G.,"Il Duomo di Firenze", *Italianische Forschungen des Kunsthistorischen Institutes Florenz*, II

1938 Metz, P., "Die Florentiner Domfassade des Arnolfo di Cambio", *Jahrbuch der preussischen Kunstsammlung*, LIX, p. 121f.

1939 AA.VV., *Opera di Santa Maria del Fiore, Rilievi e Studi sulla Cupola del Brunelleschi*, Firenze

1941 Sanpaolesi, Piero, *Cupola di Santa Maria del Fiore, il progetto, la costruzione*, Roma

1941-55 Paatz, W. & E., *Die Kirchen von Florenz*, Frankfurt am Main

1956 Rossi, F.,"La Lanterna della Cupola di Santa Maria del Fiore e I suoi Restauri", *Bollettino d'Arte*, XLI, pp. 128-143

1959 Grote, A., *Das Dombauamt in Florenz, 1285-1370, Studien zur Geschichte der Opera di Santa Reparata*, München

1959 Saalman, Howard, "Giovanni di Gherardo da Prato's Designs concerning the Cupola of Santa Maria del Fiore in Florence", *Journal of the Society of Architectural Historians*, XVIII, pp. 11-20

1961 Kiesow, G., "Zur Baugeschichte des Florentiner Domes", *Mitteilungen des Kun-*

sthistorischen Institutes in Florenz, X, pp. 1-22

1964	Braunfels, W., *Der Dom von Florenz*, Olten
1964	Saalman, Howard, "Santa Maria del Fiore: 1294-1418", *The Art Bulletin*, XLVI, pp. 471-500
1969-70	Bechelucci, L. & Brunetti, G., *Il Museo dell'Opera del Duomo di Firenze*, Milano, pp. 280-282
1969-70	Mainstone, Rowland. J., "Brunelleschi's Dome of S. Maria del Fiore and some Related Structures", *Transactions of the Newcomen Society*, XLII, pp. 107-126
1972	Sanpaolesi, Piero, "La cupola di Santa Maria del Fiore ed il Mausoleo di Soltanieh", *Mitteilungen des Kunsthistorischen Intsitutes in Florenz*, XVI, p. 221f.
1974	Kreytenberg, G., *Der Dom zu Florenz, Untersuchungen zur Baugeschichte im 14. Jahrhundert*, Berlin
1977	Mainstone, Rowland. J., "Brunelleschi's Dome", in *The Architectural Review*, CLVII, n. 967, p. 156 sgg.
1977	Di Pasquale, Salvatore, *Primo rapporto sulla cupola di Santa Maria del Fiore*, Firenze
1977	Di Pasquale, Salvatore, "Una ipotesi sulla struttura della cupola di S. Maria del Fiore", in *Restauro, Quaderni di Restauro dei Monumenti e di Urbanistica dei Centri Antichi*, V, pp. 3-77
1977-78	Di Pasquale, Salvatore, *La tecnica costruttiva gotica, il cantiere...Brunelleschi e la cupola ....*, Firenze
1979	Di Pasquale, Salvatore, "Brunelleschi, la cupola, le macchine" in *Bollettino dell'Associazione I. R. CCO.*
1980	Saalman, Howard, *Filippo Brunelleschi: The Cupola of Santa Maria del Fiore*, London
1983	Haines, Margaret, *La Sagrestia delle Messe del duomo di Firenze*, Firenze
1992	Hoffmann, V., "Filippo Brunelleschi Kuppelbau und Perspektive" in *Saggi in onore di Renato Bonelli, Quaderni dell'Istituto di Storia dell'Architettura*, n. 1, 15-20, 1990-92
1994	Guerrieri, F. et al. (a cura di), *La cattedrale di Santa Maria del Fiore a Firenze*, I, Firenze (II, 1995)
1997	Peroni, C., *La cupola di Santa Maria del Fiore*, Roma
2005	King, Ross, *Brunelleschi's Dome: The Story of the Great Cathedral in Florence*, Pimlico

ブルネッレスキと器械

1946	Prager, Frederick D., "Brunelleschi's Patent", in *Journal of Patent Office Society*, XXVIII, February, pp. 109-135
1950	Id., "Brunelleschi's Inventions and the Renewal of Roman Masonry work", in *Osiris*, IX, pp. 457-554
1951	Sanpaolesi, Piero, "Ipotesi sulle conoscenze matematiche, meccaniche e statiche del Brunelleschi", in *Belle Arti*, II, pp. 25-54
1959	Sas-Zaloziecky, W., "Kuppellostungen Brunelleschis und die römische Architektur", in *Studies on the History of Art dedicated to W. E. Suida*, London, pp. 41-46
1960-61	Scaglia, Gustina, "Drawings of Brunelleschi's Mechanical Inventions for the Construction of the Cupola", *Marsyas*, X, p. 41 sgg.
1969-70	Mainstone, Rowland. J., "Brunelleschi's Dome of S. Maria del Fiore and some Related Structures", *Transactions of the Newcomen Society*, XLII, pp. 107-126
1970	Prager, Frederick D. & Scaglia, G., *Brunelleschi. Studies of his technology and inventions*, Cambridge, Mass. -London
1972	Sanpaolesi, Piero, "La cupola di Santa Maria del Fiore ed il Mausoleo di Soltanieh", *Mitteilungen des Kunsthistorischen Intsitutes in Florenz*, XVI, p. 221f.
1974	Reti, Ladislao, "Tracce dei progetti perduti di Filippo Brunelleschi nel Codice Atlantico", in *Leonardo da Vinci, Letture Vinciane I-XII* (1960-1972), Firenze 1974, pp. 89-122
1975	Mainstone, Rowland. J., *Developments in Structural Form*, London and Cambridge, Mass.
1976	Di Pasquale, Salvatore, "Una ipotesi sulla struttura della cupola di S. Maria del Fiore" in *Restauro*, V, 1976 (1977)
1977	Mainstone, Rowland. J., "Brunelleschi's Dome", in *The Architectural Review*, CLVII, n. 967, p. 156 sgg.
1977-78	Di Pasquale, Salvatore, *La tecnica costruttiva gotica, il cantiere...Brunelleschi e la cupola ...*, Firenze
1979	Di Pasquale, Salvatore, "Brunelleschi, la cupola, le macchine" in *Bollettino dell'Associazione I. R. CCO*.
1980	AA.VV., *Filippo Brunelleschi. La sua opera e il suo tempo, Atti del Congresso Internazionale del 16-22, ottobre 1977*, 2 voll., Firenze
	——Arrighi, G., "Le scienze esatte al tempo del Brunelleschi", p. 93 sgg.
	——Sanpaolesi, Piero, "Le conoscenze tecniche del Brunelleschi", p. 145 sgg.
1984	Vignali, L., "Brunelleschi: scienza e tecnica", in *Atti e memorie Accad. Clementina di Bologna*, XVII

透視図法

1924/25　Panofsky, Erwin, "Die Perspektive als 'symbolische Form'", *Vorträge der Bibliothek Warburg*（木田元〔ほか〕訳「〈象徴形式〉としての遠近法」、哲学書房、1993；細井雄介訳「芸術学の根本問題」、中央公論美術出版、1994所収）

1940　Bunim, M. Schild, *Space in Medieval Painting and Forerunner of Perspective*, New York

1941　Longhi, Roberto, "Fatti di Masolino e di Masaccio" in *Critica d'Arte*, V, pp. 61-62

1946　Argan, Giulio Carlo, "The Architecture of Brunelleschi and the origins of the perspective Theory in the fifteenth century", in *Journal of the Warburg and Courtauld Institutes*, IX, pp. 96-121

1953　Wittkower, Rudolf, "Brunelleschi's Proportion in Perspective", in *Journal of the Warburg and Courtauld Institutes*, XVI, pp. 275-291

1957　Gioseffi, Decio, *Perspectiva artificialis, spigolature e appunti per la storia della prospettiva*, Trieste

1957　White, John, *The birth and rebirth of Pictorial Space*, London

1961　Rossi, P. A., "Soluzioni brunelleschiane. Prospettiva: invenzione ed uso" in *Critica d'arte*, XLVI

1964　Parronchi, Alessandro, *Studi sulla dolce prospettiva*, Milano, p. 245 sgg.

1967　Janson, H. W., "Ground Plan and Elevation in Masaccio's Trinity Fresco" in *Essays in the History of Art presented to R. Wittkower*, London, p. 83 sgg.

1971　Polzer, J., "The Anatomy of Masaccio's Holy Trinity" in *Jahrbuch der Berliner Museum*

1973　Beltrame, Renzo, "Gli esperimenti prospettici del Brunelleschi", in *Rendiconti della Classe di Scienze Morali, Storiche e Filologiche*, Accademia Nazionale dei Lincei, Serie VIII, vol. XXVIII, fasc. 3-4, marzo-aprile p. 41

1973　Egerton Jr., S. Y., "Brunelleschi's First Perspective Picture" in *Arte Lombarda*, 18, pp. 172-195

1974　Hyman, Isabelle, *Brunelleschi in Perspective*, Englewood Cliffs, N. J.

1975　Egerton Jr., S. Y., *The Renaissance Discovery of Linear Perspective*, New York

1978　Arnheim, Rodolf., "Brunelleschi's Peepshow", in *Zeitschrift für Kunstgeschichte*, vol. 41

1978　Kemp, Martin, "Science, non science and nonsens: the interpretation of Brunelleschi's perspective", in *Art History*, vol. I, pp. 134-161

1979　Lang, S., "Brunelleschi's Panel", in *La prospettiva rinascimentale, Convegno Intenazionale*（Milano 1977）, Firenze

1980	AA.VV., *Filippo Brunelleschi. La sua opera e il suo tempo*, Atti del Congresso Internazionale del 16-22, ottobre 1977, 2 voll., Firenze
	——Vagnetti, L., "La posizione di Filippo Brunelleschi nell'invenzione della prospettiva lineare...", p. 279 sgg.
	——Vescovini, G. Federici, "La prospettiva del Brunelleschi, Alhazen e Biagio Pelacani a Firenze", p. 333 sgg.
1980	Lynes, John A., "Brunelleschi's perspectives reconsidered", *Perception*, 9(1), pp. 87-99
1981	横山正著、「空間の発見1. ヴィアトールの透視図法 1505」、リブロポート
1985	Kemp, Martin., *Geometrical perspective from Brunelleschi to Desargues* ..., Oxford
1986	Kubovy, Michael, *The pscycology of Perspective and Renaissance Art*, New York
1988	Pastore, Nicholas, "Brunelleschi's trick — a myth", *Journal of the History of the Behavioral Sciences*, vol. 24-2, pp. 183-190
1992	Hoffmann, V., "Filippo Brunelleschi Kuppelbau und Perspektive" in *Saggi in onore di Renato Bonelli, Quaderni dell'Istituto di Storia dell'Architettura*, n. 1, 15-20, 1990-92
1996	Hoffmann, V., "Masacciostrinitätfresko: die Perspektivkonstruction und ihr Entwurfsverfahren" in *Mitteilungen des Kunsthistorischen Institutes in Florenz*, XI. Band, Heft 1/2
2008	Mussini, Massimo & Graselli, Luigi, *Piero della Francesca. De Prospectiva Pingendi*, Hoepli, Milano

オスペダーレ・デリ・インノチェンティ

1819	Bruni, F., *Storia di Santa Maria degli innocenti*, Firenze
1853	Passerini, L., *Storia degli Stabilimenti di beneficenza della città di Firenze*, Firenze
1880	Guasti, Cesare, *Lettera di notaro a un mercante del secolo XIV*, Firenze, vol. II, p. 275 (sulla fondazione dell'Ospedale, ricco mercante di Prato Fr. Datini dato con lascito 31 luglio 1410)
1891	Fabriczy, C. von, "Lo Spedale di S. Maria degli Innocenti", in *Archivio Storico dell'Arte*, IV, pp. 3-12
1900	Bruscoli, G., *Lo Spedale di S. Maria degli Inncocenti*, Firenze
1903	Fabriczy, C. von, "Per il Portico degl'Innocenti", in *Miscellanea d'Arte* (*Rivista d'Arte*), I, pp. 210-211
1904	Marrai, B., "Per l'Arco degl' Innocenti", in *Rivista d'Arte*, II, I, pp. 23-24

1932	Cherici, G., *Il R. Ospedale degli Innocenti di Firenze*, Firenze
1936	Jochem, F. L., *The Libri dello Spedale of the Florentine Foundling Hospital, Sources of the History of Building in the Fifteenth Century in Italy*, Ph. D. Diss., University of Wisconsin
1963	Martines, Lauro, *The Social World of the Florentine Humanists, 1390-1460*, Princeton（su Francesco della Luna, pp. 341-342）
1964	Morozzi, G., "Ricerche sull'aspetto originale dello Spedale degl'Innocenti di Firenze", in *Commentari*, XV, pp. 186-201
1966	Atanasio, N. C. Mendes & Dallai, G., "Nuove indagini sullo Spedale degli Innocenti di Firenze", in *Commentari*, XVII, pp. 83-106
1971	Morozzi, G. & Piccini, A., *Il restauro dello Spedale di Santa Maria degli Innocenti, 1966-1970*, Firenze（edizione limitata）
1975	Thompson, John D. & Goldin, Grace, *Hospital: A Social and Architectural History*, London
1990	Klotz, H., *Filippo Brunelleschi: The Early Works and the Medieval Tradition*, London（Engl. ed. of *Die Frühwerke Brunelleschis und die mittelalteriche Tradition*, Berlin 1970）
1993	Saalman, Howard, *Filippo Brunelleschi. The Buildings*, London, p. 32 sgg.

サンタ・フェリチタ聖堂バルバドーリ家礼拝堂

1931/2	Fontana, Paolo, "Die Cappella Barbadori in S. Felicità zu Florenz", in *Mitteilungen des Kunsthistorische Institutes in Florenz*, III, pp. 365-372
1934	Sanpaolesi, Piero, "La chiesa di S. Felicità in Firenze", in *Rivista d'Arte*, p. 305 sgg.
1938	Niccoli, R., "Su alcuni recenti saggi eseguiti alla brunelleschiana Cappella Barbadori in S. Felicita" in *Atti del I congresso nazionale di storia dell'architettura*, Firenze 1936, p. 139 sgg.
1958	Schlegel, U., "La Cappella Barbadori e l'architettura fiorentina del primo Rinascimento", in *Rivista d'Arte*, serie III, vol. VII, pp. 77-106
1958	Saalman, Howard, "Further Notes on the Cappella Barbadori S. Felicità", in *The Burlington Magazine*, Dicember-January, pp. 270-274
1992	Wasserman, J., "The Barbadori Chapel in Santa Felicità", in H. A. Millon, S. S. Munshower, ed., *An Architectural Progress in the Renaissance and Baroque. Essays in Architectural History presented to Helmut Hager on his sixty-sixth Birthday*, Pennsylvania State University, University Park, pp. 25-43

サン・ロレンツォ聖堂

1804   Cianfogni, N., *Memorie Istorische dell'Ambrosiana R. Basilica di S. Lorenzo di Firenze, Opera Postuma del Cannonico Pier Nolasco Cianfogni, ecc.*, Firenze
1817   Moreni, Domenico, *Continuazione dell memorie istoriche dell'ambrosiana imperial basilica di San Lorenzo di Firenze*, Firenze
1892   Corazzini, G. O., *Notizie della Chiesa di S. Lorenzo e della sua Compagnia del SS. Sacramento*, Firenze
1938   Zummkeller, L., "Isolamento della Basilica di S. Lorenzo e la questione della parte tergale della chiesa", in *Firenze*, VII, pp. 377-381
1940   Ginori-Conti, Piero, *La Basilica di San Lorenzo di Firenze e la famiglia Ginori*, Firenze
1968   Hyman, Isabelle, *Fifteenth Century Florentine Studies: The palazzo Medici and a Leger for the Church of San Lorenzo*, Dissertation Thesis of The Institute of Fine Arts, New York University
1974   Herzner, Volker, "Zur Baugeschichte von San Lorenzo in Florenz", in *Zeitschrift für Kunstgeschichte*, 2, pp. 89-113
1975   Hyman, Isabelle, "Notes and Speculations on S. Lorenzo, Palazzo Medici and on Urban Project by Brunelleschi", in *Journal of the Society of Architectural Historians*, XXXIV, 2, pp. 98-120
1993   Morolli, Gabriele & Ruschi, P.(a cura di), *San Lorenzo. 393-1993. L'architettura*, Firenze
1993   Saalman, Howard, *Filippo Brunelleschi. The Buildings*, London, p. 144 sgg., pp. 199-207

サン・ロレンツォ聖堂旧聖器室

1912   Warburg, Aby, "Eine astronomische Himmeldarstellung im Gewölbe der alter Sakristei von S. Lorenzo", in *Mitteilungen des Kunsthistorischen Institutes in Florenz*, 2, pp. 34-36
1941   Sanpaolesi, Piero., *La Sacrestia Vecchia di S. Lorenzo*, Pisa
1947   Sanpaolesi, Piero., *Brunellesco e Donatello nella Sacrestia Vecchia di S. Lorenzo*, Pisa
1971   Bartoli, Lando, "L'unita di misura e il modulo proporzionale nell'architettura del rinascimento, riflessioni su 'I Principi architettonici nell' Età dell' Umanesimo di Rudolf Wittkower'", in *Quaderno n. 6 dell'Istituto di Elementi di Architettura e Rilievo dei Monumenti, dell'Università degli Studi di Genova*, giugno 1971, pp.

129-137

1980	Guerrieri, F. (a cura di), *La Sagrestia Vecchia di San Lorenzo*, Firenze
1987	Elam, Caroline, "Brunelleschi and Donatello in the Old Sacristy" in *The Burlington Magazine*, 129
1989	Baldini, Umberto (a cura di), *Brunelleschi e Donatello nella Sagrestia Vecchia di S. Lorenzo*, Firenze
1995	Campione, M. & Gianlorenzi, L., *Firenze: il planetario della Sagrestia Vecchia di San Lorenzo*, «'ANAKH», n. 9, pp. 84-91
1996	Trachtenberg, Marvin, "On Brunelleschi's Old Sacristy as Model for Early Renaissance Church Architecture" in J. Guillaume ed., *L'église dans l'architecture de la Renaissance*, Paris

パラッツォ・ディ・パルテ・グエルファ

1902	Badia, Jodoco di, *Il vecchio palazzo di Parte Guelfa*, Firenze
1951	Salmi, Mario, "Il Palazzo di Parte Guelfa di Firenze", in *Rinascimento*, II, p. 3 sgg.
1984	Zervas, D. Finiello, "The Parte Guelfa Palace, Brunelleschi and Antonio Manetti" in *The Burlington Magazine*, 126, 1984, p. 94 sgg.
1987	Zervas, D. Finiello, *The Parte Guelfa, Brunelleschi & Donatello*, Locust Valley
2006	Benzi, Sara, *Il Palagio di Parte Guelfa a Firenze*, Firenze University Press

住宅建築と都市

1930	Busse, K. H., "Der Pitti Palast. Seine erbauung 1458-1466 und seine Darstellung in den Ältesten Stadtansichten von Florenz (1469)", in *Jahrbuch der Königliche Preussischen Kunstsammlungen*, 51, pp. 110-129
1962	Brucker, G. A., *Florentine Politics and Society, 1343-1378*, Princeton, N. J.
1963	Martines, Lauro, *The Social World of the Florentine Humanists, 1390-1460*, Princeton, N. J.
1963	Moscato, A., *Il palazzo Pazzi a Firenze*, Roma
1964	Saalman, Howard, "The Authorship of the Pazzi Palace", in *The Art Bulletin*, 46, pp. 388-394
1965	Rubinstein, N., *The Government of Florence under the Medici (1434-1494)*, Oxford
1965	Morandini, Francesca, "Palazzo Pitti la sua costruzione e i successivi ingrandimenti", in *Commentari*, XVI, 1-2, pp. 35-46

1967	Parronchi, Alessandro, "Una Piazza Medicea", in *La Nazione*, 24 Agosto, p. 3
1968	Sanpaolesi, Piero, "Il Palazzo Pitti e gli architetti fiorentini della discendenza brunelleschiana", in *Festschrift Urlich Middleldorf*, Berlin, p. 124 sgg.
1968	Hyman, Isabelle, *Fifteenth Century Florentine Studies: The palazzo Medici and a Ledger for the Church of San Lorenzo*, Dissertation Thesis of The Institute of Fine Arts, New York University
1969	Krinsky, C. H., "A View of the Palazzo Medici and the Church of San Lorenzo", in *Journal of the Society of Architectural Historians*, XXVIII, pp. 133-135
1971-73	Benci, M., *Palazzi di Firenze*, Firenze
1972	Chiostri, Ferdinando, "La Petraja, Villa e Giardino, Settecento Anni di Storia", *Accademia Toscana di Scienze e Lettere 《La Colombara》*, *Studi*, *XXV*, Firenze
1972	Ginori-Lisci, Leonardo, *I palazzi di Firenze nella storia e nell'arte*, Firenze
1973	Fanelli, Giovanni, *Firenze, architettura e città*, Firenze
1975	Hyman, Isabelle, "Notes and Speculations on S. Lorenzo, Palazzo Medici and on Urban Project by Brunelleschi", in *Journal of the Society of Architectural Historians*, XXXIV, 2, pp. 98-120
1977	Brucker, G. A., *The Civic World of Early Renaissance Florence*, Princeton, N. J.
1977	Hyman, Isabelle, *Fifteenth Century Florentine Studies: Palazzo Medici and a Ledger for the Church of S. Lorenzo*, London & New York
1980	AA.VV., *Filippo Brunelleschi. La sua opera e il suo tempo, Atti del Congresso Internazionale del 16-22, ottobre 1977*, 2 voll., Firenze
	—Bec, C., "Cultura e società a Firenze al tempo di Brunelleschi", p. 19 sgg.
	—Rubinstein, N., "Palazzi pubblici e palazzi privati al tempo del Brunelleschi, problemi di storia politica e sociale", p. 27 sgg.
	—Giusti, L. Baldini & Bottai, F. Franchetti, "Documento sulle prime fasi costruttive di Palazzo Pitti", pp. 703-731
1980	Ruschi, P. & Romby, G. C. & Tarassi, M. (a cura di), *La città di Brunelleschi*, Firenze
1980	Goldthwaite, R. A., *The Building of Renaissance Florence: An economic and social History*, Baltimore-London
1987	Kent, F. W., "Palaces, Politics and Society in Fifteenth-Century Florence", in *Villa I Tatti Studies in the Renaissance*, vol. II, pp. 41-70
1989	Pardo, V. Franchetti, "Firenze tra Quattrocento e Cinquecento: linee di sviluppo urbanistico" in *Florence and Milan: Comparisons and Relations*, Firenze
1990	Saalman, Howard, "The Transfiguration of the city in the Renaissance Florence as Model", in *Annali di Architettura*, 2, p. 73 sgg.
1990	Cherubini, G. & Fanelli, G. (a cura di), *Il Palazzo Medici-Riccardi di Firenze*,

	Firenze
1993	Tönnesmann, A., "Zwischen Bürgerhaus und Residenz. Zur sozialen Typik des Palazzo Medici" in A. Beyer e B. Boucher (a cura di), *Piero de' Medici "Il Gottoso" (1416-1469)*, Berlin, p. 71 sgg.
1998	Pacciani, Riccardo, "Firenze nella seconda metà del secolo", in *Storia dell'architettura italiana: il Quattrocento* (a cura di Francesco Paolo Fiore), Milano, pp. 330-371 (特に pp. 335-6 & p. 367, n. 25)
2004	Carlini, Sandra & Mercanti, Lara & Straffi, Giovanni, *I palazzi : arte e storia degli edifice civili di Firenze*, Firenze

軍事建築

1963	de la Croix, H., "The Literature on Fortification in Renaissance Italy", in *Technology and Culture*, IV, 1, pp. 30-50
1963	Parronchi, Alessandro, "L'allagamento di Lucca", in *La Nazione*, 8 settembre 1963
1968	Tolaini, Emilio, *Forma Pisarum*, Pisa
1970	Borghi, Livio, *Le mura urbanae di Pisa*, Pisa
1970	AA.VV. (F. Arduini, G. S. Menghi, F. Pavini Rosati, P. F. Pasini, P. Sanpaolesi, A. Vasina), *Città di Rimini, Sigismondo Pandolfo Malatesta e il suo tempo, Mostra storica. Rimini 12 luglio-13 settembre, 1970*, catalogo
1972	Bolacchi, M. & Ceragioli, P., *Vicopisano nell'Architettura Militare*, Pisa
1977	Hale, J. R., *Renaissance Fortification: Art or Engineering ?*, London
1980	AA.VV., *Filippo Brunelleschi. La sua opera e il suo tempo, Atti del Congresso Internazionale del 16-22, ottobre 1977*, 2 voll., Firenze
	——Moretti, I., "Brunelleschi e l'architettura militare...", p. 595 sgg.
	——Salvadori, M., "Considerazioni sulle fortificazioni del Brunelleschi", p. 685 sgg.

パッツィ家礼拝堂

1954-57	Nyberg, Dorothea, "Brunelleschi's Use of Proportion in the Pazzi Chapel" in *Marsyas*, 7, pp. 1-7
1956	Bertelli, Carlo, "La cappella dei Pazzi e Civita Castellana", in *Paragone*
1962	Laschi, Giuliano & Rosseli, Piero & Rossi, Paolo Alberti, "Indagini sulla Cappella del Pazzi" in *Commentari*, 13, pp. 24-41
1981	Cabassi, S. & Tani, R., "Il Portico della Cappella Pazzi: nuove ricerche ed ipo-

293

	tesi" in *Città di Vita*, Firenze, pp. 401-430
1990	Guillaume, J., "Désaccord parfait. Ordres et mesures dans la chapelle des Pazzi", in *Annali di architettura*, 2, p. 9 sgg.
1993	Saalman, Howard, *Filippo Brunelleschi. The Buildings*, London, pp. 228-232, p. 276 sgg.
1996	Trachtenberg, Marvin, "Why the Pazzi Chapel is not by Brunelleschi", in *Casabella*, giugno, n. 235, p. 58 sgg.
1997	Trachtenberg, Marvin, "Michelozzo e la Cappella dei Pazzi", in *Casabella*, febbraio, n. 642, pp. 56-75

サント・スピリト聖堂

1921	Bellandi, P. S., *La chiesa di S. Spirito in Firenze*, Firenze
1931	Heydenreich, Ludwig H., "Spätwerke Brunelleschis" in *Jahrbuch der Preuszischen Kunstsammlungen*, LII, pp. 1-28
1931 e 32	Botto, Carlo, "L'edificazione della chiesa di S. Spirito in Firenze", in *Rivista d'Arte*, 13, pp. 504-510
1938	Botto, Carlo, "La chiesa di S. Spirito a Firenze", in *Atti del I congresso nazionale di storia dell'architettua*, Firenze 1936
1959	Zeitler, Rudolf, "Über der Innenraum von Santo Spirito zu Florenz", in *Figura*, N. S., I, pp. 48-68
1968	Benevolo, Leonardo & Chieffi, S. & Mizzetti, G., "Indagine sul S. Spirito del Brunelleschi" in *Quaderni dell'Istituto di Storia dell'architettura*, 15, pp. 1-52
1974	Busignani, A. & Bencini, R., *Le chiese di Firenze. Quartiere del S. Spirito*, Firenze
1992	Quinterio, Francesco, "Un tempio per la repubblica: la chiesa … dello Spirito Santo a Firenze. Dal primo nucleo duecentesco al progetto brunelleschiano" in *Saggi in onore di Renato Bonelli, Quaderni dell'Istituto di Storia dell'Architettura*, n. 1.
1993	Saalman, Howard, *Filippo Brunelleschi. The Buildings*, London, pp. 336-379

サンタ・マリーア・デリ・アンジェリ修道院「ロトンダ」

1972	Bruschi, Arnaldo, "Considerazioni sulla 'maniera matura' del Brunelleschi con un appendice sulla Rotonda degli Angeli", in *Palladio*, n.s. XXII, pp. 89-126
1975	Mariani, G. Miarelli, "I disegni per la Rotonda degli Angeli..." in *Antichità viva*, XIX, 2, p. 35 sgg.

1976	Mariani, G. Miarelli, "Il tempio fiorentino degli scolari ...", in *Palladio*, n. s., XXIII-XXV (1974-76), p. 45 sgg.
1978	Stinger, C., "Ambrogio Traversari and the 'Tempio degli Scolari" at S. Maria degli Angeli in Florence" in S. Bertelli e G. Ramakus (a cura di), *Essays Presented to Mayron P. Gilmore*, Firenze
1976	Mariani, G. Miarelli, "Il tempio fiorentino degli scolari ...", in *Palladio*, n. s., XXIII-XXV (1974-76), p. 45 sgg.
1980	AA.VV., *Filippo Brunelleschi. La sua opera e il suo tempo*, Atti del Congresso Internazionale del 16-22, ottobre 1977, 2 voll., Firenze ——Bass, G., "Two Documents of the Tempio degli Angeli ...", p. 477
1988	Carfagnini, G. C. (a cura di), *Ambrogio Trasversari nel VI Centenario della nascita, Convegno Internazionale* (1986), Firenze
1988	Frigerio, S., *Ambrogio Trasversari, un monaco e un monastero nell'umanesimo fiorentino*, Siena

ブルネッレスキのスタイル、そのソース

1931	Heydenreich, Ludwig H., "Spätwerke Brunelleschis" in *Jahrbuch der Preuszischen Kunstsammlungen*, LII, pp. 1-28
1939	Pelletti, F., "Vitruvio e il Brunelleschi" in *Rinascità*, II, p. 343 sgg.
1942	De Angelis d'Ossat, G., "Un carattere dell'arte brunelleschiana" in *Saggi di Storia dell'architettura*, vol. I, Roma
1958	Saalman, Howard, "Filippo Brunelleschi: Capital Studies" in *The Art Bulletin*, XI, pp. 113-132
1958	Gosenbruch, M., "Florentinische Kapitelle von Brunelleschi bis zum Tempio Malatestiano und der Eigenstil der Frührenaissance" in *Römische Jahrbuch für Kunstgeschichte*, VIII, pp. 63-191
1960	Ciapponi, A., "Il *De Architectura* di Vitruvio nel primo umanesimo" in *Italia medievale e umanistica*, 3, p. 59 sgg.
1964	Luporini, Eugenio., *Brunelleschi, Forma e Ragione*, Milano, pp. 170-198, figg. 284-285
1970	Klotz, H., *Die Frühwerke Brunelleschis und die mittelalteriche Tradition*, Berlin (1990 *Engl.* ed.)
1971	Burns, Howard, "Quattrocento Architecture and the Antique: Some Problems" in R. R. Bolgar (ed.), *Classical Influences on European Culture. A.D. 500-1500*, Cambridge
1971	Montanelli, L. Gori, *La tradizione architettonica in Toscana*, Firenze

1971-73	Cadei, A., "Coscienza storica e architettura in Brunelleschi", in *Rivista dell'Istituto Nazionale d'Archeologia e Storia dell'Arte*, N.S., 18, pp. 181-240
1972	Bruschi, Arnaldo, "Considerazioni sulla 'maniera matura' del Brunelleschi..." in *Palladio*, n.s. XXII, p. 89 sgg.
1973	Thoenes, Christoph, "Zu Brunelleschis Architektursystem" in *Architettura*, I, p. 87 sgg.
1978	Bruschi, Arnaldo, "Prima del Brunelleschi: verso un'architettura sintattica e prospettica, I —Da Arnolfo a Giotto", in *Palladio*, XXVII, 3/4, pp. 47-76
1979	Bruschi, Arnaldo, "Prima del Brunelleschi: verso un'architettura sintattica e prospettica, II—Da Giotto a Taddeo Gaddi al tardo Trecento", in *Palladio*, XXVIII, 1/4, pp. 23-42
1979	Scaglia, Gustina, "A Translation of Vitruvius and Copies of Late Antique Drawings in Buonaccorso Ghiberti's 'Zibaldone'", in *Transactions of the American Philosophical Society*, 69, n. 1, pp. 3-30
1980	AA.VV., *Filippo Brunelleschi. La sua opera e il suo tempo, Atti del Congresso Internazionale del 16-22, ottobre 1977*, 2 voll., Firenze
	—Bruschi, Arnaldo & Mariani, G. Miarelli & Imperi, D. & Ramina, R. & Sette, M. P. & Zampa, P., "Fonti del linguaggio brunelleschiano. Appunti sulla componente romnica", p. 389 sgg.
	—Hoffmann, V., "L'origine del systema architettonica del Brunelleschi", p. 447 sgg.
	—Thoenes, Christoph, "Spezie e 'ordine' di colonne nell'architettura del Brunelleschi", p. 459 sgg.
	—Rodio, E., "Progetto e geometria. Il tracciamento dei capitelli in Brunelleschi" p. 655 sgg.
1983	Fontana, Paolo, "Il Brunelleschi e l'architettura classica", in *Archivio Storico dell'Arte*, VI, pp. 256-267
1983	Zeri, F., "Rinascimento e Pseudo-Rinascimento" in *Storia dell'Arte italiana*, parte II, vol. I, Torino, p. 547
1985	Trachtenberg, Marvin, "Brunelleschi, Giotto and Rome", in A. M. Morrogh (ed.), *Renaissance Studies in Honour of Craig Hugh Smyth, II*, p. 675 sgg., Firenze
1989	Squarzina, S. Danesi (a cura di), *Roma centro ideale della cultura dell'Antico nei secoli XV e XVI. Da Martino V al sacco di Roma 1417-1527. Convegno internazionale* (Roma, 1985), Milano
	—Thoenes, Ch. & Günther, H., "Gli ordini architettonici: rinascita o invenzione ?", p. 261 sgg.

　　　　　　──Bruschi, Arnaldo, "L'Antico e riscoperta degli ordini architettonici nella prima metà del Quattrocento", p. 410 sgg.

1992　　　Bruschi, Arnaldo, "L'antico e il processo di identificazione degli ordini nella seconda metà del Quattrocento" in *L'emploi des ordres dans l'architecture de la Renaissance, Actes du colloque* (Tours, 1986), Paris, p. 11 sgg.

ギベルティ

1912　　　Schlosser, Julius von, *Lorenzo Ghibertis Denkwürdigkeiten (I Commentari)*, Berlin

1941　　　Schlosser, Julius von, *Leben und Meinungen des florentinischen Bildners Lorenzo Ghiberti*, Basel

1970　　　Krautheimer, R. & Krautheimer-Hess,Trude, *Lorenzo Ghiberti*, 2 vols, Princeton, N. J. (2° ed. of Princeton 1956)

1973　　　Mantovani, Giuseppe, "Brunelleschi e Ghiberti, osservazioni sulle formelle", in *La Critica d'Arte*, n. 130, pp. 18-30

1978　　　Marchini, Giuseppe, *Ghiberti architetto*, Firenze

1980　　　AA.VV., *Lorenzo Ghiberti nel suo tempo, Convegno Internazionale di Studi sul Rinascimento* (Firenze, 1978)

ドナテッロ、ミケロッツォ

1940　　　Lotz, Wolfgang, "Michelozzos Umbau der SS. Annunziata in Florenz", *Mitteilungen des Kunsthistorischen Intstitutes in Florenz*, 5, pp. 402-220

1941　　　Goldscheider, Ludvig, *Donaetello*, Oxford (2° ed., 1944)

1947　　　Sanpaolesi, Piero, *Brunellesco e Donatello nella Sacrestia Vecchia di S. Lorenzo*, Pisa

1953　　　Rosenauer, A., *Donatello, l'opera completa*, Milano

1957　　　Janson, H. W., *The Sculpture of Donatello*, Princeton, N. J.

1957-58　 Martinelli, V., "Donatello e Michelozzo a Roma", in *Commentari*, VIII, 1957 e IX, 1958

1958　　　Lisner, M., "Zur frühen Bildhauerarchitektur Donatellos" in *Münchner Jahrbuch der bildenden Kunst*

1965　　　Saalman, Howard, "The Palazzo Comunale in Montepulciano. An unknown work by Michelozzo", in *Zeitschrift für Kunstgeschichte*, XXVIII, pp. 1-46

1968　　　AA.VV., *Donatello e il suo tempo, VII Convegno Internazionale di Studi sul Rinascimento* (Firenze 1966)

1969	Wandrum, M., *Donatello und Nanni di Banco*, Berlin
1970	Gurrini, F., *Michelozzo e Donatello nel pulpito di Prato*, Firenze
1972	Caplow, H. McNeal, "Michelozzo in Ragusa", *Journal of the Society of Architectural Historians*, XXXI, pp. 108-119
1975	Sassoli, Mario Gori, "Michelozzo e l'architettura di villa nel primo Rinascimento", in *Storia dell'arte*, 23, pp. 5-51
1976	Rubinstein, N., "Michelozzo and Niccolo Michelozzi in Chios 1466-67", in Cecil H. Clough (ed.), *Cultural Aspects of the Italian Renaissance, Essays in Honour of Paul Oskar Kristeller*, Manchester, pp. 216-228
1977	Caplow, H. McNeal, *Michelozzo*, New York
1977	Goldthwaite, R. A. & Rearick, W. R., "Michelozzo and the Ospedale di San Paolo in Florence", in *Mitteilungen des Kunsthistorische Institutes in Florenz*, XXI, pp. 221-306
1980	Natali, A., *Umanesimo di Michelozzo*, Firenze
1980	Pope Hennessy, J., *Luca della Robbia*, Oxford
1982	Greenhalgh, M., *Donatello and his sources*, London
1984	Ferrara, M. & Quinterio, Francesco, *Michelozzo di Bartolomeo*, Firenze
1985	Pope Hennesy, J., *Donatello*, Firenze
1985	Saalman, Howard & Mattox, Philip, "The First Medici Palace", in *Journal of the Society of Architectural Historians*, XVIV, 4, pp. 329-345
1987	Elam, Caroline, "Brunelleschi and Donatello in the Old Sacristy" in *The Burlington Magazine*, 129
1987	Morolli, Gabriele, *Donatello: immagini di architettura. Un classicismo cristiano tra Roma e Constantinopoli*, Firenze
1989	Baldini, Umberto (a cura di), *Brunelleschi e Donatello nella Sagrestia Vecchia di S. Lorenzo*, Firenze
1990	Cherubini, G & Fanelli, G. (a cura di), *Il Palazzo Medici Riccardi di Firenze*, Firenze
1993	Mignani, Daniela, *Le Ville Medicee di Giusto Utens*, Arnaud
1993	Tönnesmann, A., "Zwischen Bürgerhaus und Residenz. Zur sozialen Typik des Palazzo Medici" in A. Beyer e B. Boucher (a cura di), *Piero de' Medici "Il Gottoso"(1416-1469)*, Berlin, p. 71 sgg.
1995	Casalini, E., *Michelozzo di Bartolomeo e l'Annunciata di Firenze*, Firenze 1995
1996	AA.VV., *Michelozzo, scultore e architetto nel suo tempo, Atti del Convegno Internazionale*, Firenze
1996	Calore, A., *Contributi donatelliani*, Padova
1997	Trachtenberg, Marvin, "Michelozzo e la Cappella dei Pazzi", in *Casabella*, feb-

	braio, n. 642, pp. 56-75
1998	Morolli, Gabriele, "Michelozzo scultore e architetto, 1396-1472", *Atti del Convegno tenuto a Firenze e a San Piero a Sieve nel 1996*, Firenze
1998	Wirtz, Rolf C., *Donatello*, Köln
2003	Ballerini, Isabella Lapi, *Le ville medicee. Guida Completa*, Firenze
2004	Mazzini, D. & Martini, S., *Villa Medici a Fiesole. Leon Battista Alberti e il prototipo di villa rinascimentale*, Firenze

ロッセッリーノ、フィラレーテ etc.

1908	Lazzaroni, M. & Muñoz, A. *Filarete, scultore e architetto del secolo XV*, Roma
1938	Salmi, Mario, "Antonio Averlino detto il Filarete e l'architettura lombarda del primo Rinascimento", in *Atti del I congresso nazionale di storia dell'architettua*, Firenze 1936
1942	Planiscig, L., *Bernardo und Antonio Rossellino*, Wien
1959	Saalman, Howard, "Early Renaissance Architectural Theory and Practice in Antonio Filarete's Trattato di Architettura", *The Art Bulletin*, XLI, pp. 89-106
1966	Saalman, Howard, "Tommaso Spinelli, Michelozzo, Manetti and Rossellino", in *Journal of the Society of Architectural Historians*, XXV, pp. 151-164
1977	Schulz, A. Markham, *The Sculpture of Bernardo Rossellino and his Workshop*, Princeton, N. J.
1977	Salmi, Mario, "Bernardo Rossellino ad Arezzo", in M. G. Ciardi Dupré Dal Poggetto e P. Dal Poggetto (a cura di), *Scritti di storia dell'arte in onore di Ugo Procacci*, I, Milano, p. 254 sgg.
1978	Hyman, Isabelle, "Towards Rescuing the Lost Reputation of Antonio di Manetto Ciaccheli", in S. Bertelli, G. Ramakus, ed., *Essays Presented to Myron P. Gilmore*, II, Firenze, pp. 261-280
1979-80	Mercantini, M., "Bernardo Rossellino e Giorgio Vasari nel palazzo di Fraternità in Piazza Grande di Arezzo" in *Atti e memorie dell'Accademia Petrarca di lettere, arti e scienze*, n.s., XLIII, p. 188 sgg.
1995	Hyman, Isabelle, "Antonio di Manetto Ciaccheli and the Badia Fiesolana", in *Archtettura*, 25, pp. 181-193

ブルネッレスキと絵画

1927	Longhi, Roberto, *Piero della Francesca*, Firenze (池上公平・遠山公一訳、「ピエロ・デッラ・フランチェスカ」、中央公論美術出版、2008)

1936	Salmi, Mario, *Paolo Uccello, Andrea del Castagno, Domenico Veneziano*, Milano
1941	Longhi, Roberto, "Fatti di Masolino e di Masaccio" in *Critica d'Arte*, V, pp. 61-62
1947	Salmi, Mario, *Masaccio*, Milano (2° ed. 1948)
1967	Janson, H. W., "Ground Plan and Elevation in Masaccio's Trinity Fresco" in *Essays in the History of Art presented to R. Wittkower*, London, p. 83 sgg.
1971	Battisti, Eugenio, *Piero della Francesca*, Milano
1971	Polzer, J., "The Anatomy of Masaccio's Holy Trinity" in *Jahrbuch der Berliner Museen*
1981	Lieberman, R., "Brunelleschi and Masaccio in Santa Maria Novella" in *Memorie Domenicane*, n.s., 12, p. 127 sgg.
1990	Berti, L. & Paolucci, A. (a cura di), *L'età di Masaccio. Il primo Quattrocento a Firenze*, Milano

ブルネッレスキと劇場的空間

1974	Blumenthal, Arthur R., "Brunelleschi e il teatro del Rinascimento", in *Bollettino del Centro Internazionale di Studi di Architettura Andrea Palladio*, vol. XVI, pp. 93-104
1977	Zorzi, Ludovico, *Il Tearto e la Città*, Torino (pp. 61-76 がブルネッレスキを取り上げている)
1980	AA.VV., *Filippo Brunelleschi. La sua opera e il suo tempo, Atti del Congresso Internazionale del 16-22, ottobre 1977*, 2 voll., Firenze ――Zorzi, Ludovico, "La scenotecnica brunelleschiana...", p. 161 sgg. ――Danilova, I., "La rappresentazione dell'Annunziazione nella chiesa della SS. Annunziata...", p. 173 sgg.

ジュリアーノ・ダ・マィアーノ、ジュリアーノ・ダ・サンガッロ、クロナカ

1899	Zdekauer, L. & Falb, R. (a cura di), *Il Taccuino senese di Giuliano da Sangallo*, Siena
1903	Fabriczy, Cornelius von, "Giuliano da Maiano" *Jahrbuch der Königlich Preussischen Kunstsammlungen*, 24
1906	Fabriczy, Cornelius von, "Simone del Pollaiuolo, il Cronaca", in *Jahrbuch der Königlich Preussischen Kunstsammlungen*, suppl. al n. 27, pp. 1-25
1910	Hülsen, C., *Il libro di Giuliano da Sangallo. Codex Vaticano Barberiniano latino 4424*, Leipzig

1941	Marchini, Giuseppe, "Il Cronaca", in *Rivista d'Arte*, 23, pp. 99-136
1942	Marchini, Giuseppe, *Giuliano da Sangallo*, Firenze
1985	Borsi, Stefano, *Giuliano da Sangallo : i disegni di architettura e dell'antico*, Firenze
1994	Lamberini, D. & Lotti, M. & Lunardi, R.(a cura di), *Giuliano e la bottega dei da Maiano, Atti del Convegno Internazionale di Studi* (Fiesole 13-15 giugno 1991), Firenze
1994	Pacciani, Riccardo, "Attività professionali di Simone del Pollaiolo detto 'il Cronaca' (1490-1508)", in *Quaderni di Palazzo Te*, i, n.s., pp. 17-25
1996	Quinterio, Francesco, *Giuliano da Maiano, 'grandissimo domestico'*, Roma
1992	Bruschi, Arnaldo, "L'antico e il processo di identificazione degli ordini nella seconda metà del Quattrocento" in *L'emploi des ordres dans l'architecture de la Renaissance, Actes du colloque* (Tours, 1986), Paris, p. 11 sgg.

索　引

ア

アーヘン　宮廷礼拝堂 Aachen, Palatin Chapel
　　　　214, 229
アヴェラルド・ディ・フランチェスコ →メディチ
「アシュバーナム手稿」Codex Ashburnham
　　　　214, 228, 231, 282
アタナシオ Atanasio, N. C. Mendes　289
アッカーマン、ジェームズ Ackerman, James
　　　　46, 256, 257
アッカデーミア・プラトニカ Accademia
　platonica　247, 257
アッリギ Arrighi, G.　286
「アトランティコ手稿」Codice Atlantico (Codex
　Atlanticus)　34, 53, 282, 286
アニョロ・ダレッツォ Agnolo d'Arezzo　272
アムブレラ・ドーム umbrella dome（cupola a
　creste ed a vele)
　　　　73, 103, 125, 126, 135, 181, 198, 205
アムマナーティ、バルトロメオ Ammanati,
　Bartolomeo　176
アムマナティーニ、マネット →イル・グラッソ
アラン Allan, Marquand　283
アリスティデース Aristides　152
アリストテレース Aristoteles　64, 72
アルガン、ジュリオ・カルロ Argan, Giulio Carlo
　　　12, 17, 49, 54, 56, 69, 70, 76, 92, 108, 137, 280,
　　　283, 287
アルキメデース Archimedes　33
アルクア Arquà　263
アルドゥイーニ Arduini, F.　293
アルドブランディーニ、ジョヴァンニ
　Aldobrandini, Giovanni　221, 232
アルノルフォ・ディ・カムビオ Arnolfo di
　Cambio　21, 22, 46, 47, 206, 217, 218, 236,
　　　　250, 251, 263
アル・ハゼン Al-Hazen　64, 72, 288
アルビッツィ（家）Albizzi
　　　　89, 90, 151, 152, 272
──リナルド・デリ Rinaldo degli
　　　　89, 160, 171, 266, 272
アルフォンソ・ディ・アラゴン Alfonso V di
　Aragon　120, 133, 274
アルベルティ（家）Alberti　5, 13
──アントーニオ Antonio　50
──レオン・バッティスタ Leon Battista
　　　5, 6, 13, 18, 30, 36, 51, 52, 56, 68, 69, 74,
　　　75, 108, 114, 128, 131, 133, 134, 136, 166,
　　　173, 175, 176, 189, 221, 222, 223, 224, 225,
　　　231, 240, 248, 250, 254, 255, 257, 258, 265,
　　　270, 271, 272, 273, 276, 277, 278, 281
　　　──「絵画論」Della pittura (De Pictura)
　　　　　5, 13, 68, 69, 74, 75, 273, 281
　　　──「デ・レ・アエディフィカトリア」De
　　　　re aedificatoria
　　　　　51, 52, 114, 134, 257, 276, 278, 281
──ベネデット Benedetto　13
──ロレンツォ Lorenzo　13
アルンハイム、ルドルフ Arnheim, Rudolf
　　　　75, 287
アレッツォ Arezzo　16, 137, 151, 226
──ピエーヴェ・ディ・サンタ・マリーア聖
　堂 Pieve di S. Maria　137
アンギアリの戦い Battaglia di Anghiari
　　　　194, 204-205, 274
アンタル Antal, Frederick　280
「アントーニオ・ビッリの書」Il Libro di Antonio
　Billi　111, 165, 174, 195, 281
アントネッロ・ダ・メッシーナ Antonello da

Messina　　　　　　　　　　270

イ
イェルサレム、「聖墳墓」Jerusalem, St. Sepulchre
　　　　　　　　　　128, 138, 181
イェルサレム王 King of Jerusalem　120, 133
イスラエル Israel　　　　　　　　　45
インプレーザ impresa　　　　　242, 255
イル・グラッソ（「ふとっちょ」＝マネット・アムマナティーニ）Il Grasso（Manetto Ammanatini）
　　　　　　6, 7, 14, 63, 227, 265, 281, 283
イル・クロナカ（シモーネ・デル・ポライオーロ）Il Cronaca, Simone del Polaiolo, detto
　　　　　　　　　　196, 206, 300, 301

ウ
ヴァールブルク、アビィ Warburg, Aby
　　　　　　　　　　119, 132, 290
ヴァッケルナーゲル Wackernagel, M.　　281
ヴァザーリ Vasari
　──ジョルジョ Giorgio　　　38, 72, 73,
　　　　　　145, 149, 150, 152, 215, 231
　──「列伝」Le Vite...（Vasari-Milanesi）
　　　　　6-7, 8, 9, 11, 12, 14, 15, 16, 17, 26,
　　　　　32, 34, 36, 48, 49, 50, 54, 64, 72, 75,
　　　　　91, 92, 111, 112, 138, 157, 160, 162,
　　　　　164, 165, 166, 172, 173, 174, 175,
　　　　　176, 177, 183, 188, 189, 204, 205,
　　　　　206, 207, 215, 230, 231, 232, 245,
　　　　　248, 249, 250, 251, 252, 253, 254,
　　　　　255, 256, 258, 259, 265, 274, 277, 282
　──ジョルジョ（イル・ジョヴァネ）Giorgio,
　　il Giovane　　　　　　　　152, 230
ヴァジーナ Vasina, A.　　　　　　　293
ヴァニエッティ Vagnetti, L.　　　　　288
ヴァンドルム Wandrum, M.　　　　　298
ヴィアトール、ジャン・ペレラン Viator, Jean
　Pélélin　　　　　　　　　　76, 288
ヴィーン Wien　　　　　　　　　　15
ヴィコピサーノ →ピサ 近郊
ヴィスコンティ Visconti　　　　　　151

──ジャンガレアッツォ Giangaleazzo
　　　　　　　　　　264, 265
──フィリッポ・マリーア Filippo Maria
　　　　　　　　　　168, 205
ヴィッキオ →フィレンツェ 近郊
ウィットコウアー、ルドルフ Wittkower, Rudolf
　　　　73, 132, 137, 279, 287, 290, 300
ウィトルウィウス Vitruvius（it. Vitruvio）,
　Marcus V. Pollio
　　　53, 93, 107, 108, 115, 266, 282, 295, 296
ヴィニャリ Vignali, L.　　　　　　　286
ヴィルツ、ロルフ Wirtz, Rolf C.　　　299
ヴェスコヴィーニ Vescovini, G. Federici　288
ヴェネツィア Venezia　　98, 112, 134, 153,
　　　　　　　204, 227, 241, 250, 270, 271, 277
──カ・デル・ドゥカ Ca' del Duca　277
──サン・ジョルジョ・マッジョーレ修道院
　図書室 S. Giorgio Maggiore, Biblioteca
　　　　　　　　　　　　　　　251
──サンティ・ジョヴァンニ・エ・パオロ聖堂 SS. Giovanni e Paolo　　　　153
ヴェルフリン Wölfflin, Heinrich　　　132
ヴェッロッキオ、アンドレア・デル Verrocchio,
　Andrea del　　　40, 56, 136, 272, 277
ヴォルテッラ、洗礼堂 Volterra, Battistero　270
ウッチェッロ、パオロ Uccello, Paolo
　　　　　　　　　63, 65, 72, 264, 300
ウッツァーノ、ニッコロ・ダ Uzzano, Niccolò da
　　　　　　　　　160, 162, 172, 260, 269
ウテンス、ジュスト Utens, Giusto
　　　　　　　166, 244, 245, 246, 258, 298
「ウルビナーティ手稿」Codice Urbinati（Cod.
　Urb. lat.）　　　　　　　　　　53
ウルビーノ Urbino
　　　　　52, 76, 100, 112, 153, 164, 177, 276
──王宮 Palazzo Ducale　164, 177, 276
──マルケ美術館 「理想都市の図」Galleria
　Nazionale delle Marche, "La Città ideale"
　　　　　　　　　　76, 100, 112

索引

エ
英国 England　　　　　　　　　　15, 133
エジャートン Jr. Edgerton Jr., S. Y.　76, 287
エラム、キャロライン Elam, Caroline
　　　　　　　　　　　111, 291, 298
エレオノーラ・ディ・トレド Eleonora di Toledo
　　　　　　　　　　　176

オ
オゴールマン O'Gorman, J. F.　　　254
オティウム otium　　　　　　　245, 256
「オペライ」Operai →フィレンツェ 大聖堂工事事務所
オルヴィエト大聖堂 Orvieto, Cattedrale (S. Maria Assunta)　　　198, 199, 206
オルカーニャ Orcagna (Andrea di Cione detto il O.)　　　　　　　　　　　47, 235
オルサンミケーレ →フィレンツェ、聖堂

カ
ガイオーレ、ジョヴァンニ・ディ・ドメニコ・ダ Gaiole, Giovannni di Domenico da
　　　103, 113-14, 197, 220-23, 232, 277
ガイミュラー Geymüller, Heinrich von
　　　　　　　　　　　136, 189, 279
カヴァルカンティ、アンドレア →ブッジァーノ
カエサレア Caesarea　　　　　　　45
カサリーニ Casalini, E.　　　　　　298
カスターニョ、アンドレア・デル Castagno, Andrea del　　　　　227, 267, 276
カステッリーナ・イン・キァンティ →シエナ 近郊
カステッロ →フィレンツェ 近郊
カッポーニ（家） Capponi
　　　　　72, 160-61, 172, 260, 269
カッラーラ Carrara　　　　　　　273
「カテーナの絵図」Pianta detta "della Catena"
　　　　　　　　　　　156
カデイ Cadei, A.　　　　　　　　296

カバッシ Cabassi, S.　　　　　　　293
カファッジョーロ →フィレンツェ 近郊
カポレイ Capolei, Francesco　　　283
カマードリ修道会 ordine Camaldorese
　　　　　　211, 213, 226, 227, 271
カムピオーネ Campione, M.　　　291
カムピリア →フィレンツェ 近郊
カメラータ・デイ・バルディ Camerata dei Bardi　　　　　　　163, 174
カリオティ、フランチェスコ Caglioti, Francesco
　　　　　　　　　　　139
ガリレイ Galilei
　──ヴィンチェンツォ Vincenzo　174
　──ガリレオ Galileo　　　74, 174
ガリン、エウジェニオ Garin, Eugenio
　　　　　　　　　　　151, 280
カルファニーニ Carfagnini, G.　　295
カルボナーラ Carbonara, G.　279, 283
カルリ Carli, E.　　　　　　　　283
カルリーニ、サンドラ Carlini, Sandra
　　　　　　　　　　　174, 293
カレッジ →フィレンツェ 近郊
カローレ Calore, A.　　　　　　　298

キ
キアッペッリ Chiappelli, Alessandro　282
キエゾウ Kiesow, G.　　　　　　　284
キオス島 Chios　　　　　　　　　249
キオストリ、フェルディナンド Chiostri, Ferdinando　　　　　171, 292
キケロ Cicero, Marcus Tullius　　　151
ギベリン党 Ghibelini　　143, 144, 151
ギベルティ、ヴィットーリオ Ghiberti, Vittorio 53
　──ブオナッコルソ Buonaccorso
　──「ツィバルドーネ」Zibaldone
　　　　　　　　　　　33, 35, 53, 281
　──ロレンツォ（愛称ネンチオ）Lorenzo (Nencio)　　5, 11, 12, 13-14, 16, 17, 26, 27, 28, 29, 39, 48, 49, 50, 53, 54, 55, 64, 65, 75, 107, 235-237, 238,

305

250, 255, 263, 264, 265, 266, 267, 268, 269, 270, 271, 273, 276, 281, 297
── 「回想録」 Commentari
11, 16, 64, 275, 281
キャプロウ、マクニール Caplow, H. McNeal
258, 298
キュクロープス積み Cyclopean works　256
ギュンター Günther, H.　253, 296
ギョーム Guillaume, J.　291, 294
教皇
──マルティヌス五世 Martinus (Martino) V
133, 134
──エウゲニウス四世 Eugenius (Eugenio) IV
18, 38, 120, 134, 183, 213, 272, 273, 275
──ニコラス五世 Nicolas (Niccolò) V　276
──ピウス二世 Pius (Pio) II (Enea Silvio Piccolomini)　56, 134, 231, 277
──シクストゥス四世 Sixtus (Sisto) IV　173
──レオ十世 Leo (Leone) X　228
キング・ロス King, Ross　285

ク

グァスティ、チェーザレ Guasti, Cesare
49, 284, 288
クァラテージ (家) Quaratesi　161-162, 260
グィドバルド・デル・モンテ Guidobaldo del Monte　74
クインテリオ、フランチェスコ Quinterio, Francesco
173, 203, 207, 253, 283, 294, 298, 301
クイント・アクート quinto acuto
23, 41, 47, 48, 70
グエッリエリ Guerrieri, F.　285, 291
グエルフィズム (グエルフ主義) Guelphism
151-152, 237
グエルフ党 Guelfi　143, 144, 145, 151, 152, 153, 182, 274
──「黒グエルフ」Guelfi neri　151
──「白グエルフ」Guelfi bianchi　151
グッリーニ Gurrini, F.　298

クボヴィ、マイケル Kubovy, Michael　75, 288
クライテンベルク Kreytenberg, G.　285
クラウトハイマー、リヒアルト Krautheimer, Richard　12, 17, 53, 75, 93, 112, 284, 297
グラセッリ、ルイージ Graselli, Luigi
74, 282, 288
クラウ、セシル Clough, Caecil H.　258, 298
グラベール、ラウール Graber, Raoul　229
グリエルモ・デ・ヴォルピアノ Guglielmo de' Volpiano　229
クリソロラス、マヌエル Chrysoloras, Manuel
151, 227, 264
クリンスキィ Krinsky, C. H.　292
クルフト、ハンノ・ヴァルター Kruft, Hanno Walter　115
グレイソン、セシル Grayson, Cecil
13, 75, 281
グローテ Grote, A.　284
クロッツ Klotz, H　91, 289, 295

ケ

ゲイ、ジョヴァンニ Gaye, Giovanni
114, 206, 282
ゲミストス・プレトーン、ゲオルギウス Gemistos Plethon, Georgius　257
ケムプ、マーティン Kemp, Martin　287, 288
ゲラルド・ディ・プラト Gherardo di Prato
50, 268
ケリチ Cherici, G.　289
ケルビーニ Cherubini, G.　111, 292, 298
ケント Kent, F. W.　176, 292

コ

ゴーゼンブルフ Gosenbruch, M.　295
ゴールドスウェイト Goldthwaite, R. A.
292, 298
国際ゴシック様式 International Gothic
11, 38, 235, 236, 242, 254, 255
ゴッツォリ、ベノッツォ Gozzoli, Benozzo
242, 255, 257, 267

306

索 引

ゴムブリッチ、エルンスト Gombrich, Ernst
　　　　　　　　　　　　　　　　114, 279
コラッツィーニ Corazzini, G. O.　　　290
コルシニャーノ →ピエンツァ
ゴルディン、グレース Goldin, Grace　289
ゴルトシャイダー、ルートヴィヒ Goldscheider,
　　Ludvig　　　　　　　　　　　　297
コロンナ（家）Colonna　　　　　　　134
コロンブス Colombus　　　　　　　　134
コンキリエ conchiglie　　　　　　　　44
ゴンザーガ Gonzaga　　　114, 175, 220
　　──ルドヴィーコ Ludovico
　　　　144, 166, 176, 220, 221, 231, 275, 277
コンスタンティア →ローマ皇帝の娘
ゴンファロニエーレ →フィレンツェ

サ

ザールマン、ハワード Saalman, Howard
　　14, 18, 45, 46, 48, 49, 50, 51, 53, 54, 55,
　　56, 58, 110, 113, 138, 153, 172, 188, 231,
　　232, 240, 253, 255, 256, 258, 283, 284, 285,
　　289, 290, 291, 292, 294, 295, 297, 298, 299
サヴォナローラ Savonarola, Girolamo　206
ザクスル、フリッツ Saxl, Fritz　　　132
サス-ザロツィエツキィ Sas-Zaloziecky, W.
　　　　　　　　　　　　　　　　　　286
サッソリ、マリオ・ゴリ Sassoli, Mario Gori
　　　　　　　　　　　　　　　　256, 298
サマーソン Summerson, John　　　　279
サルヴァドーリ Salvadori, M.　　　　293
サルヴィ・ダンドレア Salvi d'Andrea
　　　　　　　　　　　　　　197, 198, 206
サルヴィアティ（家）Salviati　　173, 174
サルターティ、コルッチォ Salutati, Coluccio
　　　　　　　　　　　　　143, 151, 237, 263
サルトーゴ Sartogo, Pietro　　　　　283
サルミ、マリオ Salmi, Mario　291, 299, 300
サンガッロ Sangallo
　　──ジュリアーノ・ダ Giuliano da
　　　　33, 52, 53, 57, 173, 187, 195, 197, 198, 201,

　　　　203, 205, 206, 213, 215, 216, 224, 230, 244,
　　　　　　　　　　　　　　275, 278, 282, 300
　　──アントーニオ・ダ（イル・ヴェッキォ）
　　　　Antonio da, il Vecchio　　52, 90, 205
　　──アントーニオ・ダ（イル・ジョヴァネ）
　　　　Antonio da, il Giovane　52-53, 214, 228
ザンクト・ガレン修道院 Fürstabtei Sankt
　　Gallen　　　　　　　　　　　　　115
サンソヴィーノ、ヤーコポ Sansovino, Jacopo
　　　　　　　　　　　　　　228, 293, 230
サンパオレジ、ピエロ Sanpaolesi, Piero
　　51, 73, 132, 176, 188, 283, 284, 285, 286, 289,
　　　　　　　　　　　　　290, 292, 297
サン・ピエトロ・ア・シエーヴェ →フィレ
　　ンツェ 近郊

シ

ジアコモ・デッラ・ポルタ Giacomo della Porta
　　　　　　　　　　　　　　　　　　228
ジャンロレンツィ Gianlorenzi, L.　133, 291
ジュスト・デ・メナブオイ Giusto de' Menabuoi
　　　　　　　　　　　　　　　　　　135
ジュリアーノ・ダッリーゴ（イル・ペセッロ）
　　Giuliano d'Arrigo, detto il Pesello
　　　　　　　　　　　　　48, 120, 134, 274
ジュンティーニ（家）Giuntini　　　　162
シエナ Siena　　16, 33, 36, 49, 51, 52, 73,
　　　　　　　　　　143, 168, 169, 173, 263
　　──洗礼堂 Battistero　　　　　　　73
　　──大聖堂 Duomo　　　　　　206, 263
　　──市立図書館 Biblioteca Comunale
　　　　　　　　　　　　　33, 53, 205, 282
　　──パラッツォ・スパンノッキ Palazzo
　　　　Spannocchi　　　　　　　　　173
　　──近郊
　　　　カステッリーナ・イン・キァンティ
　　　　Castellina in Chianti　168, 169, 271
　　　　スタッジァ・セネーゼ Staggia Senese
　　　　　　　　　　　　　　　　168, 271
ジェノヴァ Genova　　　13, 193, 248, 265

307

ジェンキンス Jenkins, A. D. Frazer　　*139, 281*
ジュスティ Giusti, L. Baldini　　*292*
ジョヴァンナ（ナポリ女王）Giovanna II di Napoli　　*18, 133, 272*
ジョヴァンニ・ダ・マリアーノ（ロ・スコルバッチャ）Giovanni da Mariano, detto lo Scorbaccia　　*197, 206*
ジョヴァンニ・ダニョロ Giovanni d'Agnolo　　*90*
ジョヴァンニ・ディ・ラポ・ギニ Giovanni di Lapo Ghini　　*23, 46*
ジョットー Giotto di Bondone
　　8, 15, 16, 21, 22, 47, 64, 71, 111, 263
シジスモンド（ハンガリィ王）Sigismondo (King of Hungary)　　*227*
視錐 →透視図法
ジノリ（家）Ginori
　　——家　　*111*
　　——コンティ G. -Conti　　*290*
　　——リシ G. -Lisci　　*173, 292*
シモーネ・ダ・コッレ Simone da Corre　　*16*
シモーネ・デル・ポライオーロ →イル・クロナカ
シモンチーニ Simoncini, G.　　*280*
シャステル、アンドレ Chastel, André　　*137, 280*
シャルルマーニュ Charles Magne　　*229*
ジャンソン Janson, H. W.　　*73, 287, 297, 300*
十字軍 Crusade　　*120, 134, 138, 181, 231*
シュルツ、マーカム Schulz, A. Markham　　*299*
シュレーゲル Schlegel, U.　　*289*
シュロッサー、ユリウス・フォン Schlosser-Magnino, Julius von　　*115, 297*
ショエ、フランソワーズ Choay, Françoise　　*152*
ジョセッフィ、デチオ Gioseffi, Decio　　*76, 287*
ジョンソン、フィリップ Johnson, Philip　　*188*
神聖ローマ帝国 Holy Roman Empire　　*143*
人文主義 Humanism (*it.* Umanesimo)
　　17, 18, 36, 70, 88, 107, 115, 127, 132, 137, 143,
　　151, 152, 212, 213, 225, 228, 237, 240, 257,
　　　　　　　　　　　　　　　　　263, 272

ス

スェトニウス Suetonius (Gaius Suetonius Tranquillus)　　*230*
スカリア、グスティーナ Scaglia, Gustina　　*53, 54, 286, 296*
スクアルツィーナ Squarzina, S. Danesi　　*253, 296*
ズグラッフィト sgraffito　　*163, 174*
スコット Scott, Leader　　*282*
スコラリ Scolari
　　——アンドレア・ディ・フィリッポ・ディ・レンツィ・デリ Andrea di Filippo di Lenzi degli　　*211*
　　——ブォンデルモンテ・デリ Buondelmonte degli　　*211*
　　——マッテオ・ディ・フィリッポ・デリ Matteo di Filippo degli　　*211*
　　——フィリッポ・デリ →ピッポ・スパーノ
スタッジア・セネーゼ →シエナ 近郊
ステーグマン Stegmann, Carl von　　*136, 189, 279*
スティンガー Stinger, C.　　*295*
ズデカウアー Zdekauer, L.　　*300*
ステファネッリ、ヴィルジニア Stefanelli, Virginia　　*152*
ストゥーファ（家）Stufa　　*111, 112*
ストラッフィ、ジョヴァンニ Straffi, Giovanni　　*174, 293*
ストロッツィ（家）Strozzi　　*162*
　　——パッラ Palla di Noferi
　　　135, 158, 171, 250, 268, 272
スフォルツァ、フランチェスコ Sforza, Francesco　　*258, 277*
「スフォルツィンダ」→フィラレーテ

セ

聖アムブロシウス St. Ambrosius (S. Ambrogio)　　*97, 213*

聖エリギウス St. Eligius（S. Eligio） 49
聖グアルベルト S. Gualberto, Giovanni 253
聖ゲオルギウス St. Georgius（S. Giorgio）
　　　　　　　　　　　　66, 68, 73, 266
聖女レパラータ S. Reparata 45
聖ゼノビ S. Zenobi 62, 72, 271, 273-274
成角透視図法 →透視図法
正統作図法 →透視図法
セイル・ヴォールト sail vault
　　　　　79, 92, 102, 137, 199, 200, 201, 202
セズネック、ジャン Seznec, Jean 132
ゼリ Zeri, F. 296
ゼルヴァス Zervas, D. Finiello 291

ソ

ソラリ Solari
　　──ジュニフォルテ Giuniforte 248, 258
　　──ジョヴァンニ Giovanni 258
ゾルツィ、ルドヴィーコ Zorzi, Ludovico 300

タ

ダイダロス Daedalus 226
対立教皇
　　──フェリクス五世 antipope Felix
　　　（Felice）V 134
　　──ヨハネス二十三世 anti-pope Johannes
　　　（Giovanni）XXIII 138, 238, 251
タキトゥス Tacitus, Publius Cornelius 230
「タッケィーノ・セネーゼ」Taccuino senese
　　　　　　　　　　　　33, 205, 282
タッコラ、マリアーノ・ディ・ヤーコポ
　　Taccola, Mariano di Jacopo, detto il T.
　　　　　33, 36, 51, 52, 53, 54, 169, 263, 276, 282
　　──「動力機械論」De ingeneis
　　　　　　　　33, 51-52, 53, 54, 276, 282
　　──「器械論」De machinis 51
ダティニ、フランチェスコ Datini, Francesco
　　　　　　　　　　　　　89, 265
ダッライ Dallai, G. 289
「ダド」dado 106

ターニ Tani, R. 293
ダニローヴァ Danilova, I. 90, 300
タフリ、マンフレード Tafuri, Manfredo
　　　　　　　　　　　　18, 280, 281
タラッシ Tarassi, M. 292
ダルマティア、ラグーザ Dalmatia, Ragusa
　　　　　　　　　　　　　　　　249
タレンティ、フランチェスコ Talenti, Francesco
　　　　21, 22, 23, 24, 32, 43, 46, 47, 263, 271
ダンテ Dante Alighieri 14, 151
　　──「神曲」La Divina Commedia 14, 151

チ

チアイ（家）Ciai 111
チアッケリ、アントーニオ・マネッティ
　　Ciaccheri, Antonio Manetti 14, 39, 44, 55,
　　　56, 90, 102, 103, 113, 114, 175, 197, 200, 204,
　　　221, 227, 248, 253, 258, 276, 277
チァッポーニ、ルチア Ciapponi, Lucia A.
　　　　　　　　　　　　　115, 295
チァンフォーニ Cianfogni, N. 110, 290
チェゼーナ Cesena
　　──マラテスタ図書館 Biblioteca Malatestiana
　　　　　　　　　　　　　　　　254
チェラジォリ Ceragioli, P. 293
チェンニーニ、チェンニーノ Cennini, Cennino 281
「チオムピの叛乱」(1378) Tumulto dei Ciompi
　　　　　　　　　　　　13, 89, 263
チボリオ ciborio 137, 177, 217, 218, 231
チマブーエ Cimabue 111

ツ

ツァイトラー、ルドルフ Zeitler, Rudolf 294
ツンムケラー Zummkeller, L. 290

テ

テーネス、クリストフ Thoenes, Christoph
　　　　　　　　　　　　　253, 296
デ・アンジェリス・ドサット De Angelis d'
　　Ossat, G. 295

デ・ロベルティス de Robertis, Domenico →マネッティ「ブルネッレスキ伝」
「ディエチ・ディ・バリア」→フィレンツェ
ティヴォリ Tivoli　　　　　　126, 137, 230
　──ハドリアヌスのヴィッラ Villa adriana
　　　　　　　　　　　126, 137, 214, 230
　　　──「黄金の広場」"Piazza d'Oro" 214, 230
　　　──カノープスの池 "Canopus"　　137
　　　──セラピスの神殿 "Serapeum" 126, 137
ディジョン、サン・ベニーニュ聖堂 地下祭室
　Dijon, St-Bénigne, Crypte　　　214, 215
ディ・パスクアーレ、サルヴァトーレ Di
　Pasquale, Salvatore　　　　　　285, 286
「デカメロン」→ボッカッチョ
デジデリオ・ダ・セッティニャーノ
　Desiderio da Settignano　　　　184, 188
デッツィ-バルデスキ、マルコ Dezzi-
　Bardeschi, Marco　　　　　　　　　133
デッラ・ロッビア Della Robbia
　　──ルカ Luca　　　　　　7, 14, 55, 92,
　　　　　　　　　136, 153, 184, 264, 271, 274
　　──アンドレア Andrea　　　　　82, 92
デューラー、アルブレヒト Dürer, Albrecht
　　　　　　　　　　　　　　　　　　278
デュファイ、ギヨーム Dufay, Guillaume
　──「咲き初めしバラの花よ」Nuper rosarum
　　flores　　　　　　　　　　　　38, 54
デル・モーロ Del Moro, L.　　　　　284
テンネスマン Tönnesmann, A.　 293, 298

ト
ドーレン Doren, Alfred　　　　　　　284
トヴァリア、ピエトロ・デル Tovaglia, Pietro
　del　　　　　　　　　　　　　　　222
透視図法 prospettiva（perspective）
　　　　　　59-76, 84, 92, 235, 266, 287-288
　　──視錐 piramide visiva　　　　　 69
　　──視点 station point　　　67, 69, 75
　　──視心 visual center　　　　　　 67
　　──消点 vanishing point　67, 70, 74

　　──正統作図法 costruzione legittima
　　　　　　　　　　　　　　68, 69, 74
　　──成角透視図法 prospettiva per angolo　74
塔の家 torre　　　　　　　　157, 158, 170
トスカーナ Toscana
　　　　　　　5, 49, 137, 164, 248, 253, 258
トスカーナ・ロマネスク Romanico toscano
　　　　　　　　　　　　　　　　10, 136
トスカーナ大公（妃）　　　　　96, 176, 223
トスカネッリ Toscanelli
　　──パオロ・ダル・ポッツォ Paolo dal Pozzo
　　　　　　120, 134, 199, 264, 273, 274, 278
　　──ロドヴィーコ Lodovico　　　　199
ドナート →ドナテッロ
ドナテッロ Donatello
　　　　　　5, 6, 7, 12, 13, 15, 16, 26, 49, 55, 57, 66,
　　　　　68, 74, 119, 122, 128, 129, 130, 131, 135,
　　　　　136, 138, 139, 153, 172, 188, 225, 237,
　　　　　238, 239, 240, 251, 252, 253, 255, 264,
　　　　　265, 266, 267, 270, 271, 274, 275, 297-299
　　──ブルネッレスキとのローマ遺跡調査
　　　　　　　　　　　12, 17, 57, 237, 251, 265
　　──ミケロッツォとの共同制作
　　　　　　55, 130, 138, 238, 252, 255, 265-266, 271
　　──洗礼堂内の対立教皇ヨハネス二十三
　　　世の墓　　　　　　　　138, 238, 251
　　──ナポリのサンタンジェロ・ア・ニーロ
　　　聖堂内のブランカッチ枢機卿の墓
　　　　　　　　　　　　138, 238, 251-252
　　──プラト大聖堂ファサードの説教壇
　　　　　　138, 153, 238, 239-240, 252, 253, 265, 270
　　──サンタ・クローチェ聖堂内のキリスト
　　　像　　　　　　　　　　　　15-16, 265
　　──オルサンミケーレの聖ゲオルギウス像
　　　　　　　　　　　　　　66, 68, 73, 266
　　──オルサンミケーレの聖マルコ像
　　　　　　　　　　　　　　　74, 265, 266
　　──オルサンミケーレの聖ペテロ像
　　　　　　　　　　　　　　　　　74, 266
　　──シエナの洗礼堂、洗礼盤の浮彫「ヘロデ

索 引

の饗宴」 73	138, 238, 251-252
——ニッコロ・ダ・ウッツァーノ胸像　172	ナルディーニ-デスポッティ-モスピニョッ
——裸体の少年ダヴィデ像　130, 138, 139	ティ Nardini-Despotti-Mospignotti　284
——サン・ロレンツォ聖堂旧聖器室の内部	ナンニ・ディ・バンコ Nanni di Banco
装飾　119, 122-123, 129, 130, 131,	26, 49, 266, 267
138, 139, 274	ナンニ・ニッコリ Nanni Niccoli　265
——大聖堂の聖歌隊席 cantoria	
123, 136, 239, 274	ニ
——パドヴァでの活動　139, 275	ニィベルク、ドロテア Nyberg, Dorothea
ドヴォジャーク Dvořak, Max　279	189, 293
トムプソン、ジョン Thompson, John D.　289	ニッコリ Niccoli, R.　289
トムマーゾ・ディ・ヤーコポ・スッキエッリ	ニッコロ・ディ・ピエトロ・ラムベルティ
Tommaso di Jacopo Succhielli　277	Niccolò di Pietro Lamberti　16
トムマーゾ・リッピ Tommaso Lippi　256	ニッコロ・ディ・ルカ・スピネッリ Niccolò di
ドメニコ・ヴェネツィアーノ Domenico	Luca Spinelli　16
Veneziano　265	
ドメニコ修道会 ordine Domenicani　23, 241	ネ
トライーニ、エミリオ Tolaini, Emilio　293	ネオプラトニズム（ネオプラトニズモ）Neo-
トラヴェルサリ、アムブロジオ Traversari,	Plantonism（Neoplatonismo）
Ambrogio　213, 227, 264	70, 76, 119, 120, 127, 128, 204, 257
トラクテンバーグ、マーヴィン Trachtenberg,	ネッリ、ジョヴァン・バッティスタ Nelli,
Marvin　188, 291, 294, 296, 298	Giovan Battista　29, 50, 51
ド・ラ・クロワ de la Croix, H.　293	ネリ・ディ・フィオラヴァンテ Neri di
トリノ、王立図書館 Torino, Biblioteca Reale　52	Fioravante　24, 47
——「トリノ・サルッツァーノ手稿」Codice	ネロ →ローマ皇帝
Torinese Saluzzano　52, 170	ネローニ〔家〕Neroni　111
トリボロ、ニッコロ Tribolo, Niccolò　176	ネローニ・ニジ、アニョロ・ディ Neroni Nigi,
ドルフィニ、マッテオ・ディ・バルトロメオ	Agnolo di　171
Dolfini, Matteo di Bartolomeo	ネンチオ →ギベルティ、ロレンツォ
97, 103, 110, 121	
ドルム Drum, J.　284	ハ
トレッピオ →フィレンツェ近郊	バーゼル Basel 宗教会議（1431-37）　134
	パーツ Paatz, W. & E.　284
ナ	バーンズ、ハワード Burns, Howard　135, 295
ナタリ Natali, A.　298	ハイデンライヒ、ルートヴィヒ Heydenreich,
ナポリ Napoli　18, 52, 120, 133, 134, 138,	Ludwig H.　91, 228, 252, 280, 294, 295
173, 174, 175, 238, 251, 252, 272, 274, 278	ハイマン、イザベル Hyman, Isabelle　56,
——サンタンジェロ・ア・ニーロ聖堂 ブ	110, 111, 112, 113, 153, 283, 287, 290, 292, 299
ランカッチ枢機卿の墓 S. Angelo a Nilo,	パヴィア Pavia
Tomba del Cardinale Brancacci	——大聖堂 Duomo　206

311

──チェルトーザ Certosa　　　　　　258
ハウプト、アルブレヒト Haupt, Albrecht　255
パオルッチ Paolucci, A.　　　　284, 300
バクサンダール Baxandall, Michael　281
パシーニ Pasini, P. F.　　　　　　293
バス Bass, G.　　　　　　　　　　295
パストール、ニコラス Pastore, Nicholas
　　　　　　　　　　　　　　75, 288
「バダローネ」"Badalone"　35, 36, 54, 268, 269
バディア、イオドコ・ディ Badia, Jodoco di　291
パッセリーニ Passerini, L.　　　　288
パッチァーニ、リッカルド Pacciani, Riccardo
　　　　　　　　93, 173, 280, 293, 301
パッツィ（家）Pazzi
　　　　　　　120, 161, 174, 181, 182
──アンドレア・デ Andrea de'
　　　　　120, 161, 181, 182, 183, 270, 275
──ヤーコポ・デ Jacopo de'
　　　　　　　　161, 173-174, 183, 278
──「パッツィの謀叛」Congiura di Pazzi
　　　　　　　　　　173-174, 183, 278
パッツィ家礼拝堂 →フィレンツェ サンタ・
　　クローチェ聖堂
「パッツィの謀叛」→パッツィ、ヤーコポ・デ・
バッティスタ・ダントーニオ Battista d'Antonio
　　　　　　　111, 267, 268, 272, 273, 276
バッティスティ、エウジェニオ Battisti, Eugenio
　9, 15, 16, 18, 48, 51, 54, 56, 72, 73, 90, 91, 93,
　98, 110, 113, 134, 136, 152, 153, 158, 161, 171,
　172, 174, 175, 207, 218, 227, 228, 231, 232,
　　　　　　　　　　　　　　　283, 300
バッレリーニ、イザベッラ・ラピ Ballerini,
　Isabella Lapi　　　　　　　256, 299
パッロンキ、アレッサンドロ Parronchi,
　Alessandro　　　76, 112, 287, 292, 293
パドヴァ Padova　121, 122, 126, 135, 137, 139,
　　　　　　　　　　171, 263, 272, 275
──バジリカ・デル・サント Basilica del
　　Santo　　　　　　　　　　126, 137
──大聖堂 洗礼堂 Duomo, Battistero

　　　　　　　　　　　121, 122, 135
ハドリアヌス →ローマ皇帝
パノフスキィ、エルヴィン Panofsky, Erwin
　　　　　　　　　　70, 76, 132, 287
ハムブルク、ヴァールブルク美術研究図書
　館 Hamburg, Die Kunstwissenschaftliche
　Bibliothek Warburg　　　　　　　132
「パラティーノ手稿」Codice Palatino
　　　　　　　　　　　33, 53, 282
パリ、サン・ジェルマン・デ・プレ聖堂 Paris,
　St-Germain-des-Prés　　　　　　229
パリジ Parigi
──アルフォンソ Alfonso　　　　　176
──ジゥリオ Giulio　　　　　　　176
バルディ（家）Bardi　　　　　　　163
──ジョヴァンニ・デ Giovanni de'　174
バルディ家礼拝堂 →フィレンツェ サンタ・
　クローチェ聖堂
バルディ通り →フィレンツェ 場所
バルディーニ、ウムベルト Baldini, Umberto
　　　　　　　　　　　　　291, 298
パルド Pardo, V. Franchetti　　256, 292
バルドゥッチ、レムモ Balducci, Lemmo　90
バルトリ、ランド Bartoli, Lando　137, 290
バルバドーリ（家）Barbadori
　　　　　　　　　　　　159-160, 272
──ニッコロ Niccolò　　　　159, 172
バルバドーリ家礼拝堂 →フィレンツェ サン
　タ・フェリチタ聖堂
「バルベリニアーノ手稿」Codex Barberiniano
　　　　　195, 205, 215, 216, 230, 282
バロン、ハンス Baron, Hans
　　　　　　　151, 152, 251, 280, 281
ハンガリィ Hungary　　　7, 211, 227

ヒ

ピエトラ・フォルテ pietra forte　　162
ピエロ・デッラ・フランチェスカ Piero della
　Francesca　　65, 68, 69, 74, 266, 282
──「絵画の透視図法」De prospectiva pin-

索 引

   gendi   69, 74, 282
ピエンツァ（コルシニャーノ）Pienza
 (Corsignano)   56, 277
東ローマ   120, 228
ピサ Pisa   49, 91, 137, 168, 176, 251, 257, 265,
   266, 268, 269, 270, 271, 272, 274
 ——サン・パオロ・ア・リパ聖堂 S. Paolo a
  Ripa   137
 ——チッタデッラ・ヴェッキア Cittadella
  Vecchia   168, 176, 274
 ——チッタデッラ・ヌオヴァ Cittadella
  Nuova   168, 176, 274
 ——パルラシオ門 Porta del Parlascio
   168, 176, 272
 ——近郊 ヴィコピサーノ Vico Pisano
   168, 169, 170, 272, 274
ピサーノ Pisano
 ——ニコラ Nicola   236, 250, 251
 ——アンドレア Andrea   10, 16, 21, 22, 47, 263
 ——ニーノ Nino   16
ピサネッロ Pisanello   255, 264
ビザンティン Byzantine   57, 85, 106, 127, 137
ピストイア Pistoia   49, 91, 268
 ——チェッポ施療院 Ospedale del Ceppo
   91, 268
 ——大聖堂 Duomo   9, 10, 264
ピッカルダ →メディチ
ピッコローミニ、エネア・シルヴィオ →教
 皇ピウス二世
ピッシゴーニ Pissigoni, Attilio   283
ピッチーニ Piccini, A.   90, 289
ピッティ、ルカ Pitti, Luca
   164, 165, 174-175, 176, 254, 277
ピッポ・スパーノ（フィリッポ・デリ・スコ
 ラリ）Pippo Spano (Filippo degli Scolari)
   211, 227, 271
ピュタゴラース Pythagoras   108, 189
ヒュールゼン Hülsen, C.   300

フ

ファネッリ、ジョヴァンニ Fanelli, Giovanni
   111, 173, 260, 283, 292, 298
ファブリツィ、コルネリウス・フォン Fabriczy,
 Cornelius von
   111, 112, 173, 205, 206, 232, 282, 288, 300
ファルプ Falb, R.   300
ファン・アイク、ヤン Van Eyck, Jan   264
ファンチェッリ、ルカ Fancelli, Luca
   165, 166, 175, 176, 277
フィエゾレ →フィレンツェ近郊
フィオーレ Fiore, Francesco Paolo
   57, 173, 280, 293
フィチーノ、マルシリオ Ficino, Marsilio
   247, 257, 272
フィラレーテ、アントニオ Filarete, Antonio
   52, 74, 75, 248, 258, 264, 276, 277, 281, 299
 ——「スフォルツィンダ」*Sforzinda*   277
フィレンツェ Firenze
 ——ゴンファロニエーレ gonfaloniere
   15, 91, 162, 174-175
 ——資産調査 catasto   159, 270, 271, 275
 ——宗教会議（1439-43）
   54, 120, 134, 213, 257, 273
 ——市民貯蓄銀行 Monte Comune
   149, 211, 270, 271
 ——「ディエチ・ディ・バリア」Dieci di Balìa
   15
 ——公共建築
  ——ウッフィツィ Palazzo degli Uffizi
   73, 174
  ——オスペダーレ・デリ・インノチェン
   ティ Ospedale degli Innocenti
   77-94, 100, 102, 103, 106, 137, 146, 147,
   158, 160, 211, 260, 265, 267, 268, 269,
   275, 288-289
  ——サンタ・マリーア・デリ・イン
   ノチェンティ聖堂 S. Maria degli
   Innocenti   92
  ——サン・マッテオ施療院 Ospedale di S.
   Matteo   79, 80, 90

313

──パラッツォ・ヴェッキオ Palazzo Vecchio
　　46, 72, 150, 174, 205, 206, 246, 260
──「1500年の広間」"Salone del Cinquecento" 　　206
──パラッツォ・ディ・パルテ・グエルファ（グエルフ党会館）Palazzo (Palagio) di Parte Guelfa
　　91, *141-154*, 260, 291
──ビガッロ Bigallo（Loggia del＝ミゼリコルディア組合 Compagnia della Misericordia) 　　47, 71
──ミゼリコルディア →ビガッロ
──**住宅建築**
──アポローニオ・ラピの家 Casa di Apolonio Lapi 　　***159***, 260
──パラッツォ・アンティノーリ Palazzo Antinori 　　173
──パラッツォ・カッポーニ（ニッコロ・ダ・ウッツァーノの家）Palazzo Capponi（Casa di Niccolò da Uzzano）
　　160-161, 172, 260, 269
──パラッツォ・ゴンディ Palazzo Gondi 　　173, 244
──パラッツォ・ジュンティーニ Palazzo Giuntini 　　***162***, 260
──パラッツォ・ストロッツィ Palazzo Strozzi 　　173, 206, 244
──パラッツォ・デイ・レンツィ Palazzo dei Lenzi 　　163, 174
──パラッツォ・パッツィ-クアラテージ Palazzo Pazzi-Quaratesi 　　***161-162***, 260
──パラッツォ・ピッティ Palazzo Pitti
　　73, 148, ***164-167***, 176, 244, 260, 277
──パラッツォ・ブジーニ-バルディ Palazzo Busini-Bardi
　　162-164, 260, 270
──パラッツォ・メディチ Palazzo Medici
　　99, 111, 112, 113, 138, 148, 153, 161, 162, 164, 165, 167, 173, 237, ***242-244***,

　　252, 254, 255, 260, 272, 275
──礼拝堂内「東方三王の礼拝の図」Cappella, Andata dei Magi a Betlemme 　　242, 243, 257
──パラッツォ・ルッチェッライ Palazzo Ruccellai 　　173
──バルバドーリの家 Casa di Barbadori
　　159-160, 260
──ルシアーノのヴィッラ Villa a Rusciano
　　164, 175
──**修道院**
──サン・マルコ修道院 Convento di S. Marco 　　113, ***241-242***, 254, 255, 273
──サンタ・クローチェ修道院 Convento di S. Croce
　　21, 153, 182, 188, 194, 204, 260, 270
──サンタ・クローチェ聖堂
　　16, 46, 114, 126, 187, 188
──パッツィ家礼拝堂 S. Croce, Cappella dei Pazzi
　　120, 126, 133, 134, 153, 161, 174, ***179-189***, 223, 260, 270, 274, 275, 277, 293-294
──バルディ家礼拝堂 Cappella de' Bardi 　　16
──カステッラーニ家礼拝堂 Cappella Castellani 　　188
──バロンチェッリ家礼拝堂 Cappella Baroncelli 　　188
──マルスッピーニの墓 Monumento a Carlo Marsuppini 　　188
──サンタ・マリーア・デリ・アンジェリ修道院 Monastero di S. Maria degli Angeli 　　42, 57, 90, 114, 137, 211, 212, 216, 217, 264, 271, 273, 275
──「ロトンダ」Rotonda
　　42, 57, 90, 114, 137, ***209-232***, 260, 271, 273, 275, ***294-295***
──サンタ・マリーア・ノヴェッラ修道院 Convento di S. Maria Novella

314

索引

     21, 23, 46, 54
——サンタ・マリーア・ノヴェッラ聖堂
 9, 10, 18, 66, 114, 260, 265, 269, 273, 275
 ——ゴンディ家礼拝堂 S. Maria Novella, Cappella Gondi *10*
 ——木製キリスト像
     9, 10, 260, 265
 ——マザッチョの「三位一体」 La Trinità **65-67**, *73, 269*
 ——説教壇 Pulpito *18, 275*
 ——スペイン礼拝堂 Cappellone degli Spagnuoli *23, 54*
——聖堂
 ——洗礼堂 Battistero S. Giovanni
  10, 11, 12, 16, 22, 28, 29, 47, 54, 55, 60, 64, 65, 66, 67, 71, 72, 92, 138, 238, 251, 255, 264, 265, 268, 269, 283-284
  ——扉競技設計「イサクの犠牲」
     10-12, *250, 264*
  ——「天国の門」Porta del Paradiso *16*
   64, 65, 234, 235, 236, **255-256**, *268*
   ——「エサウとヤコブ」Esaù e Giacobbe *65, 235, 250*
   ——「ソロモンとシバの女王」Solomone e regina di Saba
     235, 236, 250
   ——「ヨゼフの物語」Giuseppe
     234, 235, 250
  ——対立教皇ヨハネス二十三世の墓
     138, 238, 251
 ——大聖堂 サンタ・レパラータ Cattedrale di S. Reparata
     10, 21, 232, 263, 271
 ——大聖堂（ドゥオモ）S. Maria del Fiore (Duomo) *4, 6, 10, 14, 16, 18,* **19-58**, *99, 111, 113, 136, 159, 161, 168, 173, 175, 225, 232, 235, 260, 263, 265, 266, 268, 269, 271, 273, 275, 276, 278*
  ——身廊北側入口 Porta della Mandorla
     49
  ——クーポラ Cupola
   14, **19-58**, *267, 268, 272, 284-285*
  ——競技設計 **25-26**, *48, 49, 134, 266*
  ——模型 *22-24, 32, 43, 47, 54, 266, 267, 271*
   ——タレンティの模型
    22-24, 32, 43, 47, 54, 271
   ——ブルネッレスキの模型
    26, 32, 38-39, 48, 49, 50, 74, 265, 266, 267, 270, 271
   ——ギベルティの模型
    26, 49-50, 266, 267, 270
  ——工事仕様書
   26, 28, 29, 30, 31, 49, 50, 54, 267, 268, 269
  ——仮枠・足場
   5, 24, 25, 26, 28, **29-32**, *39, 45, 47, 49, 50, 51, 54, 267, 270, 277*
  ——工事用器械
   25, 26, 29, **33-36**, *53, 54, 224, 226, 274, 275, 285-286*
  ——煉瓦の「矢筈積み」"quello spinapescie" *30, 49*
  ——頂塔 Lanterna *14, 32,* **38-42**, *43, 47, 54, 55, 56, 57, 102, 214, 270, 271, 273, 274, 275, 276, 277, 278*
  ——外部歩廊 ballatoio *45, 274*
  ——エディコラ（エクセドラ）Edicola (Exedra, Tribune morte)
     43-45, *214, 273*
  ——鐘楼 Campanile
   16, 21, 22, 23, 47, 71, 96, 225, 263
  ——聖歌隊席 Cantoria
     123, 136, 239, 271, 274
  ——大聖堂工事事務所（オペラ・デル・ドゥオモ、「オペライ」）Opera del Duomo, Operai *21, 24, 25, 26, 31, 33, 43, 45, 46, 48, 49, 50, 53,*

　　　　55, 176, 225, 263, 266, 267, 268, 269,
　　　　　　　272, 273, 275, 276
——聖ゼノビの礼拝堂 Cappella di S.
　　Zenobi　　　　　　　271, 273-274
——オルサンミケーレ Orsanmichele（Orto
　　Sanmichele）
　　　　47, 49, 66, 68, 72, 74, 144, 265, 266
　　——聖ゲオルギウス像 S. Giorgio
　　　　　　　　　　　66, 68, 73, 266
　　——聖ペテロ像 S. Pietro　　　74, 266
　　——聖マルコ像 S. Marco　74, 265, 266
——サン・パンクラツィオ聖堂 ルッ
　　チェッライ家礼拝堂「聖墳墓」S.
　　Pancrazio, Cappella Ruccellai, Santo
　　Sepolcro　　　　128, 138, 223, 277
——サン・フェリーチェ聖堂 S. Felice
　　　　　　　　　　　　　　34, 273
——サン・ミニアート・アル・モンテ聖堂
　　S. Miniato al Monte　175, 240, 241, 276
　　——「十字架のチャペル」Cappella del
　　　　Crocifisso　　　　　　240-241, 276
——サン・ヤコポ・オルトラルノ聖堂 ス
　　キアッタ・リドルフィの小礼拝堂 S.
　　Jacopo oltr'Arno, Cappelletta di Schiatta
　　Ridolfi　　　　　73, 126, 260, 267
——サン・ロモロ聖堂 S. Romolo　63, 72
——サン・ロレンツォ聖堂 S. Lorenzo
　　17, 18, 48, 73, 82, **95-115**, 124, 125,
　　129, 130, 137, 153, 197, 198, 200, 223,
　　250, 253, 260, 268, 269, 270, 274,
　　　　　　　　　　276, 277, 290
　　——聖堂広場 Piazza S. Lorenzo 整備計
　　　　画　　　　　　　**98-100**, 260, 272
　　——旧聖器室 Sagrestia Vecchia
　　　　17, 18, 48, 49, 73, 82, 96, 97,
　　　　98, 103, 109, 110, 113, **117-140**,
　　　　181, 182, 187, 198, 248, 250,
　　　　260, 268, 270, 272, 274, 290-291
　　　　——祭室 Scarsella　48, 110, 118, 119,
　　　　　　120, 121, 122-124, 125, 129, 130,

　　　　131, 134, 135, 136, 137, 181, 182,
　　　　　　　　　272, 274
　　　　——祭室側ブロンズ製扉とその
　　　　　　周りの装飾 battenti bronzei
　　　　　　delle due porte　　**122-124**
　　　　——天空図 Zodiaco　48, **119-121**,
　　　　　　　124, 127, 130, 182, 274
　　　　——ビッチ・デ・メディチ夫妻の
　　　　　　柩 Sarcofago di Giovanni Bicci de'
　　　　　　Medici e di Piccarda
　　　　　　　　　　　　129, 135, 272
　　　　——ピエロとジョヴァンニ・ディ・
　　　　　　コージモ・デ・メディチの墓
　　　　　　Monumento funebure di Piero e
　　　　　　Giovanni de' Medici　　　136
　　　　——頂塔 Lanterna
　　　　　　　119, 127, 128, 132, 270
　　——新聖器室 Sagrestia Nuova（Cappella
　　　　medicea）　　　　　　　97, 110
　　——秘蹟のチャペル Cappella del
　　　　Sacramento　　　　　　　188-189
——サンタ・クローチェ聖堂→サンタ・
　　クローチェ修道院
——サンタ・トリニタ聖堂 聖器室 S.
　　Trinità, Sacrestia　　135, **250**, 254
——サンタ・フェリチタ聖堂 バルバ
　　ドーリ家礼拝堂 S. Felicità, Cappella
　　Barbadori　65, 67, 73, 145, 159, 260,
　　　　　　　　　　　267, 289
——サンタ・マリーア・ソプラ・ポルタ
　　聖堂（サン・ビアジオ聖堂）S. Maria
　　sopra Porta (S. Biagio)　　　　144
——サンタ・マリーア・デル・カルミネ
　　聖堂 ブランカッチ礼拝堂 S. Maria del
　　Carmine, Cappella Brancacci
　　　　　　　　　　　6, 15, 268
——サンタ・マリーア・ノヴェッラ聖堂
　　→サンタ・マリーア・ノヴェッラ修
　　道院
——サンティッシマ・アンヌンツィアー

索 引

──夕聖堂 SS. Annunziata
　　　79, 89, 114, 153, 166, 219, 220, 222, 227,
　　　231, 232, 252, 254, 275, 277
　──「ロトンダ」Rotonda　114, 166, 219,
　　　220-222, 227, 231, 275, 277
　──小神殿 Tempietto　254
　──サント・スピリト聖堂 S. Spirito
　　　10, 42, 57, 100, 102, 109, 112, 113,
　　　126, **191-208**, 213, 223, 260, 268,
　　　270, 272, 275, 277, 278, 294
　──聖マッダレーナ像 S. Maddalena
　　　10, 267-268
　──聖器室 Sacrestia　197, 213
──庭園
　──ボボリの庭園 Giardino di Boboli
　　　166, 167
──同業者組合
　──石工・大工組合 Arte dei Magisteri di
　　　Pietra e Legname　9, 18, 272
　──絹織物業組合 Arte della Seta
　　　9, 79, 80, 89, 92, 144, 145, 149, 264,
　　　265, 267
　──薬種業組合 Arte degli Speziali　9
　──輸入繊維商組合 Arte della Calimala
　　　10, 17, 211, 218, 221, 226, 264
　──羊毛業組合 Arte della Lana
　　　16, 21, 26, 28, 46, 144, 182, 263
　──両替商組合 Arte del Cambio　91
──図書館
　──国立図書館 Biblioteca Nazionale
　　　Centrale di Firenze
　　　14, 16, 33, 35, 52, 53, 74, 111
　──ラウレンツィアーナ図書館 Biblioteca
　　　Laurenziana　96, 231
　──神学大学図書館 Biblioteca del
　　　Seminario Maggiore　109
──ミュージアム
　──バルジェッロ美術館 Museo Nazionale
　　　del Bargello　17, 73, 161, 172
　──ウッフィツィ美術館 Galleria degli Uffizi

　──Gabinetto Disegni e Stampe（GDS）
　　　39, 104, 152, 165, 214, 216, 218, 228,
　　　230, 231
　──大聖堂博物館 Museo dell'Opera del
　　　Duomo　39, 136, 225, 226
　──フィレンツェ都市史博物館 Museo di
　　　Firenze come era　166
　──場所
　──アルノ河 fiume Arno
　　　49, 100, 159, 160, 162, 174, 175, 176,
　　　177, 193, 250, 268, 277
　──カント・アッラ・パリア Canto alla
　　　Paglia　62, 72
　──「空中回廊」Corridoio　73
　──サン・ニッコロ門 Porta S. Niccolò　164
　──サンガッロ地区 (quartiere di) Sangallo
　　　52
　──アルファニ通り Via degli Alfani　227
　──ヴィア・デル・コルソ Via del Corso
　　　159, 161, 172
　──ヴィア・ラルガ（現ヴィア・カヴー
　　　ル）Via Larga（Via Cavour）
　　　99, 112, 138, 254, 255
　──オルサンミケーレ通り Via Orsanmichele
　　　73
　──カステッラッチョ通り Via del
　　　Castellaccio　218
　──カパッチォ通り Via di Capaccio
　　　144, 145, 146, 147, 148
　──カリマーラ・フランチェスカ
　　　Calimala Francesca　63, 72
　──カリマルッツァ通り Via Calimaruzza
　　　72
　──カルザイウオリ通り Via dei Calzaiuoli
　　　72
　──ゴリ通り Via dei Gori　255
　──サンタ・エリザベッタ通り Via Sant'
　　　Elisabetta　159
　──セルヴィ通り Via dei Servi
　　　79, 90, 218

317

――テルメ通り Via delle Terme
　　　　　　142, 144, 145, 146, 147
　――バルディ通り Via de' Bardi　　160
　――プロコンソロ通り Via del Proconsolo
　　　　　　　　　　　161, 172
　――ペコリ通り Via de' Pecori　　62, 72
　――ベンチ通り Via dei Benci　　163
　――ボルゴ・デリ・アルビッツィ Borgo
　　degli Albizzi　　　　　　　172
　――ポンテ・ヴェッキオ Ponte Vecchio
　　　　　　　　　　　34, 65, 159
　――ルンガルノ・トッリジャーニ
　　Lungarno Torrigiani　　　　160
　――ピアッツァ・オニッサンティ Piazza
　　Ognissanti　　　　　　　162
　――ピアッツァ・サン・ジョヴァンニ
　　Piazza S. Giovanni　　　　71, 72
　　――聖ゼノビの柱 Colonne di S. Zenobi
　　　　　　　　　　　62, 72
　――ピアッツァ・サンティッシマ・アンヌ
　　ンツィアータ Piazza SS. Annunziata
　　　　　　　　83, 88, 89, 90, 91
　――ピアッツァ・サン・マルコ　　91
　――ピアッツァ・サン・ロレンツォ Piazza
　　S. Lorenzo　　　　　　98, 272
　――ピアッツァ・ディ・パルテ・グエル
　　ファ Piazza di Parte Guelfa　144
　――ピアッツァ・デッラ・シニョリア
　　Piazza della Signoria　63, 64, 67, 72, 74
　――ピアッツァ・ブルネッレスキ Piazza
　　Brunelleschi　　　　　　210
　――近郊
　　――ヴィッキオ Vicchio　　　211
　　――カステッロ Castello　　171
　　――カファッジョーロ Cafaggiolo
　　　　　　　　245-246, 247
　　――カレッジ Careggi
　　　　　　246-247, 256, 257, 258, 273
　　――カムピリア Campiglia　　273
　　――サン・ピエトロ・ア・シエーヴェ、サ
　　ン・フランチェスコ・アル・ボスコ
　　聖堂 S. Pietro a Sieve, S. Francesco al
　　Bosco　　　　　　238, 239, 245
　　――シーニャ Signa　　　　168
　　――トレッビオ Trebbio　238, **244-245**, 273
　　――フィエゾレ Fiesole
　　　　　241, 247, 248, 249, 252, 257, 258, 276
　　　――バディア Badia Fiesolana　258
　　　――ヴィッラ・メディチ Villa Medici
　　　　　　　　247-249, 257, 276
　　――ポッジョ・ア・カイアーノ Poggio a
　　　Caiano　　　　　　　　278
　　――マルマンティーレ Malmantile
　　　　　　　　　　　168, 268
　　――ムジェッロ Mugello　　8, 238
　　――モンテ・モレッロ Monte Morello　157
　　――ラ・ペトライア La Petraia
　　　　　　　　157-159, 167, 256, 268
　　――ラストラ・ア・シーニャ Lastra a Signa
　　――サンタントーニオ施療院 Ospedale
　　　S. Antonio　　　　　79, 80, 90
　　――城壁　　　　　　　91, 168
フェッラーラ Ferrara　　134, 271, 273
　――宗教会議（1437-39）　　134, 273
フォルネシクス Folnesics, Hans　　283
フォレーゼ・ダ・ラバッタ Forese da Rabatta
　　　　　　　　　　　8, 15
フォンターナ Fontana, Paolo　283, 289, 296
副柱頭 dosseret　　　　　106, 164
ブジーニ（家）Busini　162-164, 260, 270
ブシニャーニ Busignani, A.　　294
フス、ヤン Huss, Jan　　　　266
フスコ Fusco, Renato de　　　280
ブッジャーノ Il Buggiano (Andrea di Lazzaro
　Cavalcanti)　　17, 18, 122, 135, 225, 226,
　　　　　　　267, 270, 272, 275
ブッセ Busse, K. H.　　　　291
プッピ、リオネッロ Puppi, Lionello　135
「ふとっちょ物語」→マネッティ、アントー
　ニオ・ディ・トゥッチオ

ブニム Bunim, M. Schild　　　287
ブニャート bugnato
　　　165, 175, 237, 242, 244, 255
フラ・アンジェリコ Fra Angelico (Giovanni da Fiesole, detto il Beato Angelico)
　　　241, 242, 254, 255, 264
フライ、カール Frey, Karl　　　111, 282
ブラウンフェルス Braunfels, W.　　　285
フラ・コロンナ Fra Colonna　　　250
ブラッチォ（複数形 ブラッチァ）braccio (pl. braccia)　　23, 24, 47, 55, 62, 72, 84, 102 ,110, 121, 135, 196, 273
プラト Prato　　　82, 265
── 大聖堂 説教壇 Cattedrale, Pergamo di Sacro Cingolo
　　　138, 153, 238, 239, **240-252**, 253, 265, 270
── サンタ・マリーア・イン・カルチェリ聖堂 S. Maria in Carceri　　　278
プラトーン Platon　　　88, 143, 257
プラニシィヒ Planiscig, L.　　　299
ブラマンテ、ドナート Bramante, Donato
　　　52, 53, 71, 131, 149, 187, 203, 206, 213, 244, 275
ブランカッチ（家）Brancacci　　　272
── ブランカッチ家礼拝堂 →フィレンツェ サンタ・マリーア・デル・カルミネ聖堂
── ブランカッチ枢機卿 Cardinale Brancacci
　　　138, 238, 251
フランチェスコ・ディ・ヴァルダムブリーノ Francesco di Valdambrino　　　16
フランチェスコ・ディ・ジョルジォ Francesco Maurizio di Giorgio Martini
　　　33, 52, 53, 169, 170, 171, 274, 278
フランチェスコ・デッラ・ルーナ Francesco della Luna　　　80, 91, 204, 269, 273
フリジェリオ Frigerio, S.　　　295
プリニウス（大）Plinius, Gaius Plinius Secundus
── 「博物誌」Naturalis Historia　　　230
ブルーニ Bruni, F.　　　288

ブルーニ、レオナルド Bruni, Leonardo
　　　143, 148, 151, 152, 225, 232, 237, 263, 265, 270, 274
──「都市フィレンツェ頌」Laudatio florentinae urbis　　　143, 265
ブルーメンタール、アーサー Blumenthal, Arthur R.　　　54, 300
ブルッカー Brucker, G. A.　　　291, 292
ブルクハルト Bruckhardt, Jacob　　　279, 280
ブルスキ、アルナルド Bruschi, Arnaldo
　　　56, 57, 73, 113, 115, 136, 137, 153, 215, 217, 218, 228, 230, 231, 240, 250, 252, 253, 280, 294, 296, 297, 301
ブルスコリ Bruscoli, G.　　　288
ブルネッティ Brunetti, G.　　　285
ブルネッレスキ（父）Brunellesco di Lippo Lapi
　　　8, 15, 47, 263
プレージャー、フレデリック Prager, Frederick D.　　　53, 54, 286
フロリン（金貨）florini　　25, 48, 49, 50, 266, 267, 268, 269, 270, 271, 272, 275

へ

ヘイ Hay, Denys　　　280
ヘイル Hale, J. R.　　　177, 293
ヘインズ、マーガレット Haines, Margaret
　　　50, 285
ペヴスナー、ニコラウス Pevsner, Nikolaus
　　　254
ベケルッチ Bechelucci, L.　　　285
ペーザロ 港の要塞 Pesaro, Fortezza del Porto
　　　168, 177, 274
ベック Bec, C.　　　292
ベッリーニ、ジョヴァンニ Bellini, Giovanni
　　　270
ペッレッティ Pelletti, F.　　　295
ベツレヘム Bethlehem　　　255
ペトラルカ、フランチェスコ Petrarca, Francesco　　　115, 158, 237, 263
ベニーニ Begnini, P.　　　283

ベネヴォロ、レオナルド Benevolo, Leonardo			ボルギ、リヴィオ Borghi, Livio	293
	189, 202, 203, 206, 280, 294		ボルシ Borsi	
ベッランディ Bellandi, P. S.		294	——フランコ Franco	223, 231, 232, 283
ペルージア Perugia		252	——ステファノ Stefano	205, 301
ペルッツィ（家）Peruzzi		272	ポルツァー Polzer, J.	287, 300
ヘルツナー、フォルカー Herzner, Volker			ポルティジアーニ、パーニョ・ディ・ラポ Portigiani, Pagno di Lapo	240, 252, 253, 254
	112-113, 290			
ベルティ Berti, L.		300	ポルティナリ、ピジェッロ Portinari, Pigello	
ベルテッリ Bertelli, S.		56, 295, 299		248, 258
ベルテッリ、カルロ Bertelli, Carlo		293	ボルティモア、ウォルタース・アート・ギャラリィ Baltimore, Walters Art Gallery	71
ベルトラメ、レンツォ Beltrame, Renzo		287		
ベルニーニ Bernini, Gianlorenzo		203, 207	ボローニャ Bologna	134, 230, 253, 257, 264
ペローニ Peroni, C.		285	——サン・ペトローニオ聖堂 S. Petronio	
ベンチーニ Bencini, R.		294		264
ベンツィ、サラ Benzi, Sara		153, 291	ホワイト、ジョン White, John	76, 250, 251, 287
ペンデンティヴ・ドーム pendentive dome			ボンナユート、アンドレア・ディ Bonaiuto, Andrea di	23, 24
	103, 122, 125, 127, 129, 135, 137, 184			

ホ

ポップ・ヘネシィ Pope Hennessy, J.		298
ボッカッチョ、ジョヴァンニ Boccaccio, Giovanni		8, 50, 115, 158, 237, 263
——「デカメロン」Decameron		8, 158
ポッジ Poggi, G.		284
ポッジョ・ア・カイアーノ →フィレンツェ近郊		
ポッジョ・ブラッチョリーニ、ジャンフランチェスコ Poggio Bracciolini, Gianfrancesco		
	107, 115, 263, 266	
ポッジボンシ Poggibonsi		168
ボッタイ Bottai, F. Franchetti		292
ボッツォーニ Bozzoni, C.		279, 283
ボッティチェッリ、サンドロ Botticelli, Sandro		275
ボット、カルロ Botto, Carlo		294
ボッロミーニ Borromini, Francesco		42
ホフマン Hoffmann, V.		285, 288, 296
「ポリフィリウスの夢」Hypnerotomachia Poliphili		250
ボラッキ Bolacchi, M.		293

マ

マーティンズ、ラウロ Martines, Lauro		289, 291
マイアーノ Maiano		
——ジュリアーノ・ダ Giuliano da		161, 173, 183, 188, 206, 225, 244, 271, 300
——ベネデット・ダ Maiano, Benedetto da		173
マキァヴェッリ、ニッコロ Machiavelli, Niccolò		205
マザッチォ Masaccio		5, 6, 15, 65, 66, 67, 73, 111, 265, 268, 269, 270
——ブランカッチ礼拝堂フレスコ「ペテロの奇跡」		6, 15, 268
——サンタ・マリーア・ノヴェッラ聖堂の「三位一体」		**65-67**, 73, 269
マソ・ディ・バルトロメオ Maso di Bartolomeo		149, 153 ,164, 174, 253
マソリーノ・ダ・パニカーレ Masolino da Panicale		6, 264, 268
マッサ・マリッティマ Massa Marittima		252
マッツィーニ Mazzini, D.		257, 299

索 引

マッテオ・ヌーティ・ダ・ファノ Matteo Nuti
　da Fano　　　　　　　　　　　　254
マットックス、フィリップ Mattox, Philip
　　　　　　　　　　　138, 255, 298
マッライ Marrai, B.　　　　　　　288
マヌツィオ、アルド Manuzio, Aldo　250
マネッティ、アントーニオ・ディ・トゥッチオ
　Manetti, Antonio di Tuccio　14, 92, 268
　　──「ブルネッレスキ伝」Vita di Filippo Brunelleschi（Manetti-de Robertis）
　　　6, 7, 8, 9, 10, 11, 12, 14, 15, 16, 17, 26, 32,
　　　33, 34, 36, 40, 41, 49, 50, 51, 53, 55, 56, 57,
　　　61, 64, 66, 71, 73, 80, 81, 82, 84, 91, 97,
　　　98, 100, 102, 103, 110, 111, 112, 113, 114,
　　　122, 126, 130, 134, 135, 136, 145, 146, 149,
　　　150, 153, 154, 157, 158, 159, 171, 172, 176,
　　　177, 183, 193, 194, 195, 204, 211, 213, 214,
　　　215, 217, 219, 222, 227, 268, 270, 278, 281
　　──「ふとっちょ物語」La Novella del Grasso
　　　　　　　　6, 7, 14, 63, 227, 265, 281, 283
「マニエラ・アンティカ」maniera antica　108
マネット・アムマナティーニ →イル・グラッソ
マラテスタ Malatesta
　　──シジスモンド・パンドルフォ
　　　Sigismondo Pandolfo　　　　254
　　──ノヴェッロ Malatesta, Novello　254
マリアーニ Mariani, G. Miarelli
　　　　　　　　　230, 294, 295, 296
「マリアベッキァーノ手稿」Codice Magliabechiano　　　　　14, 16, 52, 74, 111, 258
マルキーニ、ジュゼッペ Marchini, Giuseppe
　　　　　　　　164, 174, 205, 206, 230, 297, 301
マルキオニ、ステファナ Marchioni, Stefana
　　　　　　　　　　　　　　　　76
マルコ・ディ・ルカ（家）Marco di Luca　111
マルスッピーニ、カルロ Marsuppini, Carlo
　　　　　　　　　　　188, 226, 232, 276
マルティーニ Martini, S.　　　257, 299
マルティネッリ Martinelli, V.　　　297

マルマンティーレ →フィレンツェ近郊
マレイ、ピーター Murray, Peter　91, 115, 279
マンテーニャ、アンドレア Mantegna, Andrea
　　　　　　　　　　　231, 271, 278
マントヴァ Mantova
　　114, 166, 175, 176, 220, 223, 231, 271, 273,
　　　　　　　　　　　　275, 277, 278
　　──サンタンドレア聖堂 S. Andrea
　　　　　　　　　114, 166, 231, 277
　　──サン・セバスティアーノ聖堂 S. Sebastiano
　　　　　　　　　　　166, 231, 277
　　──王宮
　　　──ドムス・ノヴァ Palazzo Ducale, Domus
　　　　Nova　　　　　　　　　175
　　　──「婚礼の間」Camera dgli Sposi　278
マントヴァーニ Mantovani, Giuseppe　284, 297

ミ

ミース・ファン・デア・ローエ Mies van der
　Rohe, Ludwig　　　　　　　　188
ミケランジェロ Michelangelo Buonarroti
　　16, 56, 96, 97, 110, 203, 204, 207, 228, 269, 278
ミケレッティ Micheletti, F.　　　　284
ミケロッツォ・ディ・バルトロメオ Michelozzo
　di Bartolomeo　　39, 55, 56, 87, 90,
　　112, 113, 130, 131, 136, 138, 153, 159, 161,
　　162, 173, 174, 175, 183, 184,188, 219, 220,
　　221, 222, 225, 227, 237-259, 264, 265, 269,
　　　　270, 271, 273, 275, 276, 277, 297-299
ミニャーニ、ダニエラ Mignani, Daniela　298
ミラネージ、ガエタノ Milanesi, Gaetano
　　　　　　　　8, 9, 48, 162, 172, 173, 282
ミラノ Milano
　　46, 52, 151, 168, 175, 177, 194, 205, 248, 258,
　　　　　264, 265, 266, 270, 271, 273, 274, 276, 277
　　──大聖堂 Duomo　　　46, 177, 264
　　──頂塔 Ciborio　　　　　177, 270
　　──サントゥストルジオ聖堂 ポルティナリ
　　　礼拝堂 S. Eustorgio, Cappella Portinari
　　　　　　　　　　　　　　248, 258

321

——メディチ銀行 Palazzo di Banco Mediceo
　　　　　　　　　　　　　　　　248, 258
——サンタ・マリーア・デッレ・グラツィエ
　聖堂 S. Maria delle Grazie　　　　248
——カステッロ・スフォルツェスコ Castello
　Sforzesco　　　　　　　　　　　249
——オスペダーレ・マッジォーレ Ospedale
　Maggiore　　　　　　　　　　　276

ム

ムジェッロ→フィレンツェ 近郊
ムッシーニ、マッシモ Mussini, Massimo
　　　　　　　　　　　　　74, 282, 288
ムニョス Muñoz, A.　　　　　　　　299

メ

メインストーン、ローランド Mainstone,
　Rowland J.　　　　　　　　51, 285, 286
メッス Metz, P.　　　　　　　　　　284
メッスのオト Oto (Eudes) de Metz　229
メディチ（家）Medici　39, 55, 72, 89, 90,
　96, 97, 98, 100, 110, 111, 112, 113, 120,
　124, 129, 151, 152, 158, 159, 160, 162,
　165, 166, 171, 173, 176, 182, 223, 237,
　238, 240, 244, 248, 253, 254, 255, 256,
　　　　　　　　　　　257, 272, 273, 276, 278
——ジョヴァンニ（ビッチ）・デ Giovanni d'
　Averardo detto Bicci de'　97, 98, 110, 111,
　　　　　129, 135, 250, 251, 256, 268, 270, 272
——ピッカルダ・デ Piccarda Bueri de'　135
——アヴェラルド・ディ・フランチェスコ・
　デ Averardo di Francesco de'　　　256
——コージモ・デ（イル・ヴェッキォ）Cosimo
　de' (il Vecchio)　39, 55-56, 98, 99, 103,
　110, 111, 112, 113, 114, 122, 124, 129, 130,
　131, 132, 136, 138, 139, 153, 164, 166, 175,
　213, 225, 237, 240, 241, 242, 244, 245, 247,
　249, 251, 252, 253, 254, 255, 256, 257, 258,
　　　　　　　　　264, 271, 272, 274, 276, 277
——ピエロ・ディ・コージモ・デ（イル・ゴッ

トーゾ）Piero di Cosimo de' (il Gottoso)
　　　　　　　　　　　　　253, 254, 257
——ジォヴァンニ・ディ・コージモ・デ
　Giovanni di Cosimo de'　　　247, 257
——ロレンツォ・デ（イル・マニフィーコ）
　Lorenzo di Piero de' (il Magnifico)
　52, 72, 173-174, 175, 196, 206, 257, 276,
　　　　　　　　　　　　　　　　　　278
——ジュリアーノ（ディ・ピエロ・デ・）
　Giuliano di Piero de'　　　　174, 278
メルカンティ、ララ Mercanti, Lara　174, 293
メルカンティーニ Mercantini, M.　　　299
メンギ Menghi, G. S.　　　　　　　　293
メンディカンティ Mendicanti　　　　　103

モ

モスカート Moscato, A.　　　　　　　291
モランディーニ、フランチェスカ Morandini,
　Francesca　　　　　　　　　　　　291
モレーニ、ドメニコ Moreni, Domenico　290
モレッティ Moretti, I.　　　　　　　　293
モロッツィ、グイド Morozzi, Guido
　　　　　　　　　　　　　15, 90, 289
モロッリ、ガブリエーレ Morolli, Gabriele
　　　　　136, 138, 230, 283, 290, 298, 299
モン・サン・ミシェル修道院 L'abbaye de
　Mont-St-Michel　　　　　　　　　229
モンタネッリ Montanelli, L. Gori　　　295
モンテ・モレッロ →フィレンツェ近郊
モンテカッシーノ修道院 Abbazzia di
　Montecassino　　　　　　　　　　115
モンテプルチアーノ Montepulciano
　——市庁舎 Palazzo Comunale　　246
　——サンタゴスティーノ聖堂 S. Agostino
　　　　　　　　　　　　　　　　　252

ヤユヨ

ヤーコポ・コルビネッリ、マッテオ・ダ Jacopo
　Corbinelli, Matteo da　　　　　　267
ヤーコポ・デッラ・クエルチア Jacopo della

322

索引

Quercia	16, 51-52, 263
ユークリッド Euclid	67, 75
横山正	76, 288
ヨヘム Jochem, F. L.	289

ラ

ラ・ペトライア →フィレンツェ近郊
ラヴァニーノ Lavagnino, Emilio　283
ラウラーナ、ルチアーノ Laurana, Luciano
　　　　　　　　　　　　　　177, 276
ラスキ、ジゥリアーノ Laschi, Giuliano
　　　　　　　　　　　　　　187, 293
ラッギアンティ Ragghianti, Carlo L.　283
ラッザローニ Lazzaroni, M.　299
ラッファエッロ Raffaello Sanzio　228, 229, 278
ラピ Lapi
　── アポローニオ Apolonio　159, 260
　── レオナルド Leonardo　159
ラムベリーニ Lamberini, D.　301
ラング Lang, S.　287

リ

リーバーマン Lieberman, R.　300
リーンズ、ジョン Lynes, John A.　75, 288
リスナー Lisner, M.　297
「理想都市」città ideale
　　　　　56, 76, 144, 152, 169, 171, 277
リッポ（ブルネッレスキの愛称）Lippo (eg.
　Filippo Brunelleschi)　14, 74
リドルフィ、スキアッタ Ridolfi, Schiatta
　　　　　　　　　　　73, 126, 260, 267
リミニ Rimini
　　　　152, 153, 168, 170, 177, 271, 272, 273, 276
　── 古代ローマ遺跡　152
　── カステル・シジスモンド Castel
　　Sigismondo　168, 170, 177, 273
　──「テムピオ・マラテスティアーノ」Tempio
　　Malatestiano (S. Francesco)　276

ル

ルイス・カーン Louis Isadore Kahn　114
ルーヴル Musée du Louvre　216, 231
ルービンステイン Rubinstein, N.
　　　　　　　　258, 280, 291, 292, 298
ルーベンス Rubens, Pieter Pawel　205
ルカ →デッラ・ロッビア
ルスキ Ruschi, P.　290, 292
ルスティケーション rustication　175
ルスティチ、マルコ・ディ・バルトロメオ
　Rustici, Marco di Bartolomeo　109, 217
「ルスティチ手稿」Codice Rustici
　　　　　　　　　98, 109, 216, 217
ルッカ Lucca　35, 54, 92, 151, 194, 211, 270
　── セルキオ河 fiume Serchio　35
ルッチェッライ（家）Ruccellai　223, 275, 282
　── ルッチェッライ家礼拝堂 →フィレン
　　ツェ 聖堂 サン・パンクラツィオ聖堂
ルッツァート Luzzato, G. L.　283
ルナルディ Lunardi, R.　301
ルネ・ダンジュー René d'Anjou
　　　　　　　　　120, 133, 182, 274
ルポリーニ Luporini, Eugenio
　　　　　　　　204, 206, 283, 295

レ

レイモン Raymond, Marcel　282
レオナルド・ダ・ヴィンチ Leonardo da Vinci
　33, 34, 36, 52, 53, 56, 65, 169, 205, 213, 214,
　　　　　　　　　228, 248, 276, 282
レティ、ラディスラオ Reti, Ladislao　53, 286

ロ

ローゼナウアー Rosenauer, A.　297
ローマ Roma　12, 17, 131, 134, 136, 206,
　223, 228, 237, 240, 244, 251, 254, 255, 265,
　　　　　　　　270, 271, 272, 326, 327
　──（古代 - 時代）　10, 54, 87, 115, 131,
　　　143, 144, 152, 158, 229, 230, 240, 256
　── 風 romanità　38, 54, 136, 223
　── フォルム・ロマヌム Forum Romanum

323

──オッピウスの丘 Mons Oppius　　229
　　──ポルタ・マッジョーレ Porta Maggiore
　　　（Porta Praenestina）　　243, 255
　　──ティトゥスの大浴場 Thermae Titi　229
　　──トラィアヌスの大浴場 Thermae Trajani
　　　　　　　　　　　　　　　　229
　　──ドムス・アウレア Domus Aurea
　　　　　　　　　214, 215, 229-230
　　──パンテオン Pantheon　　　24
　　──サンタ・コスタンツァ聖堂 S. Costanza
　　　　　　　　　　　　　　214, 228
　　──サン・パオロ・フォリ・レ・ムーラ
　　　聖堂「チボリオ」S. Paolo fuori le Mura,
　　　Ciborio　　　　　　　　217, 218
　　──サン・ピエトロ聖堂改築計画と「ボル
　　　ゴ」Borgo の再開発計画　　276
　　──サン・ピエトロ聖堂 S. Pietro Vaticano
　　　クーポラ工事足場　　　28, 29, 51
　　──サン・ジョヴァンニ・デイ・フィオレ
　　　ンティーニ聖堂計画案 progetto per S.
　　　Giovanni dei Fiorentini　　213, 214
　　──ヴァティカン図書館 Biblioteca
　　　Apostolica Vaticana　53, 195, 205, 230
ローマ皇帝
　　──ネロ Nero　　　131, 214, 229, 230
　　──ハドリアヌス Hadrianus　126, 131, 214
　　──コンスタンティヌス Constantinus　228
　　──コンスタンティヌスの娘コンスタン
　　　ティア Constantia　　　　228, 229
　　──ユリアヌス Julianus　　　　228
　　──妃ヘレナ Helena　　　　228, 229
ロザーティ Rosati, P. Pavini　　　293
ロ・スコルバッチャ →ジョヴァンニ・ダ・
　　マリアーノ
ロッシ Rossi, F.　　　　　　　　284
ロッシ、パオロ・アルベルティ Rossi, Paolo
　　Alberti　　　　　　　187, 287, 293
ロッセッリーノ、ベルナルド Rossellino,
　　Bernardo　　39, 44, 56, 58, 91, 188, 265,

　　　　　　　　　　　　276, 277, 299
ロッセリ、ピエロ Rosseli, Piero　187, 293
ロッツ、ヴォルフガング Lotz, Wolfgang
　　　　　　　　　91, 228, 280, 297
ロッティ Lotti, M.　　　　　　　301
ロディオ Rodio, E.　　　　　　　296
ロマーニャ Romagna　　　　　　15
ロムバルディア Lombardia　15, 249, 258
ロムビィ Romby, G. C.　　　174, 292
ロレンツォ・デ・ビッチ Lorenzo de' Bicci
　　　　　　　　　　　　　　160, 269
ロレンツォ・ディ・アントーニオ・ディ・ジ
　　エリ Lorenzo di Antonio di Gieri　248, 258
ロンギ、ロベルト Longhi, Roberto
　　　　　　　　　　　287, 299, 300
ロンゲーナ、バルダッサーレ Longhena,
　　Baldassarre　　　　　　　　251
ロンディネッリ（家）Rondinelli　　111
ロンドン大学 ウォーバーグ研究所 University
　　of London, the Warburg and Courtauld
　　Institutes　　　　　　　　　132

ワ

ワイス、ロベルト Weiss, Roberto　152, 280
ワッサーマン Wasserman, J.　　　289

あとがき

　2009年の夏を期にすべての教職から退いてしばらくは身辺整理に紛れ、まとまった作業に着手するのをためらっていたのだが、これは久しぶりに思い立って2010年の初めころ、綴り始めたものである。しかし「はしがき」にも記したごとく、特段新しい考えがあってのことではなく、これまでの知識を整理してみようとしたまでで、すべて先学の研究成果の寄せ集めからなることは一目瞭然であり、それらに対する私の敬意を表したものと受け取って頂ければ幸いである。ここでは特に、本書の方向づけに際して私が最も頼りとした二人のイタリア人研究者（いずれも故人となってしまった）について、個人的な回想を書き留めておくことで、彼らに対する感謝の言葉に代えたい。

　まず、ほとんど「祖述」に近い形でその著書に絶えず言及していたエウジェニオ・バッティスティ Eugenio Battisti (1924-89) のことであるが、私が初めて彼の謦咳に接したのは1974年のヴィチェンツァのパッラーディオ研究センターCISAにおけるセミナーの席上であった。容姿端麗、貴族的な風貌の碩学アンドレ・シャステル André Chastel (1912-90) の講演のあと、質疑応答になって、後ろの方から甲高い声でまるでシャステルにかみつかんばかりの勢いで反論をぶつけてきた人物があった。振り返って見るとノーネクタイで洗い晒しの白いシャツを腕まくりし、素足に白いズック靴のかかとをつぶして突っかけるという出で立ちの小柄な男性、どう見ても競馬場で捨てられた馬券をあさっている風来坊のようにしか見えない、それがバッティスティであった。シャステルがルネサンス期の演劇について、多くの論説が「祝祭」と「演劇」とを一緒にして扱っているが、それらは概念的に明確に区別すべきだと述べていたのに対し、バッティスティはそんなに単純に割り切ることはできないと、具体的な例を挙げながら執拗に迫っていたのである。私のイタリア語の知識では論争の内容は半分ほども理解できなかったが、シャステルもバッティスティの反論には半ば根負けした様な形で、若干自説を修正してその場は落ち着いたのを記憶し

ている。

　初めて目の当たりにした本場の研究者たちの真剣勝負は、忘れがたい鮮烈な印象となって私の中に遺った。この時点でのバッティスティについての私の知識といえば、あの厖大な *Enciclopedia Universale dell'Arte* の編集者というぐらいで、まだその著作にはほとんど目を通していなかったから、大御所のシャステルに真っ向から噛みつくとは向こう見ずな人もあるものだと驚いたのであったが、後になってバッティスティの主著 *L'Antirinascimento* (1962, 89) をひもといてみて、シャステルがそれに序文を寄せていたのを発見し、両者の学問的接点を知り得心がいったのであった。私は彼の多くの著作を通して、ヴィーコ流の「歴史的複眼」のあり方を学んだように思う（ただし私はいまだにそれを身に着けることが出来ずにいるが）。彼が垣間見せるフェッリーニ的な露悪趣味には閉口しつつも、その飽くなき前衛追求の姿勢に憧れを抱いていたのであったが、1989年にパドヴァに滞在していた折、その年にマントヴァで開催されていたジュリオ・ロマーノについてのシンポジウムに参加した知人から、そこに来ていたバッティスティの消息を聞いた。相変わらずノーネクタイに素足でズック靴というスタイルで、若い女学生のような *amica* を伴っていたという。しかし帰国してまもなく、その彼が卒然と逝ってしまったという知らせを聞くこととなる。

　もう一人、私が密かに私淑していたアルナルド・ブルスキ Arnaldo Bruschi (1928-2009) についても、初めて実物と接したのは同じ1974年のセミナーであったが、最初の印象は、バッティスティの俊敏さ比べ、どちらかといえば訥々とした大男というものであった。もっともこれは当人の罪ではなく、イタリアならではの偶発的事情によるもので、彼は予定時刻になってもいっこうに現れる様子がなく、半日ほど経ってからようやく到着したが、息せき切って駆けつけたといった様子で心ここにあらず、何を話しているのか自分でも分からない状態であった。ローマから車を飛ばしてきたが、渋滞にあって遅れてしまったのだという。全く他愛のないきっかけではあるが、おかげで彼の風貌は忘れがたく記憶に残ることとなる。

　このときの彼の講演は、1513年にローマのカムピドリオで行なわれた演劇上

演の際の仮設劇場の復原に関するもので、その重要性に気づかされたのはだいぶ後になってからのことであるが、彼がその前後から *Palladio* 誌に発表していたブルネッレスキに関する一連の論文（1972, 78, 79）を目にするに及んで、彼に対する私の信頼は決定的なものとなる。ブルネッレスキが一作毎に突き当たっていた建築的課題を、じっくりと、しかし的確にあぶり出してくるという、イタリア人には珍しい重厚な姿勢に深い感銘を受けた。数多の欧米の建築史家たちの中でも、彼ほどに即建築的な視点から問題を掴み出すことのできた研究者は見当たらないように思う。

バッティスティとブルスキというまことに対照的な二人の先達からの刺激を意識しつつ綴ったつもりだが、彼らの眼鏡にかなうものとなっているかどうかは全く自信がない。今となっては、どちらからも叱責や批判を受けることが出来ないのが、残念でならない。

本書の内容とはあまり関係のないことだが、これの初校の作業中、東日本大震災が起こった。被災地の仙台は、半世紀以上まえ、私が3年間の高校生活を送った場所である。その学園は当時としてもすでに珍しい、旧制中学の弊衣破帽の風を遺した男子校で、そこでまことにむくつけき青春時代を過ごしたのだが、しかしその反面では、昔懐かしいリベラルな「教養主義」の雰囲気も遺していて、文学や美術、音楽などに対する私の関心は、その場所で方向付けられたものだった。たとい震災がなかったとしても、記憶の中の半世紀前の風景がそのまま遺り続ける可能性はありえないのだが、どうにかこの混乱を乗り超えて、かつて私が体験したような、密度の濃い青春を育くむ土地として再生してくれることを心から願わずにはいられない。被災地の状況を余所に、このような現実とはほど遠い題材を扱う著作に関わっていることへの後ろめたさが消えることはないが、これもなにがしかはその土地の恵みのもとに産み出されたものとして、受け取って頂ければ幸いである。

中央公論美術出版社長、小菅勉氏にはお礼の申し上げようもない。実はかねてから依頼されていた仕事の方はなおざりにしたまま、それとは無関係のこのような原稿を突然に送りつけたのだから、驚かれたに相違ないのだが、快く刊

行を引き受けてくださった。編集を担当して頂いた小野瀬あや女史には、行き届いた配慮で作業に当たって頂いた。美術史を専攻しておられたということで、私のような半端な美術史の知識しか持ち合わせない人間にとってはまことに心強い編集者であった。

最後に、この43年間を共にしてきた家人へのささやかな感謝を述べさせて頂く。

2011.6.6　福田 晴虔

[著者略歴]

福田 晴虔（ふくだ・せいけん）

1938年　秋田県に生まれる。
東京大学工学部建築学科卒　建築史専攻
東京大学助手、大阪市立大学工学部講師、助教授、九州大学大学院教授、西日本工業大学教授などを経て、現在九州大学名誉教授

主著（著作・翻訳）
《パッラーディオ》、1979年、鹿島出版会
アルド・ロッシ著《都市の建築》翻訳（大島哲蔵と共同）、1990年、大竜堂
《建築と劇場——十八世紀イタリアの劇場論》、1991年、中央公論美術出版
ジョン・ラスキン著《ヴェネツィアの石》I, II, III 翻訳、1994-96年、中央公論美術出版　　その他

イタリア・ルネサンス建築史ノート〈1〉
ブルネッレスキ ©

平成二十三年九月　十日印刷
平成二十三年九月　二十日発行

著者　福田　晴虔
発行者　小菅　勉
印刷／製本　広研印刷株式会社
中央公論美術出版
東京都中央区京橋二丁目八-七
電話〇三-三五六一-五九九一

ISBN 978-4-8055-0667-7